A Bíblia dos Sonhos

A Bíblia dos Sonhos

O guia definitivo para ajudar você a decifrar o Mundo dos Sonhos – mais de 300 símbolos e seus significados

Brenda Mallon

Tradução
EIDI BALTRUSIS C. GOMES

Editora
Pensamento
SÃO PAULO

Título do original: *The Dream Bible.*

Copyright © 2003, 2009 Octopus Publishing Group.

Publicado originalmente na Grã-Bretanha em 2003
pela Godsfield Press, uma divisão do Octopus Publishing Group Ltd.
Endeavour House, 189 Shaftesbury Avenue
London WC2H 8JY
www.octopusbooks.co.uk

Copyright da edição brasileira © 2013 Editora Pensamento-Cultrix Ltda.

Texto de acordo com as novas regras ortográficas da língua portuguesa.

1ª edição 2013.

Todos os direitos reservados. Nenhuma parte desta obra pode ser reproduzida ou usada de qualquer forma ou por
qualquer meio, eletrônico ou mecânico, inclusive fotocópias, gravações ou sistema de armazenamento em banco de
dados, sem permissão por escrito, exceto nos casos de trechos curtos citados em resenhas críticas ou artigos de revistas.

A Editora Pensamento não se responsabiliza por eventuais mudanças ocorridas nos endereços convencionais ou
eletrônicos citados neste livro.

Brenda Mallon reivindica o direito moral de ser identificada como autora deste trabalho.

Coordenação editorial: Denise de C. Rocha Delela e Roseli de S. Ferraz
Preparação de originais: Roseli de S. Ferraz
Revisão: Maria A. Andrade Salmeron
Diagramação: Join Bureau

Dados Internacionais de Catalogação na Publicação (CIP)
(Câmara Brasileira do Livro, SP, Brasil)

Mallon, Brenda
    A bíblia dos sonhos / Brenda Mallon ; tradução Eidi Baltrusis
C. Gomes. – São Paulo : Pensamento, 2012.

    Título original: The dream bible.
    ISBN 978-85-315-1800-3

    1. Sonhos 2. Sonhos – Interpretação I. Título.

12-08399   CDD-154.634

Índices para catálogo sistemático:
1. Sonhos : Interpretação : Psicologia   154.634

Direitos de tradução para o Brasil
adquiridos com exclusividade pela
EDITORA PENSAMENTO-CULTRIX LTDA.
Rua Dr. Mário Vicente, 368 – 04270-000 – São Paulo, SP
Fone: (11) 2066-9000 – Fax: (11) 2066-9008
E-mail: atendimento@editorapensamento.com.br
http://www.editorapensamento.com.br
que se reserva a propriedade literária desta tradução.
Foi feito o depósito legal.

Sumário

Introdução: Por que Sonhamos 6

CAPÍTULO UM A Sabedoria dos Sonhos 10

CAPÍTULO DOIS Como Interpretar seus Sonhos 20

CAPÍTULO TRÊS Vamos Começar pelo Corpo 30

CAPÍTULO QUATRO As Pessoas que Fazem Parte de Sua Vida 64

CAPÍTULO CINCO Experiências de Sonho Universais 98

CAPÍTULO SEIS Fenômenos Naturais 162

CAPÍTULO SETE Árvores, Flores e Plantas 214

CAPÍTULO OITO Todas as Criaturas, Grandes e Pequenas 246

CAPÍTULO NOVE Coisas Criadas pelo Homem 300

CAPÍTULO DEZ Correlações Espirituais 354

Fontes de Referências 388

Índice Remissivo 390

Agradecimentos/Autoria das Fotografias 399

Introdução: Por que Sonhamos

Os sonhos também são a vida real

Todas as noites, sonhamos com imagens que nos intrigam e nos surpreendem. Durante duas a três horas, a cada noite, nos deslocamos numa paisagem onde as regras da vida diária são abandonadas. Tudo é possível: pessoas voam, peixes caminham e entes queridos que já partiram voltam para falar conosco mais uma vez.

Não é por acaso que passamos um terço de nossa vida dormindo, sendo a mesma proporção de sono com sonhos. Essa é uma das partes principais da nossa vida; torna-se claro que o sono não significa apenas dar ao corpo um período mais do que necessário de relaxamento, descanso e de recuperação; ele também nos proporciona a oportunidade de sonhar.

A Bíblia dos Sonhos lhe mostrará por que dramas oníricos ocorrem e por que é importante aprender a linguagem dos sonhos. Você descobrirá como investigar o significado mais profundo que eles contêm e sua sabedoria interior.

SONHAR ATENDE A VÁRIOS PROPÓSITOS:

- *Esclarecer problemas*
- *Revelar seus verdadeiros sentimentos em relação aos outros*
- *Eliminar a pressão durante períodos difíceis*
- *Aumentar a percepção de nossa motivação*
- *Permitir-nos fazer experiências com diferentes ações*
- *Atuar como catarse*
- *Desenvolver a criatividade*
- *Ensaiar um sucesso futuro*

OS PRIMEIROS LIVROS SOBRE SONHOS

Os sonhos fascinaram as pessoas durante milênios. Entre os "livros" mais antigos se encontram dicionários de sonhos, que datam de quatro mil anos. A *Epopeia de Gilgamesh*, escrita no século VII a.C., contém uma notável sequência de sonhos que refletem temas universais, tais como morte e conflito, com os quais nós também nos defrontamos em nosso próprio milênio. Portanto, quando estudamos os nossos sonhos, estamos dando continuidade a uma tradição antiga.

Através da história, os sonhos têm sido usados no diagnóstico de doenças, na solução de problemas e como avisos. Grandes pensadores, incluindo o cientista Albert Einstein, o escritor Robert Louis Stevenson e os artistas Salvador Dalí e William Blake, foram inspirados por sonhos.

Ao adormecermos, cruzamos o limiar entre o nosso mundo desperto e o mundo do nosso inconsciente, o aspecto de nós mesmos que frequentemente não é reconhecido. Vamos a lugares que às vezes tentamos evitar durante as horas em que há luz do dia. Nas trevas do sonho podemos encontrar monstros e mágicos, criaturas que sussurram para nós e estranhos que nos ameaçam. O que quer que encontremos, vem para nos trazer maior percepção e bem-estar. Contudo, em geral temos que caminhar por uma região de sombras profundas antes de podermos alcançar a luz; talvez tenhamos que desmoronar para que possamos experimentar a verdadeira totalidade.

ESQUERDA *As criaturas que povoam o mundo dos nossos sonhos podem ser estranhas e perturbadoras.*

LIGAÇÃO CORPO-MENTE

Sonhamos para promover o bem-estar do corpo, assim como do espírito. O estado do seu corpo influencia seus sonhos de muitas maneiras sutis. Pesquisas revelam que pessoas afetadas por enxaqueca ou asma têm certos tipos de sonhos antes de um ataque. Se compreenderem seus sonhos, isso lhes dará tempo para tomar seus remédios e aliviar, assim, a seriedade das crises. Os gregos antigos chamavam a esses sonhos *prodrômicos*, isto é, "antecipatórios", indicando que os sonhos precedem os sinais manifestos de uma doença. Portanto, seus sonhos podem atuar como um sistema precoce de advertência, uma vez que você conheça sua linguagem.

O filósofo grego Hipócrates, pai da medicina moderna, percebeu o potencial de diagnóstico dos sonhos. Ele reconheceu que os sonhos poderiam mostrar um mal-estar físico e psicológico muito antes de ocorrerem sintomas físicos óbvios para alertar quem teve os sonhos. O especialista em oncologia, Bernie Siegel, autor de *Love, Medicine and Miracles*, enfatiza a importância dos sonhos em seu trabalho com certos pacientes, para os quais o tratamento prévio de um tumor não foi bem-sucedido. Esses sonhos informam, advertem e curam o espírito mesmo quando toda a esperança parece ter desaparecido.

Se você registrar seus sonhos, descobrirá padrões que o alertam quanto a um possível estresse ou doença, bem como indicadores de que você está cuidando de si mesmo eficientemente.

APRENDA A LINGUAGEM DOS SONHOS

Nas paisagens oníricas, onde os sonhos exercem o domínio, temos que aprender outra linguagem. Trata-se de uma linguagem de imagens, símbolos, mitos e metáforas. Quando sonhamos, nós somos todos os elementos dos nossos sonhos: Somos a casa em chamas, o anjo que voa, somos a máquina quebrada e o motorista do carro de bombeiros. Cada uma das partes do sonho representa uma parte da vida: Relacionamentos, ansiedades e sucessos.

A linguagem é usada de forma dramática nos sonhos e inclui um vocabulário em comum. Este vocabulário surge na forma de temas universais, como sonhos com quedas, perseguição, perda de dentes e muitos outros, que iremos analisar mais adiante neste livro. Ao aprendermos a linguagem dos sonhos, poderemos descobrir como o conhecimento do inconsciente coletivo e os arquétipos podem ajudar em nosso crescimento espiritual, emocional e intuitivo.

O cérebro e a mente ainda encerram profundos mistérios; ninguém conhece todo o poder que neles existe. Sabemos que os pesadelos são chamados que servem para nos despertar e nos estimulam a observar o que está acontecendo em nossa vida; sabemos também que a expressão "consultar o travesseiro" reflete a consciência, baseada no bom senso, de que os sonhos são úteis na solução de problemas. *A Bíblia dos Sonhos* ajudará você a interpretar a linguagem dos seus próprios sonhos.

DIREITA *Temas universais, como quedas, constituem uma parte do dramático vocabulário dos nossos sonhos.*

CAPÍTULO UM

ONDE QUER QUE NÓS SERES HUMANOS TENHAMOS ESTADO, sempre usamos símbolos. É como se não pudéssemos viver sem eles; os símbolos parecem estar solidamente enraizados em nossa mente e corpo. Seu poder vai além das palavras; eles carregam uma multiplicidade de significados que falam à alma, à mente e às emoções. Os símbolos nos desafiam a transcender aquilo que está diante de nós, a transcender o óbvio. Símbolos são diferentes de sinais. Estes indicam o caminho, enquanto os símbolos sempre querem dizer algo mais do que indica seu significado imediato. Os símbolos representam ideias abstratas ou conceitos, que não podem ser facilmente colocados em palavras. Um símbolo facilmente reconhecível é a pomba, o símbolo da paz. Um símbolo de proteção em grande parte do mundo é a cruz cristã.

Nos sonhos, um símbolo sempre compartilha alguma qualidade com um objeto. Essa qualidade pode se apresentar como a forma, a cor, o tom emocional, a função ou como um cenário.

A linguagem do inconsciente é a linguagem dos símbolos. Usados em terapia e em autoajuda, os símbolos nos ajudam a curar e a desenvolver o nosso potencial, para que nos tornemos o nosso eu verdadeiro e autêntico. Os símbolos expressam uma realidade interior da qual geralmente não temos consciência, embora a humanidade tenha estado em contato com essa realidade desde os tempos mais remotos.

A Sabedoria dos Sonhos

Adivinhos Chineses de Sonhos

UM DOS LIVROS CHINESES MAIS ANTIGOS sobre esse fenômeno psíquico foi escrito em 600 a.C. Ele recebeu o nome de *Shi Ching* ou "O Livro das Canções", e explica o significado de uma variedade de sonhos. Trabalhos posteriores forneceram uma lista das categorias comuns de sonhos, que ainda hoje podemos reconhecer em nossas experiências oníricas: Por exemplo, pessoas, animais, objetos, ritos e rituais, deuses e deusas, flores, plantas e árvores, além de sentimentos e emoções.

Na cultura chinesa, adivinhos ouviam uma pessoa descrever seu sonho e forneciam um significado para ele.

Para a interpretação, esses adivinhos usavam símbolos que se aplicavam a uma categoria em particular. A interpretação dos sonhos ainda é feita em cidades como Hong Kong.

DIFERENTES TIPOS DE SONHOS, PROVENIENTES DA TRADIÇÃO CHINESA, E QUE SÃO SEMELHANTES AOS TEMAS ONÍRICOS UNIVERSAIS:

Sonhos diretos – *são facilmente compreendidos e simples quanto ao seu significado*

Sonhos simbólicos – *poderiam ser interpretados através dos símbolos míticos e culturais neles contidos*

Sonhos incubados – *fornecem respostas a perguntas feitas com sinceridade*

Sonhos de oposição – *o oposto daquilo que o sonhador pensa ou de seu comportamento quando está acordado*

Sonhos que envolvem pensamentos – *refletem os pensamentos do sonhador no estado de vigília*

Sonhos sazonais ou ambientais – *são respostas a uma mudança de estação ou a um acontecimento ambiental*

Sonhos relacionados com medicina – *mostram desordens ou doenças do corpo ou da mente*

Sonhos e Ritos de Iniciação

EM MUITAS TRADIÇÕES ESOTÉRICAS, os sonhos são ou já foram interpretados como sinais de que um novo começo ou iniciação ocorrerá num futuro próximo.

Na religião taoísta, os sonhos indicavam o momento em que um iniciado estava preparado para se tornar sacerdote. Como parte do ritual o iniciado deveria ingerir drogas, com o objetivo de destruir forças interiores negativas, consideradas como *demônios*. Essas drogas provocavam sonhos vívidos, incluindo aqueles em que os pais do iniciado haviam morrido, em que um túmulo havia sido destruído, em que sua casa havia ficado totalmente queimada num incêndio e em que ele era punido, sofrendo mutilações. Esses pesadelos significavam a destruição de sua vida até aquele ponto e indicavam que ele estava preparado para assumir seu novo papel como sacerdote taoísta.

DIREITA *O intenso ritual presente nas cerimônias de iniciação pode provocar sonhos vívidos.*

Em numerosos sistemas xamânicos, quando o iniciado e o sacerdote compartilham o mesmo sonho na mesma noite, esse é um sinal de que a iniciação pode prosseguir. No culto da deusa Ísis, no Antigo Egito, se o sacerdote e o iniciado sonhassem com a deusa simultaneamente, isso era sinal de que o ritual de iniciação podia começar.

Os ritos de iniciação geralmente incluem o corte do cabelo ou a mudança de penteado; isso pode aparecer em sonhos durante o período da iniciação.

Symbola

EM SEU LIVRO, *The Art of Looking Sideways*, Alan Fletcher relata que quando duas pessoas na Grécia Antiga faziam um contrato, elas partiam um objeto ao meio (por exemplo, uma placa ou lâmina de metal), de modo que cada um dos contratantes pudesse ser identificado pelo fato de estar de posse da metade da peça, que se ajustava perfeitamente à outra. Essas peças quebradas eram chamadas *symbola*, da palavra *symballien*, cujo significado é "juntar ou reunir". Assim, *símbolo* assumiu o significado de uma coisa que representava outra, sempre correspondendo a algo mais.

Pense numa moeda. O metal poderá não ter um grande valor intrínseco; contudo, com a imagem de um chefe de estado estampada nela e após um valor lhe ter sido atribuído, ela pode comprar para nós aquilo de que precisamos. A nota de um dólar, feita de papel, simboliza o poder financeiro do Tesouro dos Estados Unidos e nos permite comprar e vender. Os símbolos que aparecem nos sonhos contêm o mesmo potencial: Eles representam alguma coisa que não é vista e nos permitem perceber aquilo que é invisível.

SÍMBOLO:
A forma visível de um significado invisível.

ALAN FLETCHER: THE ART OF LOOKING SIDEWAYS

A Dissipação dos Sonhos

A TRIBO DOS IROQUESES da América do Norte possuía uma "religião ligada ao fenômeno dos sonhos altamente desenvolvida, como os missionários Jesuítas a descreviam. Para aqueles nativos norte-americanos, sonhos eram desejos da alma, aos quais se deveria prestar atenção e em relação aos quais se deveria agir. Os sonhos tinham que ser encenados, dançados ou, de alguma outra forma, trazidos para o estado de vigília. Do contrário, o aspecto negativo do sonho iria se tornar realidade.

Se um guerreiro sonhasse que tinha sentido medo e fugido de um inimigo em seu sonho, ele pediria aos membros da tribo que recriassem o acontecimento por meio da representação do cenário, enquanto ele se recolhia durante um breve período. Esse processo catártico permitia ao guerreiro dissipar o medo contido no sonho e se assegurar de que toda a comunidade compreendesse seus sentimentos. Pela encenação do sonho de uma maneira segura, receios inconscientes eram exorcizados.

DIREITA *A reencenação de um sonho permite à pessoa dissipar seus efeitos negativos.*

Essa técnica de reencenação pode ser usada para dissipar emoções negativas que se prolongam depois de um sonho perturbador. Você também poderia fazer desenhos ou escolher objetos para representar personagens do sonho e, a seguir, repetir o sonho, mudando seu final, de acordo com sua preferência. Por exemplo, você poderia solicitar a participação de outra pessoa para ajudá-lo a desviar sua atenção, de modo que você pudesse escapar. O processo de reencenação lhe dá poder e dissipa o medo que acompanha alguns sonhos.

Sonhos Lúcidos

MORFEU, O DEUS QUE MUDA DE FORMA, é considerado o pai do sono. Ele nos conduz à terra dos sonhos, onde, por meio destes, recebemos inspiração. *Inspirar* significa "absorver vida"; seu uso original implicava que o espírito vital entrava em você quando você respirava pela primeira vez. Em sonhos inspirativos, você encontra novas maneiras de viver, ideias renovadas que poderão levá-lo a realizar mudanças radicais em sua vida. Muitos desses sonhos inspirativos envolvem sonhos lúcidos.

Nos sonhos lúcidos temos plena consciência de que estamos sonhando; não temos que acordar para nos lembrar dele. Um fator significativo no estado onírico lúcido é o fato de você poder mudar seu conteúdo durante o sonho. Tudo se torna possível. Você pode experimentar novas paixões ou esportes estimulantes que nunca tentaria praticar quando acordado, pelo simples fato de poder mudar qualquer coisa que não o agradar.

Os sonhos lúcidos demonstram a maravilhosa amplitude de nossa criatividade. Neles, podemos voar, nos aventurar pelo espaço, resolver problemas, nos curar e curar outras pessoas, criar o mundo no qual queremos viver. Nos sonhos lúcidos somos capazes de dissolver barreiras e passar para estados mais elevados de consciência.

Arquétipos

O FAMOSO PSICANALISTA CARL JUNG introduziu o termo *arquétipos*. Estes são imagens que se originam no âmago da nossa mente inconsciente e nos trazem símbolos que ocorrem em todas as culturas através da história. Os arquétipos aparecem com frequência nos sonhos numinosos (ver p. 29), os quais têm o poder de mudar a nossa vida. Veja, a seguir, os arquétipos que podem se apresentar em seus sonhos:

PERSONA

Esta é a máscara que usamos para desempenhar diferentes papéis, em diferentes situações sociais. Nos sonhos, talvez nos sintamos magoados por termos sido criticados ou rejeitados e tenhamos a sensação de não ser compreendidos. Precisamos tomar cuidado para não confundir os nossos papéis com a pessoa que somos sob essa máscara.

A SOMBRA

Este é o aspecto de nossa natureza que podemos preferir manter oculto. Trata-se de um lado agressivo, malévolo, causador de dor e discórdia. A sombra em geral aparece nos sonhos como uma figura escura e ameaçadora ou, então, como um intruso sem rosto, caso quem estiver sonhando ainda não tenha reconhecido o lado mais obscuro de sua natureza.

ANIMUS/ANIMA

Em nossos sonhos, encontramos os nossos opostos arquetípicos. Para as mulheres, isso significa defrontar com a energia masculina, chamada *animus*. Para os homens, a *anima* representa a energia feminina. Cada um de nós possui uma dimensão masculina e uma feminina, e parte da nossa jornada na vida está ligada à aceitação de ambos os aspectos de nós mesmos, para que possamos nos tornar pessoas equilibradas.

Sonhos de Cura

HIPÓCRATES RECONHECEU QUE os sonhos conseguem comunicar mal-estares físicos e psicológicos, dos quais o sonhador não tem consciência quando está acordado. Hipócrates tinha conhecimento de que os sonhos poderiam ajudar no processo de cura.

Todos os anos eu realizo um *workshop* para pessoas envolvidas com o tratamento do câncer. Estas podem ser cuidadores de pacientes, ser profissionais da área da saúde ou pessoas que têm ou já tiveram a doença. Numa ocasião, uma senhora chamada Irene veio ao meu *workshop*. Os únicos sonhos de que ela podia se lembrar eram extremamente sombrios e desesperadores. Ela relatou que dois anos antes seu marido tinha morrido de câncer; depois, para sua total consternação, seu filho de 19 anos havia se suicidado. Irene se sentia desolada e mal tinha forças para chegar ao fim de cada dia. Ela foi incentivada a desenhar seus sonhos e nós falamos a respeito deles em grupo.

Irene voltou para um novo *workshop* um ano depois. Ela disse: "tive que voltar porque agora sei que os sonhos me salvaram, e quero mostrar como". Irene exibiu o desenho que fizera de um glorioso arco-íris. Ela própria aparecia no lado esquerdo do desenho e, na parte de baixo do arco-íris, do lado direito, duas figuras podiam ser vistas: Seu marido e seu filho. "Posso contatá-los em sonhos agora. Nós até hoje não conversamos, mas ainda o faremos." Ela tinha restabelecido a ligação através daquela ponte simbólica entre a terra e o céu; então, chorou de alegria porque tinha encontrado um meio de se reconciliar com sua perda e recuperado a vontade de continuar vivendo.

Sonhos Premonitórios

SONHOS QUE PREDIZEM ACONTECIMENTOS FUTUROS já foram registrados em todas as partes do mundo. Antropólogos demonstraram que a crença num meio sobrenatural de percepção em sonhos é universal entre povos primitivos. Os gregos antigos consideravam os sonhos como portais que conduziam ao futuro; uma crença romana popular era a de que estes representavam mensagens enviadas pelos deuses ou por espíritos.

Os romanos documentaram numerosos sonhos proféticos, incluindo o que se referia ao assassinato de Júlio César. A esposa de César, Calpúrnia, sonhou que o telhado da casa tinha desabado e que César tinha sido apunhalado e morria em seus braços. Ao acordar, ela alertou o marido. Este tentou adiar a reunião no Senado, mas foi persuadido por um dos conspiradores a permitir que a mesma se realizasse. Horas depois, ele foi apunhalado.

Atualmente, nós também temos sonhos proféticos, como identifiquei a partir dos meus próprios sonhos e os de centenas de pessoas que me relataram suas experiências oníricas pessoais.

Creio que alguns sonhos são como experiências místicas. Muitas vezes, sinto que estou saindo do meu corpo – a sensação é de grande liberdade e leveza. Nesse tipo de sonho, encontro pessoas e vou a lugares que nunca vi, embora estes, com frequência, me pareçam familiares. É nessa espécie de sonho que vejo acontecimentos futuros ou passados.

SALLY, CITADA EM **VENUS DREAMING: A GUIDE TO WOMEN'S DREAMS AND NIGHTMARES**

TEMOS UM PROFUNDO ANSEIO DE COMPREENDER o que os nossos sonhos significam. Durante milhares de anos os seres humanos têm registrado sonhos e desenvolvido diferentes formas de encontrar um sentido para eles.

Atualmente, muitos psicoterapeutas, como eu, usam sonhos para descobrir a raiz da ansiedade e para encontrar forças interiores que permitem superar dificuldades. Terapeutas e especialistas em sonhos podem ajudar na descoberta de significados, porém cabe a quem tem o sonho compreendê-lo. Uma das técnicas é aumentar sua capacidade de observar ligações entre as imagens simbólicas que os sonhos revelam e sua vida no estado de vigília. Era a isso que o filósofo Aristóteles se referia quando afirmou que a arte da interpretação dos sonhos exige a capacidade "de ver semelhanças". Ao aprender a linguagem dos sonhos você também aprenderá a confiar cada vez mais em suas próprias interpretações. À medida que for enriquecendo sua própria "base de dados de sonhos", você desenvolverá uma obra de referência única e exclusiva para ajudá-lo na análise dos sonhos.

Escrita pelo adivinho de sonhos da Grécia Antiga, Artemidoro, a obra *Oneirocritica* descreve sonhos que constituem uma reação aos resíduos do dia – a ordenação de acontecimentos triviais – e sonhos que surpreenderam a alma. A esses sonhos enigmáticos, que envolvem raciocínio e reflexão, ele deu o nome de *allegorikon*. Artemidoro chamou a atenção para o fato de que os sonhos deveriam ser vistos dentro do contexto da vida do sonhador, de seu estado emocional, das circunstâncias de sua vida e de seu caráter.

O Registro de Seus Sonhos

SEU DIÁRIO DE SONHOS pode ser um bloco de papel, um caderno de capa dura ou um fichário – isso depende de você. Eu acho útil transferir minhas anotações para um registro mais permanente, onde incluo outros detalhes relacionados com o sonho. Na página da direita anoto o sonho e na da esquerda escrevo quaisquer correlações que encontro e que me ajudam a interpretá-lo.

- Mantenha um caderno ao lado da cama e anote a data do dia.
- Registre seu sonho ao acordar.
- Desenhe quaisquer imagens do sonho, particularmente imagens fortes ou incomuns.
- Não censure seus sonhos; anote os pormenores ainda que estes pareçam tolos ou irrelevantes.
- Anote quaisquer nomes ou trechos de diálogo.
- Anote palavras-chave se você estiver com pressa.
- Não tente compreender o sonho enquanto estiver fazendo anotações.
- Dê um título ao seu sonho.

A RECORDAÇÃO DOS SONHOS

- Se você tiver dificuldade para se lembrar de seus sonhos, anote seu estado de ânimo ao acordar e quaisquer fragmentos de sonhos de que consegue se lembrar.
- Escreva um lembrete para você mesmo antes de dormir: "Esta noite vou me lembrar de um sonho".
- Tente se lembrar de um sonho num momento que esteja fora de sua rotina normal.

ACIMA *A compreensão de seus sonhos irá conduzi-lo à sabedoria interior.*

VOCÊ É O SEU MELHOR ESPECIALISTA

A pessoa que melhor compreende o significado do seu sonho é você. Você teve o sonho e tem a chave para a sua interpretação, porque seu sonho diz respeito à sua vida. Um terapeuta dos sonhos, como é o meu caso, pode ajudar a elucidar o significado, porém você é a pessoa que poderá acessar a sabedoria contida no sonho. Use as perguntas no texto em destaque abaixo para guiá-lo na obtenção de correlações. Responda a essas perguntas honestamente – não censure suas primeiras respostas – e depois leia novamente o que escreveu. Ao olhar para o quadro total, o que você vê?

Tente não incluir quaisquer ideias preconcebidas na interpretação de seus sonhos, uma vez que isso poderia impedi-lo de chegar ao real significado deles.

CORRELAÇÕES

◉ *Qual é a atmosfera emocional do sonho? Ansiedade, prazer, horror?*

◉ *Qual era seu estado de ânimo ao acordar? Infeliz, aliviado, frustrado?*

◉ *Qual era o cenário do sonho? A casa onde mora atualmente, uma casa anterior, outro país?*

◉ *Quem foram os atores do drama de seu sonho? Sua família, colegas, amigos?*

◉ *Se você estava no sonho, como se comportou? De forma assertiva, agressiva, passiva?*

◉ *E quanto às cores? Havia tonalidades luminosas ou sombrias? Em tecnicolor brilhante ou em tons suaves?*

◉ *Você identifica o que desencadeou o sonho? Um programa de TV, uma conversa?*

◉ *O que você acha que o sonho está lhe dizendo?*

Técnicas de Interpretação

ESSAS TÉCNICAS irão ajudá-lo a analisar seus sonhos, de maneira que você possa compreendê-los e interpretá-los rapidamente.

MÉTODO DA "CADEIRA VAZIA"

A Gestalt-terapia ou terapia Gestalt se baseia na teoria de que para obtermos o "quadro geral" ou uma visão de nossa totalidade, isto é, a *gestalt* de nós mesmos, precisamos descobrir as áreas reprimidas e inconscientes da nossa mente. O psicoterapeuta Fritz Perls percebeu que os sonhos incorporavam partes rejeitadas ou reprimidas de nós mesmos. Ele acreditava que cada elemento de um sonho é uma parte do sonhador e que, analisando o significado de cada um desses elementos podemos chegar ao significado total do sonho. Assim, num sonho em que aparecem um automóvel, uma estrada e um assaltante existe algum aspecto do sonhador, simbolizado pelos elementos nele contidos. Esse método é extremamente eficaz na elucidação do significado de todas as partes do sonho, de modo que as partes reprimidas de nós mesmos possam ser recuperadas.

Estabeleça um diálogo e aprenda com as respostas que dá a si mesmo.

- Coloque uma cadeira vazia em frente à sua.
- Imagine que o elemento do sonho está sentado na cadeira vazia.
- Faça perguntas e imagine as respostas:

Por que você está me aborrecendo?
O que você quer?
De onde você veio?
O que posso fazer para que você pare de me importunar nos meus sonhos?

As respostas que você der são a chave. Elas revelarão preocupações subjacentes que podem não ser perceptíveis no estado de vigília. Se possível, grave suas respostas e ouça a gravação completa depois de terminar o exercício.

INCUBAÇÃO DE SONHOS

A incubação de sonhos – a palavra incubação vem do latim *incubatio*, que significa "dormir num santuário" – foi praticada por muitas culturas antigas. O santuário pode ser uma caverna especial, um lugar sagrado, um templo ou qualquer local de poder designado como tal. Ali, os deuses da terra ou os deuses da cura seriam invocados para trazer orientação. Rituais de purificação e meditação também ocorriam e a pessoa dormia num lugar indicado.

SEU RITUAL PESSOAL

Para praticar a incubação de sonhos em casa, você precisa relaxar e se preparar para um sonho que responda à sua pergunta ou solicitação.

- Tome um banho purificador, de chuveiro ou de imersão, e visualize todas as preocupações do dia sendo removidas.

- Vista um pijama limpo.
- Deite-se e pense a respeito do que você quer de seu sonho. Seja específico.
- Anote por escrito seu pedido ou pergunta.
- Ao adormecer, pense sobre o pedido ou pergunta.
- Na manhã seguinte, anote seu sonho detalhadamente e veja de que maneira ele está relacionado com a sua solicitação.

ABAIXO *Seguidores da incubação de sonhos dormiam em locais sagrados, onde os deuses poderiam influenciar seus sonhos.*

A Linguagem Esquecida dos Sonhos

OS SONHOS CONTÊM METÁFORAS e símbolos que usamos todos os dias de nossa vida. A palavra *metáfora* vem do grego *metá*, que significa "além, transcendência", e *pherein*, cujo significado é "portar, carregar"; assim, uma metáfora transfere uma coisa para outra. Exemplos de expressões metafóricas são "Seus olhos eram estrelas reluzentes" ou "Ele era um leão, forte e destemido". Quando você analisar seus sonhos, tente identificar metáforas, porque elas fortalecem as imagens.

NOMES

"Conheci um homem. Vi que seu nome era Wright e que ele pleiteava uma vaga em minha empresa". Não é muito difícil perceber a ligação entre "Wright" e "Mr. Right [O Homem Certo]". Essa mulher esperava encontrar o homem certo, seu companheiro ideal, quando teve esse sonho.

DIREITA *As imagens visuais que aparecem em nossos sonhos podem representar expressões metafóricas.*

TROCADILHOS

Os trocadilhos acrescentam humor. Por exemplo, Ann Faraday, em seu livro *The Dream Game*, descreve uma mulher que estava tendo problemas com o consumo excessivo de bebidas alcoólicas. Num sonho, ela se depara com um filhote de cachorro, que "lhe dá pequenas mordidas". A mulher reconheceu que as "mordidelas" do cão eram como as do álcool, que estava lhe causando dor.

NOTA: A palavra sonhador(a) foi utilizada ao longo do texto no sentido de pessoa que tem o sonho e não de quem devaneia, ou seja, sonha acordado.

Sonhos Recorrentes

SONHOS RECORRENTES SÃO COMUNS e revelam padrões existentes em nossa vida. Eles lidam com o inconsciente pessoal, a maneira singular como vivenciamos o mundo, e podem nos ajudar a perceber o que retarda o nosso progresso ou nos motiva.

Quando você tiver um caderno com dois ou três meses de sonhos registrados, leia-o do começo ao fim. Observe que temas recorrentes são encontrados e procure, por exemplo, padrões em sonhos que ocorrem durante períodos de estresse. As mulheres terão como saber com o que sonharam quando estavam menstruadas. Selecione imagens especiais de seus sonhos, tanto as que lhe agradam quanto as que lhe desagradam. Você ficará surpreso com o número de sonhos que esqueceu completamente; por isso, leia o seu diário pessoal de sonhos como se estivesse lendo uma história de aventura.

Aumente constantemente sua "base de dados de sonhos". Por exemplo, escreva o cabeçalho "Animais" e faça uma lista de quaisquer animais que tenham aparecido em seus sonhos. Anote quando eles apareceram e quaisquer pensamentos que você teve a respeito do seu significado na ocasião. Em seções posteriores de *A Bíblia dos Sonhos*, você encontrará categorias de assuntos mais restritas, como "Mamíferos", que lhe darão mais informações para o desenvolvimento de suas aptidões de interpretação. Procure os temas recorrentes de seus sonhos, o que lhe assegurará explorar inteiramente seus significados, uma vez que os sonhos continuarão se repetindo até você ter compreendido sua mensagem.

ESQUERDA *Um tema onírico recorrente, como um morcego, precisa ser analisado em sua totalidade.*

Pesadelos são Necessários

PESADELOS, quer sejam isolados ou recorrentes, representam um grito de alerta. Eles nos incitam a prestar atenção para algo que está nos afligindo. Eles chamam atenção para problemas em potencial e nos ajudam a enfrentar questões que evitamos quando estamos acordados. Os pesadelos podem aparecer como resultado de estresse pós-traumático, enquanto a nossa psique luta para se reconciliar com acontecimentos calamitosos. Qualquer que seja o tema do pesadelo, tente praticar a técnica de "enfrentar e conquistar", usada pelo povo Senoi, da Malásia. Quando desperto, imagine que você se vira e encara a ameaça. Diga-lhe o que você quer que ela faça ou explique como ela o faz se sentir. Isso lhe dará a oportunidade de abordar seus receios diretamente, ajudando-o a dissipar a ansiedade. Além disso, fale do ponto de vista da ameaça. Qual será a sensação se você inverter os papéis e relatar o pesadelo do ponto de vista da ameaça? Se você ainda não conseguir encontrar o sentido do pesadelo após ter dedicado algum tempo tentando entendê-lo, desista dele. Seja paciente porque alguns sonhos fazem parte de um processo mais longo e outros sonhos ocorrerão para ajudá-lo a solucionar o quebra-cabeça. Alguns significados de sonhos levam muito tempo para se cristalizar.

ESQUERDA *Os pesadelos nos estimulam a prestar atenção a acontecimentos que causaram angústia.*

Sonhos Numinosos

ALGUNS SONHOS SÃO TÃO VÍVIDOS e tão poderosos que eles quase nos deixam sem fôlego. Você acorda com uma sensação de reverência, consciente de que alguma coisa profunda ocorreu.

O psicanalista Carl Jung chamou esses sonhos de *numinosos* porque eles dão a sensação de sagrados e há neles um elemento de comando. O sonhador geralmente se sente impelido a agir após um sonho desse tipo. Jung afirmou que esses sonhos são "as joias mais preciosas na casa do tesouro da alma". Você encontrará exemplos desses sonhos no correr de todo o livro.

Aqui estão algumas indicações para ajudá-lo a reconhecer seus próprios sonhos numinosos, transformadores:

- Eles ampliam sua consciência de uma maneira inesquecível.
- Eles estão fora do padrão comum de seus sonhos.
- Eles o induzem a observar sua vida a partir de uma nova perspectiva.
- Eles o tranquilizam em momentos de grande estresse ou de crise.
- Eles lhe dão a confiança necessária para prosseguir quando você está hesitante.
- Eles o despertam e o estimulam a realizar um esforço maior.
- Eles lhe permitem aceitar a morte e a perda.
- Eles trazem maior consciência espiritual, inspirando a busca do significado de estar vivo.
- Eles o ajudam a reconhecer seu grande potencial.

ACIMA *Os sonhos numinosos o conectam com o infinito e o enchem de reverência.*

CAPÍTULO TRÊS

3

SEU CORPO É SUA CASA e seu papel nos sonhos é muito significativo. Sonhos nos quais olhos, braços, coração e cérebro aparecem podem estar diretamente ligados ao seu estado físico. O sonho é simbólico ou está relacionado com outras áreas? O coração simboliza emoções, enquanto a boca está ligada com a comunicação, com o ato de beijar e de comer. Seus sonhos ajudam a manter uma boa saúde e o alertam para o perigo. Em meu livro *Dreams, Counseling and Healing*, escrevi a respeito de uma mulher que teve um sonho no qual sua cabeça era radiografada, mostrando um buraco negro na base do crânio. O sonho teve tamanho impacto sobre essa mulher, que ela consultou um médico e insistiu para que uma radiografia fosse feita. O raio X mostrou um círculo escuro – um tumor que foi removido mais tarde com sucesso.

Os sonhos também podem oferecer tratamentos, apontar prognósticos, ajudar no processo de cura e revelar uma gravidez, proporcionando-nos uma fonte adicional de informações médicas e de apoio.

Quando uma doença pessoal nos atinge, os sonhos podem nos mostrar uma viagem. Nós viajamos através de planícies desertas, enfrentando perigos e tocando as profundezas do desespero; contudo, prosseguimos em nossa jornada. Tais "jornadas heroicas", como o mitólogo Joseph Campbell as chama, fazem parte de nosso crescimento pessoal. Carl Jung descreve esse processo como *individuação*. Os nossos sonhos nos ajudam a alcançar o ponto mais elevado do nosso eu emocional físico e espiritual.

Vamos Começar Pelo Corpo

Todos os objetos alongados, como varas ou bastões, troncos de árvore e guarda-chuvas (a abertura destes últimos sendo comparável a uma ereção) podem representar o órgão masculino (...). Nos sonhos dos homens, uma gravata geralmente aparece como símbolo do pênis (...).

SIGMUND FREUD: A INTERPRETAÇÃO DOS SONHOS

Por mais simplista que a visão de Freud possa parecer atualmente, esse psicanalista chamou a atenção para o poder do simbolismo sexual nos sonhos. Hoje, podemos ver o poder dos símbolos sexuais nos produtos de mercado à nossa volta; uma vez que a sobrevivência da vida depende da relação sexual, ela é de vital importância; assim, sonhamos com ela.

Você poderá ficar surpreso com seus sonhos a respeito de sexo, porém lembre-se de que tudo é possível neste mundo sem censura. Não fique alarmado se sonhar que está tendo uma relação com alguém do mesmo sexo ou do sexo oposto, ou se trocar de parceiro. Isso pode simplesmente significar que seu eu onírico está explorando todos os aspectos da sexualidade.

Parte do ciclo da criação envolve a fertilização de um ovo e depois o nascimento: Por isso, ovos em sonhos são muito significativos. Na Páscoa Cristã, ovos decorados representam uma nova vida, um significado que sobreviveu de uma antiga tradição pagã.

Meus sonhos têm cores, som, aromas, sabores, tudo. Algumas pessoas me disseram que sonham em preto e branco, ou silenciosamente. Isso me surpreendeu. Minhas experiências de sonho parecem reais.

BEVERLEY, PARTICIPANTE DE UM *WORKSHOP* SOBRE SONHOS

ACIMA *O simbolismo sexual é um elemento importante e inteiramente natural dos nossos sonhos. Um guarda-chuva ereto pode representar o pênis.*

Em alguns sonhos você pode descobrir que um corpo humano está amalgamado com o de outra criatura. Por exemplo, você poderá sonhar com alguém com cabeça de águia e corpo de homem. Pense a respeito das qualidades associadas à ave que aparece em seu sonho. Uma cabeça de águia pode representar poder e força, enquanto a cabeça de uma coruja pode estar relacionada com sabedoria.

Agentes de cura espiritual também podem transmitir a cura do corpo através de um sonho. Existem muitos exemplos de pessoas que se deitaram indispostas e, tendo vivenciado um sonho no qual alguém veio até elas e tocou a parte do corpo afetada, ou trouxe raios de luz para curar o corpo todo, despertaram sentindo-se bem novamente. O poder de cura dos sonhos é tão antigo quanto a humanidade.

A CABEÇA

A cabeça NO ALTO DO CORPO nos proporciona um ponto de partida. O cérebro (ver p. 37) é de fundamental importância porque a cabeça, juntamente com o coração, controla o organismo todo.

A cabeça é um símbolo de sabedoria, conhecimento, vigilância, aprendizado e poder. Através da história, cabeças têm sido colecionadas como troféus – tanto cabeças humanas, no caso dos celtas, como cabeças de animais, por exemplo, ursos, leões e raposas. Esses troféus simbolizam o poder sobre os outros. Se você tiver um sonho em que uma cabeça é retratada, reflita sobre a maneira como ela se relaciona com aspectos positivos ou negativos do controle e da crítica, assim como com a capacidade cognitiva ou de raciocínio.

Cabeças de monstros e gárgulas com seu sorriso arreganhado, esculpidas em telhados e pilares, foram criadas para a proteção dos edifícios e para intimidar os agressores em potencial. Os antigos celtas também esculpiram cabeças na pedra, considerando-as como guardiões mágicos.

Muitas pessoas que sofrem de enxaqueca costumam ter sonhos antes dos acessos. Temas típicos desses sonhos incluem a pessoa ser de alguma forma atingida na cabeça ou levar um tiro na cabeça.

CORRELAÇÕES

- *Ter a "cabeça a prêmio"*
- *"Dos pés à cabeça"*
- *"Cabeça da casa"*
- *"Subir à cabeça", "Perder a cabeça"*
- *Fora de controle: "Ter a cabeça confusa, ser lunático"*
- *"Entrar de cabeça numa paixão"*

CABEÇA

Cabelo COMO SÍMBOLO, REPRESENTA ENERGIA e fertilidade, crescimento natural e a glória que coroa. Sacerdotes de muitas religiões antigamente raspavam todo o cabelo em sinal de renúncia aos desejos terrenos. Nas estátuas de Buda, o tufo de cabelo no alto da cabeça simboliza a sabedoria e a luz. Um dos cinco símbolos de fé dos sikhs é *kesh* ou "cabelo sem cortar". Na tradição indiana, o cabelo é um símbolo da alma porque cresce na cabeça, o local da consciência. Ele cresce novamente após ser cortado e continua a crescer após a morte.

Cabeças raspadas também representam a força, como no caso de cabeças raspadas dos novos recrutas do exército ou de extremistas de direita. Uma mãe masai raspa a cabeça do filho guerreiro na adolescência, por ocasião do rito de passagem, que o leva da infância à condição de homem adulto.

Barbear o rosto é um rito ocidental; segundo o costume, um pai presenteia o filho com seu primeiro estojo de barbear. Durante a observância da *shivá* (luto), por um período de sete dias após uma morte, os judeus não se barbeiam.

CORRELAÇÕES

- *Poderia seu sonho com uma visita ao cabeleireiro indicar o desejo de uma mudança de imagem?*
- *Se você sonhar que está perdendo o cabelo, talvez esteja preocupado com a perda de autoridade.*

Crânio O CRÂNIO É UMA METÁFORA DA MORTE, sendo usado em pinturas como símbolo da passagem do tempo e da mortalidade. Piratas e bucaneiros carregavam uma bandeira, em que apareciam estampadas uma "caveira e dois ossos cruzados", com o objetivo de infundir medo no coração de suas vítimas; esse símbolo ainda é encontrado em vidros que contêm veneno. O clube de motociclistas, *Hell's Angels*, também utiliza como símbolo a caveira e duas tíbias cruzadas.

Como o crânio aloja o cérebro e fornece suporte para o rosto, olhos e boca, ele sempre teve um valor simbólico elevado. No culto aos antepassados, cabeças humanas mumificadas representam veneração. Guerreiros nórdicos conservavam os crânios de suas vítimas assassinadas e os transformavam em taças para bebidas. Crânios fincados em estacas indicam genocídio ou podem representar o Holocausto.

Jesus foi crucificado numa colina chamada Gólgota, que significa "lugar da caveira". Há indicação de ações ilícitas quando um crânio é encontrado no chão, uma vez que assassinos geralmente enterram suas vítimas em covas rasas e o esqueleto é rapidamente exposto.

No sonho, vejo um crânio muito claramente: Limpo, brilhante e branco. Percebo pelo formato das maçãs do rosto que ele pertence a uma pessoa chinesa. O crânio é uma grande dádiva; sei que recebê-lo significa um grande privilégio.

Essa pessoa era budista e percebeu que o sonho representava uma nova concepção do tema. Ela o relacionou com o festival de Ching Ming, quando os chineses visitam os túmulos de seus ancestrais, tiram os ossos das urnas para limpá-los e poli-los, recolocando-os depois no mesmo lugar.

CORRELAÇÃO

Se você sonhar com uma caveira, reflita sobre qualquer ansiedade que a morte pode ter lhe causado; por exemplo, a proximidade da morte num acidente.

CABEÇA

CORRELAÇÕES

◉ *Se você sonhar com um ferimento no cérebro, haverá uma causa física?*

◉ *Você está sendo "cerebral" ou esperto no momento ou precisa ser?*

◉ *Você está com "muitas coisas na mente", o que lhe causa estresse?*

Cérebro

O CÉREBRO NÃO É UMA MASSA SÓLIDA. Ele é uma série de corredores cheios de líquido, um labirinto de ligações. O cérebro e o coração são os dois órgãos mais importantes do corpo. Sonhar com seu cérebro indica que você precisa pensar a respeito da mensagem do sonho. Este se relaciona com uma lesão física? Você está sofrendo de dores de cabeça que precisam ser tratadas por um médico?

O "*Brainstorm*" simboliza um lampejo de inspiração que pode ocorrer a qualquer momento.

Durante escavações realizadas em territórios incas foram encontrados muitos crânios com orifícios. "Neurocirurgiões" abriam orifícios nos crânios de pessoas que tinham sido feridas em batalhas ou que apresentavam doenças neurológicas. Esse processo era chamado *trepanação*; acreditava-se que ele reduzia a pressão no cérebro. Esses crânios mostraram que a cura havia ocorrido e os pacientes, sobrevivido à provação.

ROSTO

Rosto EXPRESSÕES FACIAIS, NOS SONHOS, PODEM NOS TRANSMITIR MUITAS INFORMAÇÕES, ainda que nenhuma palavra seja dita. Se uma pessoa aparece sem rosto, sem traços como olhos, nariz e boca, isso poderá significar que ela está em busca de sua própria identidade. Às vezes descrevemos pessoas que se escondem atrás de seus papéis profissionais como "burocratas sem rosto". Essa imagem representa alguém que faz parte de sua vida?

Observe correlações idiomáticas. Você tem que "encarar" uma questão difícil? Às vezes dizemos que uma pessoa é "descarada", no sentido de que ela não tem vergonha e não se preocupa em relação a atividades que fariam outras se sentirem culpadas.

Se você vê uma pessoa com dois rostos ou um rosto que muda drasticamente, num sonho, isso poderia indicar ações ou comportamento de "duas caras". Num determinado nível a pessoa parece fazer uma coisa; a seguir, faz o oposto e, por isso, não merece confiança. Essa dualidade pode se aplicar a todos; assim, pense se ela corresponde ao personagem de seu sonho – ou a você em sua vida desperta.

CORRELAÇÃO

Sonhar com uma pessoa sem rosto pode ter relação com o seu desejo de conhecer e compreender as pessoas profundamente.

Maçã do rosto

BOCHECHAS ROSADAS GERALMENTE REFLETEM boa saúde e as maçãs do rosto vermelhas de um palhaço simbolizam humor e cenas cômicas. Rosto macilento indica má nutrição e tristeza. Nós também vemos pessoas com as faces descarnadas e sem brilho após uma guerra ou estado de sítio. Se estas aparecerem em destaque num sonho, considere como elas se relacionam com sua saúde.

Se alguém tiver "as maçãs salientes" em seu sonho, essa pessoa estará sendo rude e impudente? Se as maçãs do rosto aparecerem em destaque, esse fato poderia se referir ao comportamento descrito acima. As maçãs do rosto também têm ligação com a ideia de se fazer alguma coisa "na cara-dura", isto é, uma pessoa ser tão segura de si e arrogante a ponto de não levar as opiniões de outras pessoas em consideração. Se as bochechas e a mandíbula forem significativas no sonho, isto pode se referir a uma grande intimidade com alguém. Isto é, ser excessivamente íntimo, de uma maneira insincera, o que irá causar problemas para a outra pessoa.

"Bochechas" também podem se referir às nádegas; por isso, procure qualquer duplo sentido em seu sonho.

CORRELAÇÕES

- *Bochechas vermelhas: você enrubesceu ou se sentiu constrangido recentemente?*
- *Alguém o ofendeu e ao mesmo tempo encobriu o insulto com um sorriso, de forma a parecer atrevido em vez de agressivo?*

TRAÇOS FISIONÔMICOS

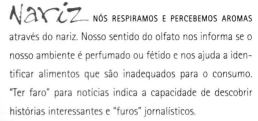

Nariz — NÓS RESPIRAMOS E PERCEBEMOS AROMAS através do nariz. Nosso sentido do olfato nos informa se o nosso ambiente é perfumado ou fétido e nos ajuda a identificar alimentos que são inadequados para o consumo. "Ter faro" para notícias indica a capacidade de descobrir histórias interessantes e "furos" jornalísticos.

Considere o formato e o tamanho do nariz presente no sonho. Você consegue relacioná-lo com pessoas que conhece? Às vezes, mestres do vinho têm um "nariz" bem desenvolvido, o qual contribui com sua capacidade de identificar a qualidade e as sutilezas do vinho. Existe ainda o conceito de que um homem com um nariz grande possui um pênis grande.

Se seu nariz estiver ferido num sonho, ele estará refletindo uma dificuldade física no estado de vigília, como febre ou rinite? Ou ele poderia simbolizar uma ação de sua parte, baseada em ressentimento, a de "cortar completamente seu nariz para prejudicar seu rosto", isto é, ferir a si mesmo por ser orgulhoso e inflexível?

CORRELAÇÕES

- *"Meter o nariz onde não se é chamado"* indica interferência.
- *"Sentir um mau cheiro"* é ter o pressentimento de que alguma coisa está errada.
- *"Saber onde se tem o nariz"* é ser capaz, competente; saber exatamente o que se está fazendo.

TRAÇOS FISIONÔMICOS

Boca

A BOCA NOS PERMITE FALAR, COMER, ASSOBIAR e beijar. Às vezes a boca pode nos trair com um lapso verbal ou, no caso de Judas Iscariotes, quando ele beijou a face de Jesus Cristo, selou seu destino – Jesus foi crucificado e Judas, em sua vergonha, cometeu suicídio.

Em certas culturas, a boca de uma mulher é coberta por um véu porque ela é comparada ao símbolo da *vagina dentata*, ou "vagina com dentes". As dobras de pele existentes na vulva também são mencionadas como sendo os "lábios". Geralmente há muitas correlações sexuais e o simbolismo boca/vulva é encontrado no mundo todo. Este aspecto sexual é intensificado pela atenção que o batom atrai para os lábios; até mesmo a rainha Cleópatra usava batom.

CORRELAÇÕES

- *Lábios azulados indicam problemas circulatórios e podem simbolizar a morte.*
- *Alguém está "pondo a boca no mundo" em seu sonho, dando vazão à raiva aos gritos?*

TRAÇOS FISIONÔMICOS

Dentes

SE VOCÊ SONHAR COM SEUS DENTES ou com uma consulta ao dentista, talvez esteja simplesmente ansioso em relação ao estado dos mesmos. Este sonho também pode ser uma advertência para que você faça um *check-up* odontológico. Contudo, muitos sonhos sobre a perda de dentes ocorrem num período de mudanças, por exemplo, quando um jovem sai de casa para morar sozinho pela primeira vez ou quando um relacionamento ou uma ligação afetiva terminam.

Os dentes do siso, os últimos dos quatro molares, nascem quando somos mais velhos e temos maior conhecimento. Se você sonhar com esses dentes, precisa se tornar "mais sábio" e mais inteligente no que se refere a uma situação em particular? Por outro lado, a emergência de um conhecimento está sendo indicada pelo sonho, como no exemplo abaixo?

No sonho, tive consciência de que meus dentes estavam começando a ficar soltos, a quebrar e a cair de minha boca. Toquei a parte de trás de minha boca e, de forma indolor, extraí molares com raízes serrilhadas. Não senti medo, mas fiquei tão intrigada que contei o sonho para a minha mãe. Ela me disse que tinha tido exatamente o mesmo sonho durante as primeiras semanas de cada uma de suas gestações e brincou que eu devia estar grávida. O que ela não sabia era que eu realmente estava grávida de quase dois meses.

CORRELAÇÃO

⊚ *Dentes brancos, iguais e bonitos pressagiam felicidade e prosperidade.*

TRAÇOS FISIONÔMICOS

Língua

ALÉM DE NOS AJUDAR A FALAR E A COMER, a língua revela o estado de nossa saúde. Nas medicinas ocidental e chinesa, ela é examinada, contribuindo para o diagnóstico quando alguém está doente. A língua também é considerada o órgão do gosto, ou seja, do discernimento. Se esta aparecer em seu sonho, será útil observar se sua própria língua parece saudável, com a ajuda de um espelho.

Existem muitas correspondências entre a língua e a sexualidade. Na época medieval, a língua simbolizava o pênis e a língua para fora equivalia a se mostrar o dedo médio (ver p. 51). Demônios e bestas insaciáveis com frequência eram retratados com suas línguas saindo da boca de uma maneira lasciva, para confirmar essa correlação fálica.

Pense em como sua língua está ligada à força de suas palavras e naquilo que você realmente quer dizer. Numa antiga história da Índia, aqueles que contam mentiras são mandados para o inferno, onde suas línguas crescem até ficar desmedidamente grandes. Se sua língua for muito longa num sonho, talvez você não esteja sendo completamente sincero em sua vida quando acordado.

CORRELAÇÕES

- *"Estar com a língua atada" significa uma incapacidade de enunciar palavras. Você está tendo dificuldade para se comunicar?*
- *Você precisa "segurar a língua" num caso de discórdia?*
- *"Ter a língua maior que o corpo" significa que você fala demais e é indiscreto.*

TRAÇOS FISIONÔMICOS

Olhos NA MITOLOGIA, o olho é sagrado porque ele simboliza a visão e a sabedoria. O "olho de Deus" tudo vê e tudo sabe. Ambos, o olho de Deus e o olho humano também estão relacionados com a sabedoria divina transcendental e com a iluminação espiritual. O terceiro olho simboliza a capacidade intuitiva, psíquica, e um elemento da "segunda visão", isto é, a capacidade de ver aquilo que os outros não conseguem ver. Isso poderia estar relacionado com a antevisão do futuro. Se este for o caso, você poderá ser protegido contra o "mau-olhado", que supostamente traz má sorte.

Sonhar com os olhos tem relação com sua capacidade de ver. O tamanho, formato, cor e outras características dos olhos irão influenciar o significado para você. Olhos bem abertos indicam consciência, enquanto olhos fechados podem indicar um desejo de não ver ou o receio de que aquilo que você vê irá perturbá-lo ou aterrorizá-lo.

CORRELAÇÕES

- *"Olhar na mesma direção", concordar* – Você está se entendendo bem com alguém?
- *"Olho por olho"* – Você está tendo sentimentos de vingança?
- *"Ter o olho maior que a barriga"* – Há algo que você deseja possuir sem moderação?
- *O "olho" simboliza o "eu", a pessoa? Em sonhos, "meu olho está doendo" pode indicar "eu estou sofrendo".*
- *Óculos irão ajudar a visão se tiverem sido receitados de forma correta; do contrário, eles distorcem a visão. Os óculos em seu sonho ajudam ou representam um obstáculo?*

Ouvido

A CAPACIDADE DE RECEBER NOVAS INFORMAÇÕES DE OUTRAS PESSOAS, e também de ouvir sua própria voz interior pode estar representada quando os ouvidos são enfatizados em sonhos. Segredos são igualmente sussurrados no ouvido; se isto acontecer em seu sonho, você pode estar preocupado com a possibilidade de as pessoas falarem de você pelas costas.

Na mitologia, o ouvido está relacionado com a inspiração divina. Deuses sussurravam no ouvido de pessoas adormecidas e lhes revelavam acontecimentos que iriam ocorrer no futuro.

Surdez em sonhos pode simbolizar problemas com comunicação. "Não dar ouvidos" é escolher deliberadamente não ouvir aquilo que pode ser desagradável para você. Talvez você precise refletir a respeito de quaisquer situações que esteja evitando e lhes dar certa atenção.

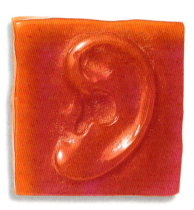

CORRELAÇÕES

- *Aparelhos de audição – Você está preocupado com sua audição ou precisa ouvir mais atentamente o que outras pessoas estão dizendo?*
- *Brincos – Estes simbolizam decoração e ornamentação. Você sente necessidade de acrescentar algum brilho em sua vida para iluminá-la?*
- *"Entrar por um ouvido e sair pelo outro" – Você não está levando em consideração o que está sendo dito?*

Garganta

A GARGANTA ESTÁ RELACIONADA COM AS CORDAS vocais e com a capacidade de falar. Ela também liga o corpo à cabeça, sendo a ponte entre sentimentos e pensamentos. Às vezes, quando precisamos nos esforçar para expressar emoções, sentimos uma constrição na garganta. Se você sonhar com problemas na área da garganta, esse sonho pode refletir uma dificuldade para dizer o que você está sentindo. No sonho abaixo, uma intensa ansiedade pode ser vista:

Está escuro. Há duas versões de mim – uma em pé dentro de um lago e outra sobre meus ombros. A água está subindo rapidamente, porém não consigo me mexer. Quando a água atinge meu queixo, o "eu" que está em meus

ombros começa a falar; a seguir uma faca aparece em sua mão. Ele se abaixa e corta a garganta do "eu" em pé dentro da água. Ambas as versões do "eu" mergulham na água. O primeiro "eu" está sangrando profusamente e o segundo está se afogando. Então acordei.

O duplo suicídio na água simboliza a vida emocional da sonhadora. Essa jovem mulher sente que "não tem experiência para lidar nem conhecimento para compreender suas emoções" e está em perigo. Ela também se sente paralisada. Não "consegue se mover". Quem é ela? Qual desses dois "eus" é realmente ela? Por que há tanto mal autoinfligido? Como ocorre com muitos sonhos em que aparecem partes do corpo, você poderá aprender muito se observar os diferentes elementos do conteúdo e relacioná-los com acontecimentos de sua vida na época do sonho.

CORRELAÇÃO

- *Você se sente "engasgado" em relação a algo? Isto poderia indicar que você acha impossível tornar seus sentimentos conhecidos por outras pessoas.*

TRONCO

Seios

OS SEIOS NOS FORNECEM O NOSSO PRIMEIRO SUSTENTO e simbolizam amor, afeição, intimidade e cuidado. Os seios estão ligados à sexualidade, representando uma fonte de atração. Entretanto, o tamanho não é tudo, como esse sonho relatado por um homem de 30 anos indica:

Estou na sala com minha amiga Jane, que é muito atraente. Subitamente, seus seios começam a crescer, até ficarem do tamanho de bolas de basquete. Isso me deixa completamente desinteressado. A seguir eles diminuem de tamanho e ela se torna novamente atraente. A situação se repete várias vezes.

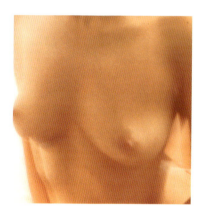

Cynthia Pearson, que dirige grupos de sonhos nos Estados Unidos, descreveu o sonho de uma mulher que se submeteu a uma cirurgia reconstrutora após uma mastectomia. No sonho, ela ninava o seio reconstruído, que usava um gorro de bebê, e cantava para ele. Esse ato simbólico de cuidado enfatiza a disposição de aceitar seu novo seio de maneira positiva.

CORRELAÇÕES

- *"No seio da família" – Estar no âmago ou no centro da família.*
- *"Abrir o peito" – Dizer toda a verdade depois de um período de procrastinação e mentiras.*

TRONCO

Costas ESTAS PODEM REPRESENTAR AQUILO QUE NÃO CONSEGUIMOS ver ou que se esconde atrás de nós. O que está acontecendo pelas suas costas em seu sonho? Você virou as costas para alguma coisa?

A coluna vertebral está situada na parte dorsal do tronco e sustenta a cabeça, simbolizando a força. Ter "espinha dorsal" é ter coragem. Não ter "espinha" implica o contrário. Sonhos em que se é esfaqueado nas costas podem indicar sentimentos de traição. Harry Bosma, que apresentou a síndrome da fadiga crônica, tinha sonhos violentos nos quais isso acontecia. Ele acreditava que a facada nas costas simbolizava sua sensação de que seu corpo tinha se voltado contra ele.

CORRELAÇÕES

- *"Ser apunhalado pelas costas" significa ser traído ou enganado por alguém que se conhece e de quem não espera nenhum tipo de traição.*
- *"Carregar o mundo nas costas" – situação na qual você realiza sozinho tarefas que caberiam a um grupo.*
- *"Ter as costas quentes" – é ter sempre a proteção de alguém; por isso a pessoa não tem receio de realizar ou de dizer alguma coisa, pelo fato de estar muito confiante.*

MEMBROS

Unhas COMO AS GARRAS DOS PÁSSAROS E AS UNHAS AFIADAS DE ANIMAIS, as nossas unhas têm muita utilidade prática e também podem ser usadas como armas. O comprimento das unhas, seu estado e condição de limpeza lhe fornecerão indícios quanto ao significado de seu sonho.

Em rituais mágicos, aparas de unhas de uma vítima eram usadas na preparação de poções, com o objetivo de causar dano. Às vezes, imagens do alvo eram pintadas em paredes ou representadas em efígies ou figuras de cera. Acreditava-se que ao se ferir a imagem, a pessoa ou animal representado era prejudicado.

Quando aparecem em sonhos, as unhas também podem se referir a pregos metálicos usados em construções. Pregos podem simbolizar construção porque são usados para juntar materiais. Na tradição cristã, cravos de metal simbolizam a agonia e a paixão de Cristo, no momento em que este foi pregado na cruz ou crucificado.

A expressão "pregar sua bandeira no mastro" indica que você definiu sua posição e a revelou publicamente, para que não houvesse dúvida a respeito daquilo em que acredita. Seu sonho se refere a uma decisão recente que você tomou?

CORRELAÇÕES

- *Atualmente você está sendo "um unha de fome" ou lidando com alguém assim?*
- *Você está se dedicando ao um projeto "com unhas e dentes", chegando a uma conclusão definitiva?*

MEMBROS

Capítulo Três 50

Braços COM OS NOSSOS BRAÇOS E MÃOS PODEMOS NOS SEGURAR, nos mover e

nadar. Eles nos permitem usar ferramentas, de uma forma impossível para outros animais. Nos sonhos em que braços são retratados, observe o tônus muscular ou qualquer outra característica significativa, como tatuagens. Dois braços erguidos no ar podem representar submissão, "mãos ao alto" ou júbilo, como quando um gol é feito e a multidão reage.

O braço é o símbolo da força, do poder, do socorro concedido, da proteção. É também instrumento da justiça: o braço secular inflige seu castigo aos condenados. Se o aspecto do braço no sonho é agradável, prenuncia bons amigos; se estiver machucado, prenuncia acidente, desconforto.

CORRELAÇÕES

- *Sonhar que seu braço foi ferido significa a sua incapacidade de cuidar de si mesmo.*
- *"Braços erguidos", um apelo por clemência ou justiça.*
- *Sonhar com um braço amputado significa separação ou divórcio.*

MEMBROS

Mãos

QUANDO VOCÊ SONHAR COM MÃOS, observe qual das duas predomina. A mão esquerda está relacionada com má sorte, fraqueza e, em caso extremo, com o mal. A mão esquerda não é usada para cumprimentar, dar um aperto de mãos ou demonstrar respeito, como ao se fazer continência. *Sinister* é uma palavra latina que significa "caminho da esquerda". Isto descreve o uso da magia com propósitos maléficos.

Contudo, no Ocidente, a aliança de casamento é usada na mão esquerda. O dedo do anel, particularmente da mão esquerda, era conhecido na Inglaterra do século XV como *dedo do médico*, porque os médicos o usavam para misturar, provar e aplicar seus remédios. Além disso, existe a crença de que a veia do dedo do anel sobe diretamente para o coração; vem daí o posicionamento da aliança de casamento. Esse dedo está ainda simbolicamente ligado ao falo, como ocorria no tempo do império romano. Naquela época, prostitutos costumavam fazer sinais a clientes em potencial, erguendo esse dedo no ar. No período medieval, a Igreja o chamava de *digitus infamus* ou *senus*, "o dedo obsceno".

A coceira nas mãos está ligada ao dinheiro: Na esquerda, a pessoa vai receber dinheiro; na direita, vai gastá-lo.

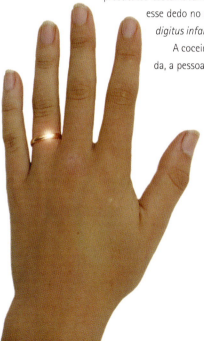

CORRELAÇÕES

- *Mãos habilidosas: recompensa merecida.*
- *Mãos erguidas, com a palma para a frente: um gesto de súplica.*
- *Mãos limpas, bonitas e bem-tratadas: vida satisfatória.*
- *"Dar uma mão": ajudar alguém.*

Vamos Começar Pelo Corpo

MEMBROS

Pernas

PERNAS E PÉS NOS CONECTAM COM A TERRA e nos mantêm na posição ereta. Eles carregam o resto do nosso corpo e possibilitam o movimento. Quando você sonhar com pernas, considere seu estado e o que elas estão fazendo. Se suas pernas tiverem "cedido", isto significa que você não pode continuar; sente que não consegue mais se sustentar?

Deuses com uma perna só eram vistos como símbolos fálicos. Na cabala, a antiga tradição mística judaica, as pernas representam firmeza e poder, o que está relacionado com a ideia de ser independente e responsável por si mesmo. Suas pernas o erguem, o que pode simbolicamente representar elevar seu *status*. Você está sendo "impulsionado pelas pernas", o que irá ajudá-lo em seu caminho?

Sonhei que minhas pernas foram cortadas bem acima dos joelhos num acidente.

Qualquer parte da perna aparece em destaque – coxa, joelho, panturrilha ou canela? Nesse caso, o sonho está chamando sua atenção para problemas de locomoção, como o estiramento de um tendão?

CORRELAÇÕES

- *Pernas magras, no sonho: advertência contra embaraços criados por um romance inoportuno.*
- *Pernas com ferimentos, inchações, hematomas ou manchas: dificuldades financeiras.*
- *Sonhar com perna de pau significa que deve ter cautela contra arrogância.*

Pés

OS PÉS SÃO O NOSSO ALICERCE; NÓS NOS APOIAMOS NELES PARA FICAR EM PÉ. Eles nos firmam no chão e sustentam o nosso corpo todo. Qual é a condição de seus pés? Eles estão em bom estado, prontos para dar o próximo passo? Em reflexologia, o pé revela ligações com a mente e com o corpo. Se você sonhar que seus pés estão sendo massageados ou, de alguma maneira, tratados, esse sonho poderia indicar que a reflexologia ou a podologia lhe trariam benefícios.

Sonhar com os pés nos leva até o fundamento de nossa vida. Pense a respeito daquilo que o ancora. As pegadas deixadas por você mostram o caminho que você tomou e permitem aos outros localizá-lo. Fazer o "pé de meia" significa economizar e reservar dinheiro para uma eventualidade futura.

Beijar ou lavar pés quer dizer humildade, serviço e devoção. Bater os pés indica oposição, enquanto "em pé de igualdade" significa de igual para igual, no mesmo nível.

Os calcanhares podem ter relação com o ponto vulnerável do corpo – o calcanhar de aquiles. O deus Aquiles era supostamente invencível; seu único ponto fraco era o calcanhar. Geralmente, o escorpião e a serpente mordem no calcanhar.

CORRELAÇÕES

- *Você fica com o "pé atrás" quando desenvolve um novo projeto, está perdendo a fé em sua equipe?*
- *Você leva tudo "ao pé da letra", seu desempenho é muito preciso em tudo o que faz?*

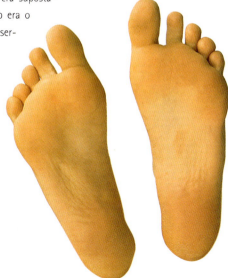

Estômago

O ESTÔMAGO É O LOCAL ONDE OS ALIMENTOS SÃO PROCES-SADOS, onde nos sentimos saciados e nutridos. Depois de sonhos nos quais um estômago aparece, pergunte a si mesmo se você está se alimentando bem nesse período. O estômago também é um importante indicador da saúde emocional e física. Quando estamos nervosos e apreensivos, ficamos muito agitados e temos dificuldade para digerir os alimentos ou desenvolvemos uma dor de estômago porque nos sentimos doentes de preocupação. Pessoas com desordens gástricas ou úlceras às vezes sonham com partes do estômago que se rompem ou com alimentos estragados e indigestos.

O umbigo está no centro do abdômen, sendo o local anterior de contato entre mãe e filho; por essa razão, ele é considerado um ponto altamente significativo do corpo. A decoração do umbigo, usada por dançarinas de dança do ventre, e feita com joias ou tatuagens, ou com um *piercing*, para chamar a atenção, confirma seu significado.

O estômago tem a reputação de ser a sede das emoções; em geral nos sentimos nauseados quando estamos emocionalmente excitados ou tensos.

CORRELAÇÕES

- *Sonhar com abdome dolorido significa que alcançará êxito devido à boa saúde.*
- *Sonhar com o estômago indica preocupação com o trabalho.*

ÓRGÃOS

Fígado

O FÍGADO PRODUZ BILE, ARMAZENA GLICOGÊNIO, desintoxica o organismo e ajuda o metabolismo a processar nutrientes. Se uma doença hepática estiver presente, a cor da pele pode ser afetada; uma pessoa de pele clara adquire uma aparência ictérica ou amarelada. Se você sonhar com seu fígado, considere as implicações para a saúde. Se estiver fisicamente saudável, ele poderia se referir a questões emocionais?

A bile, que é amarga, está relacionada com "biliosidade" – irritabilidade e obstinação. Na Idade Média, acreditava-se que "a bile negra" causava melancolia e depressão, enquanto a "bile amarela" estava associada à raiva.

Para o filósofo grego Platão, o fígado era um órgão extremamente importante. Ele o descrevia como a parte do corpo que recebe mensagens e atua como um espelho:

> *Os deuses criaram no abdômen um órgão como um espelho, cuja superfície é sensível ou suficientemente sintonizada com a mente para receber suas mensagens; ele tem o poder de projetar nos sonhos essas mensagens racionais sob a forma de mensagens irracionais.*

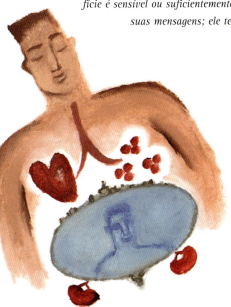

CORRELAÇÕES

- *Seu sonho reflete suas preocupações com o seu fígado?*
- *Você sente que precisa se purificar física e emocionalmente?*

ÓRGÃOS

Coração

COMO UM ÓRGÃO DE FUNDAMENTAL IMPORTÂNCIA NO CORPO, o coração é não somente um mecanismo que trabalha de forma incessante, mas também o centro simbólico de nossas emoções. Se você sonhar com um coração, primeiro considere quaisquer acontecimentos físicos possíveis que poderiam ter motivado o sonho; depois, observe os aspectos emocionais.

Sonhos nos quais o peito é alvo de um assaltante, ou quem teve o sonho é alvejado no coração foram relatados por pessoas com problemas cardíacos. Dor no peito à noite pode provocar um sonho, a dor sendo simbolizada por algum tipo de ataque ou acidente. Outras características comuns a esses sonhos são sangue, pressão no peito, ferimentos no braço esquerdo e um sentido de urgência ou medo.

As ligações emocionais com o coração são intermináveis. O "Sagrado Coração de Jesus" tem um grande significado para os católicos, assim como o coração sangrando, que simboliza sofrimento em nome de uma crença. O coração também simboliza o amor romântico e a coragem.

CORRELAÇÕES

- *"Abra o seu coração" – Revele os seus sentimentos de modo franco e honesto.*
- *"Estava com o coração na boca" – Simboliza medo e ansiedade.*

Pulmões

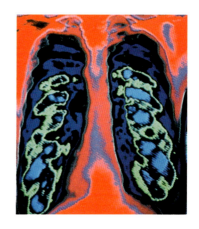

OS PULMÕES SÃO "O ESPAÇO PARA RESPIRAR DO CORPO". Como fole do organismo, estimulam a energia e nos permitem respirar e agir. Você dedica tempo suficiente para respirar?

Uma fumante inveterada sonhou que via seus pulmões e que eles estavam pretos. As imagens do sonho influenciaram sua decisão de parar de fumar; quer aquele sonho tivesse sido uma advertência quanto a uma doença iminente ou não, seu impacto benéfico ajudou-a. Quando você tem uma infecção no peito, pneumonia ou bronquite, seus sonhos talvez tenham alguma relação com a água. Esses sonhos simbolizam o acúmulo de líquido ou de muco nos pulmões.

A respiração tem sido relacionada com a "alma" ou "espírito" desde tempos imemoriais porque esta é a força vital visível. Sabemos que quando uma pessoa dá o último suspiro, sua vida na terra cessa.

Para os chineses, os pulmões são o domicílio da retidão, da honradez e a fonte dos nossos pensamentos mais íntimos.

CORRELAÇÃO

- *Parques em grandes cidades, como o Hyde Park, em Londres, e o Central Park, em Nova York, são com frequência chamados "pulmões da cidade", porque eles proporcionam às pessoas a possibilidade de respirar, longe do barulho e da poluição causada pelo trânsito pesado. O seu sonho reflete uma preocupação com espaços verdes e questões ambientais?*

ÓRGÃOS

Pele

A PELE OFERECE PROTEÇÃO CONTRA O MUNDO EXTERIOR. Quando há uma ruptura, um corte ou uma ferida, ela pode doer e permitir o aparecimento de uma infecção. Antes que possa cicatrizar, uma ferida precisa ser desinfetada. Você foi ferido psicologicamente? Suas defesas foram vencidas?

Uma crosta se forma quando a pele é rompida, fazendo parte do processo de cura. Se você estiver tirando a casca de uma ferida num sonho, esse gesto poderá significar interferência de sua parte; talvez você não esteja deixando as coisas seguirem seu próprio curso, de modo que elas tenham oportunidade de voltar ao normal.

Cicatrizes também podem permanecer após a pele estar curada. Se você sonhar com uma cicatriz, esta se relaciona com uma marca em seu corpo ou é a lembrança de uma ferida emocional?

Brida amniótica é um remanescente da bolsa amniótica, com a qual alguns bebês nascem. Em muitas tradições, esta malformação é considerada como de grande sorte, acreditando-se que ela impede a pessoa de se afogar. Se você sonhar com um véu ou máscara semelhante a uma membrana, ele se relaciona com uma falta de visão ou de clareza ou oferece alguma forma de proteção?

A tribo santal, crê que a alma abandona o corpo como um lagarto e que tocar a pele seca de um lagarto ou cobra protegerá seus membros de doenças.

CORRELAÇÕES

◉ Um "lobo em pele de cordeiro" é alguém que finge ser inocente e inofensivo mas que usa essa artimanha para conseguir tudo o que quer.

◉ É preciso ter "nervos de aço" para enfrentar determinadas situações na vida.

ÓRGÃOS

Útero

O mais antigo oráculo da Grécia, consagrado à grande mãe da terra, do mar e do céu, recebeu o nome de Delfos, cujo significado é "útero".

BARBARA WALKER

O ÚTERO OU VENTRE É A FONTE DA CRIATIVIDADE. Simbolicamente, ele é a fonte de toda a vida. O útero pode sugerir fertilidade e gravidez.

Depois de ter se submetido a uma histerectomia, Jillie teve um sonho no qual um homem e uma mulher a atacaram e lhe deram pontapés até atirá-la ao chão. Enquanto estava caída ela observou o desenho dos ladrilhos, acordando a seguir; Jillie disse a si mesma, "tenho que observar o padrão". Uma forte sensação lhe dizia que precisava encontrar um novo padrão em sua vida e mudar antigos princípios. Ela considerou o homem e a mulher como o seu lado masculino e o seu lado feminino, ambos indignados com a operação; eles a viam como um sinal de que seu corpo a tinha abandonado. Depois de uma cirurgia muitas mulheres sonham que estão sendo assaltadas. Isso simboliza seu sentimento de estarem sendo invadidas e feridas pela experiência.

CORRELAÇÕES

- *Sonhar que você ainda está no útero, sugere que você está regredindo a um período de tempo no qual você se sentia seguro e completamente dependente.*
- *Você pode estar tentando escapar das exigências da sua vida diária. O útero no sonho representa a criação, o parto, um novo nascimento.*

ÓRGÃOS SEXUAIS

Vagina

SEXUALIDADE, REPRODUÇÃO e potencial oculto são simbolizados em sonhos com a vagina. Como esta fica escondida dentro do corpo, em geral é representada numa experiência onírica por uma caixa, uma gaveta num armário ou um porta-joias.

Sonhos mais vívidos parecem coincidir com a ovulação o que, acredito, se relaciona com o fato de eu ser mais criativa no estado de vigília durante esse período. Essa mulher associa a ovulação com o tipo e a qualidade de seus sonhos.

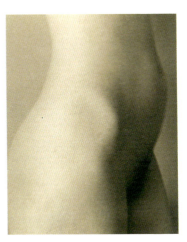

Quando ovulo aparentemente tenho ciclos de sonhos em que estou grávida ou dando à luz, ou tenho uma criança. Isso parece refletir minhas preocupações no momento apropriado do mês. Esses sonhos são muito fortes e acordar representa um choque.

Ao anotar seus sonhos, inclua pormenores de seu ciclo menstrual. Mais tarde, examine seu diário de sonhos e descubra como os temas oníricos refletem mudanças hormonais durante a ovulação.

CORRELAÇÃO

- Vagina dentata, *"vagina com dentes" se refere à ideia de boca e à vagina como símbolo de relações sexuais. Os dentes têm ligação com o receio masculino de que o pênis possa ser ferido ao haver penetração.*

ÓRGÃOS SEXUAIS

Pênis

ESTE SE RELACIONA COM A ELIMINAÇÃO de resíduos do organismo e com o ato sexual. O falo foi venerado em sociedades patriarcais, às vezes abertamente, outras de forma secreta. Em geral ele representa a força da penetração.

Tradições cristãs gnósticas primitivas davam ao pênis o nome de "árvore da vida" e o veneravam.

"Sonhos molhados", com ejaculação de esperma, ocorrem antes que um rapaz tenha tido uma relação sexual. Esses sonhos ajudam o corpo a atingir a "plenitude" e fazem parte do desenvolvimento sexual. De maneira semelhante, as meninas podem ter orgasmos ou sonhos em que há excitação sexual antes de terem qualquer relação sexual.

O fluido seminal é a semente de uma nova vida. Se ele aparecer em seus sonhos, estará simbolizando novos começos para você? Ele poderá estar relacionado com preocupações a respeito de fertilidade e gravidez. "O derramamento de sementes" simboliza desperdício e perda.

Algumas mulheres assumem simbolicamente um papel masculino em seus sonhos, como se pode verificar no excerto de sonho abaixo:

Sonhei que tinha um pênis; de alguma forma, não fiquei surpresa.

A mulher que teve esse sonho se sentiu completamente à vontade com essa mudança de sexo e gostou da sensação.

CORRELAÇÃO
Se você sonhar que está sendo "picada", poderia o sonho se referir ao pênis?

SANGUE

Sangue O SANGUE É O PRINCÍPIO VITAL, aquilo que nos mantém vivos. Sem sangue, nós morreríamos. Em sonhos, o sangue pode ser derramado e manchar a terra de vermelho, à medida que verte de corpos feridos. Se você sonhar com perda de sangue, pergunte a si mesmo se sua força vital dá a sensação de ter diminuído, devido às circunstâncias atuais de sua vida.

Os gladiadores tinham um lugar especial na sociedade romana, não apenas pela sede de sangue relacionada com as lutas. Acreditava-se que o sangue de um gladiador tinha poderes de cura ou afrodisíacos. As gladiadoras se vestiam como amazonas para as lutas.

No Oriente Médio as noivas pisavam no sangue de uma ovelha sacrificada, por exemplo, para assegurar a fertilidade. Muitas mulheres sonham com sangue antes do início da menstruação; geralmente esses sonhos são violentos e envolvem facas e objetos afiados. Estes podem ser causados por cólicas uterinas, que são traduzidas como ferimentos nos sonhos.

Um pouco antes de menstruar eu sonho com sangue fluindo de um corte. No dia seguinte ou dois dias depois minha menstruação começa.

Sonhos com transfusões de sangue podem refletir a realidade, por exemplo, para pessoas que fazem diálise. Contudo, eles também podem significar que a pessoa precisa de uma carga de energia, precisa recomeçar sua vida.

Esqueleto

O NOSSO ESQUELETO SUSTENTA O NOSSO CORPO; ele é a nossa estrutura. Nos sonhos, o esqueleto com frequência se relaciona com a mortalidade. Morte e decomposição são simbolizadas pela sua presença; nas salas de meditação budistas, às vezes esqueletos são pendurados para lembrar às pessoas que a vida tem um caráter de não permanência.

Ankou, o arauto bretão (francês) da morte, se apresentava sob a forma de um homem alto e magro ou como um esqueleto, que carregava uma foice e escondia seu rosto com um chapéu de aba larga. Em sua carruagem ele mantinha uma pilha de pedras que jogava fora cada vez que ceifava uma nova alma. O chocalhar das pedras simbolizava a aproximação da morte. Esqueletos também estão relacionados com o deus maia da morte e com o inferno.

Na Grã-Bretanha, o *ossuário* era o lugar onde os ossos retirados de um túmulo eram colocados. Isso ocorria antes que "túmulos perpétuos", permanentes, fossem introduzidos por volta de 1650.

Sonhos com ossos podem simbolizar o fato de se chegar à base de uma questão, ultrapassando os sinais superficiais. Se afirmarem que você é "um osso duro de roer", você é uma pessoa destemida e valentona.

CORRELAÇÕES

- *"Ossos do ofício"* significa dificuldades inerentes a certos encargos, ou deles resultantes.
- *"Osso da contenda, pomo da discórdia"* é um ponto de disputa, um objeto de debate.
- *"Gelado até os ossos"* indica que a pessoa está apavorada.

SEUS RELACIONAMENTOS COM AS PESSOAS DE SUA VIDA são cruciais. Família, amigos, namorados e colegas, todos desempenham um papel quando se trata de dar amplitude e profundidade à sua vida. Os sonhos revelam o que está acontecendo sob as aparências e lhe permitem ir além de laços superficiais, chegando às raízes de sua ligação com os outros. Os sonhos também podem fazê-lo se lembrar de pessoas que são importantes para você e incentivá-lo a se comunicar com elas novamente.

Os relacionamentos nos levam aos limites de nosso espectro emocional: de uma grande alegria ao completo desespero; eles podem nos colocar em contato com a finalidade da morte:

Sonho que pessoas próximas a mim morrem e eu fico sozinha para pôr em ordem coisas que deixaram para trás.

Embora sonhos desse tipo possam ser perturbadores, eles atuam como uma forma de preparação. Esses sonhos abordam a tristeza que podemos sentir no futuro e servem de estímulo para dizermos às pessoas que amamos o quanto nos importamos com elas antes que seja tarde demais.

Depois de um divórcio, é comum um dos cônjuges sonhar que o outro faleceu. Esse tipo de sonho simboliza a "morte" do casamento ou da parceria. Qualquer que seja o conteúdo do sonho, você poderá usá-lo para acompanhar seu próprio processo de aceitação e de recuperação. Os sonhos o orientarão sobre maneiras de mitigar a dor.

As pessoas que fazem parte de sua vida

As Pessoas que Fazem Parte de sua Vida

Estou andando pelo corredor de uma escola. Há dois faxineiros lavando as paredes. Fico intrigada e comento que eles só vão conseguir limpar até a altura de suas cabeças. "Bem", eles respondem, "você sabe que não se pode ir acima do nível do cabeça."

Cada um de nós possui um conjunto de símbolos pessoais, que se origina de nossas experiências de vida. A essência de nossos sonhos nasce principalmente dessas experiências pessoais únicas. Acima, apresento um exemplo tirado de meus próprios sonhos.

Há muitos anos, na Inglaterra, fui líder de uma equipe de professores que ajudavam a minorar e a evitar tumultos nas escolas. Um diretor em particular recusava-se a reconhecer os sérios problemas que atingiam sua escola e não conseguia ou não queria dar nenhum passo no sentido de mudar práticas prejudiciais. Eu tive que escrever um relatório para apresentar numa reunião decisiva, na qual essas dificuldades deveriam ser abordadas. Distribuí meu relatório aos participantes antes da reunião e, em poucas horas, fui chamada pelo Secretário da Educação. Ele me disse para recolher o relatório. "Mas", respondi, absolutamente pasma, "tudo que escrevi é verdade". "Esse não é o ponto", ele argumentou. "Não duvido que você só escreveu a verdade, porém você não pode se colocar acima do *Cabeça*."

Assim, é possível perceber o simbolismo pessoal de "cabeça" para mim naquela época.

Sonhar é um fenômeno universal, inseparável da vida porque o único estado sem sonhos é a morte. Cada um de nós descobrirá que as pessoas e lugares que aparecem em nossos sonhos nos mostram a nossa cultura e o ambiente em que vivemos. Soldados em conflito sonham com a guerra, crianças que são ameaçadas e intimidadas sonham que monstros as perseguem, mães sonham com seus filhos e escritores criam tramas para seus livros em sonhos.

Durante o processo do sonho, experiências passadas são revividas, assimiladas e controladas, e passamos a compreender as pessoas que povoaram a nossa vida. Somos enriquecidos à medida que conseguimos fazer isso, especialmente se procurarmos efetivamente compreender por que determinadas pessoas aparecem em nossos sonhos. Pergunte a si mesmo por que aquele personagem está ali em seu sonho. O que ele ou ela representa em sua vida nesse momento?

Os sonhos são a chave para o arquivo de todas as suas lembranças e experiências, desde a infância. Todas as pessoas que significaram alguma coisa para você poderão fazer parte do cenário de seus sonhos; você precisará descobrir as correlações existentes para compreender por que essas pessoas aparecem. Como verá a seguir, os papéis que elas desempenham irão ajudá-lo a decifrar a mensagem de seu sonho.

ABAIXO *Um sonho com um professor pode indicar um talento novo para você.*

FAMÍLIA

Mãe

*A criança, pequena e solitária,
cria a mãe.*

ANNE STEVENSON: POEM FOR A DAUGHTER

AS MULHERES REPRESENTAM O ASPECTO FEMININO da pessoa que tem o sonho e seu lado maternal – o arquétipo da mãe. A mãe arquetípica tem um grande poder – poder da vida e da morte. Sem sua proteção e cuidados, a criança se torna vulnerável e pode morrer. Num sentido muito real, o relacionamento tem ligação com a vida e com a morte; por isso, em sonhos vemos toda uma gama de imagens maternas. Estas incluem a feiticeira má ou madrasta, a alma triste e perdida e a protetora que tudo desafia. Quer seus sonhos apresentem uma mãe terrena, sua mãe, ou você como mãe, use-os para explorar esse relacionamento decisivo. Essa mulher teve que assumir a responsabilidade por todas as crianças do mundo, assim como por suas próprias:

Tenho que levar as crianças – todas as crianças – para um lugar seguro antes que o mundo seja destruído por uma explosão; sei que isso vai acontecer, mas ninguém acredita em mim.

CORRELAÇÕES

- *Você precisa dos cuidados maternos? De alguém que tome conta de você e se preocupe?*
- *Você sente que é excessivamente controladora ou protetora?*
- *Sua responsabilidade como mãe representa uma sobrecarga?*
- *Seus sonhos mostram a liberdade para se divertir com seus filhos, bem como para cuidar deles?*

FAMÍLIA

Pai

O RELACIONAMENTO COM O PAI é altamente significativo. Os pais simbolizam autoridade e proteção. Quer tenha sido criado por seu pai biológico, por um padrasto ou por outra figura paterna, você foi influenciado pela natureza dos laços que desenvolveu com ele. Ao crescermos, aprendemos que pais e mães não são perfeitos; nos sonhos, essa percepção poderá nos chocar.

A ilustradora de livros infantis, Kate Greenaway, costumava ter um sonho recorrente e perturbador quando era criança, após o pai, que amava muito, ter falecido. Seu pai aparecia no sonho, porém quando ela olhava para ele, seu rosto mudava, transformando-se no de outra pessoa. Ela tentava desesperadamente arrancar o rosto falso, mas era confrontada com outros; esses rostos se repetiam incessantemente, até ela acordar chorando. Em seus sonhos, ela sempre procurava recuperar o pai que perdera.

Alguns sonhos podem ser compensatórios, após uma perda, como o do exemplo abaixo:

Sonhei que meu pai voltara para casa para viver conosco; ele sorria e estava sempre feliz.

Este sonho oferece uma compensação para aquilo que está faltando a quem teve o sonho. Outros sonhos nos permitem encontrar outras pessoas, além de nós mesmos, como costumávamos ser:

Meu pai teve a perna amputada devido à gangrena; contudo, sempre que sonho com ele, ele está exatamente como antes da operação.

FAMÍLIA

Irmã **AS IRMÃS, NOS SONHOS,** podem se referir às próprias irmãs ou a amigas. A rivalidade entre irmãs pode causar sonhos em que há competição ou agressão:

Quando entrei no carro, minha irmã também entrou e começou a puxar meu cabelo e a brigar comigo. Ela podia fazer o que quisesse comigo, mas eu não podia fazer nada porque meus pais não me deixavam – eles também não a interrompiam.

Os desejos de atenção, proteção e reconhecimento da infância voltam à tona em sonhos desse tipo, nos quais somos ignorados ou nos negam proteção.

Quando era jovem, sonhei que minha irmã estava em minha classe na escola, e aquilo me deixou realmente irritada.

Se você tem sonhos semelhantes, talvez ainda esteja tentando resolver questões do passado ou há conflitos da mesma natureza num relacionamento atual.

Eu costumava sonhar que estava na cama com minha irmã mais velha em nossa casa, em Belfast. Um enorme rolo compressor, usado para nivelar estradas, vinha em nossa direção e eu não conseguia acordar a minha irmã.

Aqui, há um forte sentimento de responsabilidade. Entretanto, sonhos como esse podem mascarar o sentimento de que não seria uma má ideia as irmãs serem achatadas de vez em quando! Em outros sonhos, irmãs se unem contra os pais ou se apoiam mutuamente em situações de conflito fora de casa.

FAMÍLIA

Irmão ALÉM DE REVELAR RIVALIDADE ENTRE IRMÃOS, sonhos com um irmão geralmente se relacionam com a necessidade que o sonhador tem de cuidar dos irmãos, assumindo um papel paterno ou materno, de responsabilidade, agravado pela possibilidade de falhar e ser culpado se alguma coisa não correr bem. Isso pode dar origem a sonhos estranhos:

Sonhei que meu irmão se transformou numa pequena galinha vermelha e eu corri pela rua atrás dele.

Este sonho foi uma volta à infância, quando John e seu irmão viviam numa fazenda. Sendo o mais velho, John sempre sentiu que tinha que cuidar de seu irrequieto e imprevisível irmão.

Brigas entre irmãos e entre irmãos e irmãs estão longe de ser incomuns. A ambivalência do relacionamento de amor e ódio é mostrada em sonhos com brigas, intimidações e discussões. Às vezes, isso pode ter um caráter opressivo, como revela o sonho abaixo:

Tive um sonho no qual meus irmãos me trancaram na sala a noite toda; o interruptor de luz e a porta desapareceram, deixando-me em total escuridão e incapaz de escapar.

Outros sonhos com irmãos abordam o tema da proteção e indicam a proximidade da experiência compartilhada:

Meu irmão e eu estávamos sendo perseguidos numa montanha rochosa. No final, eu caí e, enquanto caía, tudo que fiz foi rezar para que pudesse ir para o céu.

FAMÍLIA

tio

TIOS PODEM ESTAR INVESTIDOS DE PARTE DA AUTORIDADE paterna, porém como a distância é maior, a flexibilidade também aumenta. A lealdade familiar ainda se aplica e os sonhos podem destacar esse aspecto de seu relacionamento.

Creio que os sonhos contêm a chave dos meus sentimentos em relação à minha família; contudo eu gostaria que eles fossem mais agradáveis e não tão perturbadores.

Se você tiver sonhos inquietantes com qualquer membro de sua família, pergunte a si mesmo o que está errado no relacionamento. O que você gostaria de mudar? Que aspecto do relacionamento precisa abordar?

Personagens oníricos masculinos geralmente representam a energia masculina para uma mulher; por isso, reflita sobre a maneira de agir do tio no sonho, sobre sua força e sobre características dele que poderiam lhe ser úteis. Que qualidades ele possui que você poderia usar para criar um maior equilíbrio em sua vida?

CORRELAÇÃO
Sonhar com tios e tias é prenúncio de assuntos financeiros.

FAMÍLIA

tia COMO IRMÃ DE SEU PAI OU DE SUA MÃE, ou como esposa de seu tio, sua tia tem ligações com a família que poderiam influenciar sua vida. Além disso, tias são com frequência segundas figuras maternas e podem se mostrar menos rigorosas do que as mães. O sonho abaixo teve como cenário a casa da tia da sonhadora:

Quando adolescente, eu tinha diferentes sonhos a respeito de sexo. Num deles, eu estava na casa de minha tia e tentava ter uma relação sexual com um homem ou, em alguns momentos, com uma mulher.

Eu conseguia alcançar meu objetivo enquanto comia biscoitos e tomava chá, e minha tia não percebia, ou ficava insatisfeita devido a uma interrupção.

Essa jovem se sentia inibida em sua própria casa e, por isso, o sonho lhe proporcionava um ambiente diferente, onde pudesse vivenciar os diversos aspectos de sua sexualidade.

CORRELAÇÃO

◉ *Se o sonho estiver relacionado com uma tia por parte de pai, domine sua tendência à impaciência; se for uma tia por parte de mãe, você será beneficiado pelas relações familiares.*

FAMÍLIA

AVÔ

OS AVÔS DÃO UM SENTIDO DE CONTINUIDADE À VIDA DA FAMÍLIA. Eles fazem parte do fio que nos liga ao passado e, para algumas pessoas, cujos pais não conseguem dar muita atenção a uma criança, o avô se torna a figura que substitui o pai. Assim como as avós, os avôs são tradicionalmente considerados protetores, carinhosos e mais indulgentes do que os pais.

Os avôs atuam como guardiões das tradições familiares e, por isso, podem não apreciar o mundo moderno. Se você sonhar com uma desavença, procure descobrir se ela é pessoal ou um símbolo do conflito entre as diferentes gerações.

O culto aos antepassados desempenha um importante papel nas religiões chinesas. As pessoas visitam túmulos regularmente, para prestar homenagem aos que já morreram. As famílias também mantêm altares em suas casas, em honra aos parentes falecidos. Os avôs são especialmente venerados. Por isso, sonhos nos quais eles aparecem são particularmente auspiciosos.

Quando meu avô morreu, sonhei que ele tinha vindo dizer boa-noite e adeus.

CORRELAÇÕES

◉ *Precisa da sabedoria de uma pessoa mais velha para guiá-lo em seu caminho?*

◉ *Se o seu avô estiver vivo, seu sonho poderia servir de lembrete para que você lhe faça uma visita?*

AVÓ

A LINHA MATRIARCAL É EXPRESSA em sonhos e pode revelar um sentido de responsabilidade partilhada em relação aos avós, cada vez mais debilitados, como no sonho abaixo:

Sonhei que minha avó (de 88 anos) estava deitada na cama e minha mãe e eu lhe dávamos banho; ela estava vestida, mas usava roupas sujas.

Mãe e filha cuidam da avó idosa, como as mulheres têm feito desde tempos imemoriais. As avós são anciãs sábias que, depois da morte, voltam até nós em sonhos para nos guiar ou nos acompanhar durante períodos difíceis. Elas geralmente nos confortam, como revela esse sonho recorrente:

Estou grávida de sete meses. Desde que descobri que ia ter um bebê, comecei a sonhar com a minha avó. Ela faleceu há três anos e nós éramos muito próximas. Em meu sonho, minha avó parece jovem e sorri para mim, embora não fale comigo.

Avós transmitem a sabedoria de sua experiência; simbolicamente, como nesse sonho, elas tranquilizam a pessoa que sonha:

Depois da morte de minha avó, eu costumava invocar sua presença: Ela se sentava, passava a mão em meu cabelo e dizia coisas que me consolavam.

FAMÍLIA

Filha O NASCIMENTO DE UMA CRIANÇA pode reativar ansiedades a respeito de nossas próprias experiências da infância. Uma cliente, que tinha 6 anos de idade quando sua irmã (de 4 anos) morreu de leucemia, tinha sonhos perturbadores, os quais lhe diziam que sua filha também iria morrer de câncer. Embora desagradáveis, sonhos desse tipo nos ajudam a enfrentar os nossos receios mais profundos quanto à mortalidade, e a reconhecer sofrimentos passados.

Sonho que caminho pelo Lake District, onde vivi quando criança, com minha filha e minhas irmãs.

Uma filha num sonho pode indicar o desejo de ter uma filha ou pode representar a pessoa que sonha como uma menina pequena, talvez sua "criança interior". E quanto à idade da menina? Se ela tiver 7 anos, por exemplo, pense sobre o que aconteceu a você nessa idade. Houve acontecimentos significativos em sua vida nessa época? À medida que seus próprios filhos forem crescendo, lembranças do passado e correspondências podem surgir, vindo à superfície primeiro em seus sonhos. Estes desencadeiam experiências mais antigas, que podem precisar ser reexaminadas e reavaliadas à luz de seu estado atual.

CORRELAÇÃO

◉ *Você consegue aceitar a filha com que sempre sonhou?*

FAMÍLIA

Filho O FILHO PRÓDIGO É UMA PARÁBOLA contada por Jesus a respeito de um filho rebelde que saiu em busca do próprio caminho, voltando depois para o pai; este mata "o bezerro gordo" para lhe dar as boas-vindas. Esse filho e o irmão, que nunca havia abandonado a casa, continuaram a alimentar a rivalidade que existia entre eles. Seus sonhos com filhos se relacionam com essa forma de discórdia?

Sonhos em que "negligencio" meu bebê recém-nascido me proporcionaram a percepção quanto à necessidade de parar de cuidar exageradamente dos meus filhos, à medida que estes se tornam adultos.

A preocupação com as crianças é algo natural, sendo com frequência intensificada quando há problemas de saúde. Uma mulher tinha um filho de 20 anos que sofria de epilepsia; uma noite, ela teve o seguinte sonho:

Sonhei que ele estava na gruta de Lourdes e minha mãe, que havia falecido quatro anos antes de ele nascer, cuidava dele. Eu sabia que ela queria que ele fosse embora com ela, mas eu não sabia para onde. Eu lhe implorei que o deixasse comigo, uma vez que era eu que deveria cuidar dele.

Essa mulher percebeu que, se tivesse concordado, ela teria perdido o filho. Ele faleceu dois anos depois, porém, ela considerava sagrado o tempo em que estiveram juntos.

Marido

SONHOS NOS QUAIS O MARIDO APARECE normalmente se relacionam com os prazeres e as dores da vida diária, além de indicar conflitos ocultos. Assim como a felicidade conjugal pode se transformar em amargura, da mesma forma os sonhos dramatizam essa mudança:

Quando meu casamento começou a desmoronar, eu tive um sonho recorrente, no qual larvas de inseto perfuravam batatas.

As larvas simbolizavam a invasão do casamento por outra mulher, que estava corroendo o relacionamento do casal. A batata comum, um alimento básico, é normal, exatamente como a sonhadora pensou que seu casamento fosse; este, porém, como a batata, se deteriorou.

Antes de conhecer meu marido, eu costumava sonhar que estava tendo ótimas relações sexuais com diferentes homens; no momento em que começamos a namorar os sonhos cessaram porque eu não tinha mais necessidade deles.

No mundo dos sonhos, você poderá entrar numa dimensão diferente do tempo, quer seja o passado ou o futuro. Muitas pessoas que passaram por uma doença ou ferimento que as deixou sem um dos membros, por exemplo, ou ficaram com os movimentos limitados após um derrame, descobrem, em sonhos, que seu corpo está novamente normal. De forma semelhante, cônjuges e famílias também sonham com a pessoa quando esta era fisicamente apta.

Se você tiver uma ligação muito íntima com seu marido ou companheiro, poderá descobrir que ambos sonham com o mesmo assunto na mesma noite:

Em várias ocasiões meu marido e eu tivemos sonhos idênticos na mesma noite.

RELACIONAMENTOS

Esposa

RELACIONAMENTOS ÍNTIMOS SÃO O TEMA dos sonhos da maioria das mulheres e, como esposas, sonhamos com maridos e filhos. Às vezes, as mulheres sonham que estão se casando, sonham com o casamento e com a cerimônia que ele envolve; menos frequentemente, elas sonham que são a "esposa". Entretanto, se você for a "outra mulher", seus sonhos podem mudar:

Quando eu estava tendo um caso com um homem casado, costumava sonhar que encontrava sua esposa.

Esses sonhos que revelavam ansiedade a respeito do relacionamento clandestino, aumentavam a dificuldade que a sonhadora tinha de continuar a manter contato com o amante.

Esposa também é sinônimo de mulher e um termo arcaico, usado para designar qualquer mulher; por isso, se a expressão *deveres conjugais da esposa* aparecerem num sonho, isto se refere aos papéis femininos tradicionais.

Sonhos com "troca de esposas", nos quais casais trocam de parceiro para gratificação sexual, podem refletir uma ânsia por outro parceiro ou o desejo de "apimentar" sua vida sexual. Se o sonho envolver um casal que você conhece, observe se você se sente atraída por qualquer um dos membros do casal. Contudo, lembre-se de que em sonhos não há censura e, por isso, fantasias extravagantes retratadas em suas experiências oníricas podem existir sem que você precise colocar o sonho em prática em sua vida desperta.

RELACIONAMENTOS

Amigo UM PROVÉRBIO AFIRMA QUE AMIGOS são as pessoas que Deus nos envia para nos compensar por nossas famílias. Mesmo que isso não seja verdade para muitas pessoas, o provérbio reconhece a importância dos amigos. Eles estão ali para nos apoiar nos piores momentos e celebrar conosco os melhores. Entretanto, nós, às vezes, não lhes contamos tudo. Uma de minhas clientes sonhou que estava com um grupo de amigos. Ela chorava, mas ninguém notou; os amigos continuaram a falar normalmente com ela. Ela refletiu sobre o sonho e percebeu que precisava dizer aos amigos como se sentia e não esconder seu sentimento de tristeza quando acordada. Precisava parar de se mostrar corajosa e ser honesta com as pessoas cuja amizade era valiosa para ela. Seus sonhos o orientarão a respeito do que fazer quando há um desentendimento, como esse o fez:

> *Recentemente tive um sonho desconcertante com uma pessoa que não é mais minha amiga. No sonho, esclarecemos todas as questões pendentes e eu acordei me sentindo aliviada.*

CORRELAÇÕES

- *"Amiga apenas nos bons momentos"* – *Uma de suas amigas está presente quando o mundo parece maravilhoso, mas não quando você precisa de maior apoio?*
- *"Um amigo num momento de necessidade é um amigo de verdade"* – *Um amigo precisa de sua ajuda? Você é capaz de lhe dar essa ajuda?*

RELACIONAMENTOS

Namorado

NOS SONHOS, UM NAMORADO PODE SER SEU COMPANHEIRO NA VIDA DESPERTA, seu ideal ou o parceiro que irá atender aos seus anseios; ele pode até mesmo compensar uma situação insatisfatória no estado de vigília.

Sonhei que havia visitado o Sea World com meu ex-namorado. Tivemos que prender a respiração enquanto estávamos num tanque subaquático e nadar para conseguir sair dali. Em seguida, estávamos de volta, num café em Glasgow, e nos enxugávamos na frente de um grande número de pessoas. Meu ex-namorado comentou que aquelas férias tinham sido ruins e eu acrescentei que nos fizeram prender a respiração por um tempo excessivamente longo.

O sonho revela que o relacionamento com o namorado durou tempo demais. Metaforicamente, eles tinham prendido a respiração, esperando que alguma coisa acontecesse para melhorá-lo. O jogo de palavras em "Sea World" se relaciona com o fato de o relacionamento ter terminado quando o ex-namorado decidiu viajar para "ver o mundo" – em inglês, "*see the world*". É possível reconhecer que ainda existe alguma vulnerabilidade, uma vez que eles estavam "expostos" num lugar bastante público. Quando relacionamentos terminam, todos nós nos sentimos vulneráveis. Partilhar um sonho com seu namorado pode ser particularmente benéfico.

Há pouco tempo, meu relacionamento com o meu namorado estava me deixando preocupada; tive um sonho no qual ele aparecia e, assim, pudemos conversar a respeito do mesmo. Discutir o assunto trouxe à tona inseguranças que ambos sentíamos e nos ajudou a estreitar novamente os laços que nos uniam.

RELACIONAMENTOS

Vizinho COSTUMA-SE DIZER QUE CERCAS OU MUROS fazem bons vizinhos. Em outras palavras, quando todos conhecem os limites, o relacionamento é bem-sucedido. Bons vizinhos podem contribuir para que você se sinta seguro em casa e ser uma fonte de ajuda quando a vida se desvia da normalidade.

Sonhei que um homem bateu na minha porta e me disse que eu não deveria ter uma casa. Ele me ameaçou e eu corri para a casa da minha vizinha.

Esse sonho ocorreu na época em que a mulher estava se separando do marido. Ele a tinha ameaçado, afirmando que teriam que vender a casa se tomassem a decisão de se divorciar. A vizinha a apoiara durante todo aquele período difícil; portanto, o sonho reflete com precisão a pessoa a quem ela poderá recorrer numa emergência.

Desentendimentos com vizinhos podem provocar sonhos em que há ansiedade e, às vezes, conflitos e agressão. Se você sonhar regularmente que um vizinho o humilha, por exemplo, ou que você está sendo passivo, deixando de defender seus direitos, observe se você precisa encontrar uma maneira de abordar o problema – talvez através da mediação de alguém. Você também poderia tentar assumir outra atitude no sonho, exercitando uma situação na qual reivindica seus direitos e age assertivamente.

RELACIONAMENTOS

Colega QUANDO VOCÊ SONHAR COM SEU LOCAL DE TRABALHO e com as pessoas que trabalham com você, seu sonho talvez esteja ligado a uma repetição de um dia comum. Entretanto, quando ele sofrer uma mudança não usual, esteja atento para significados mais profundos. Essa mulher se descobriu numa situação incomum, que achou divertida:

Era como uma mistura de Kama Sutra, The Joy of Sex *e da reunião de segunda-feira dos funcionários da empresa. Todos os meus colegas usavam roupas em estilo oriental e estavam prontos para verdadeiras orgias. O final foi um fiasco – mesmo no sonho. Eu não pude participar da brincadeira porque os rostos das pessoas me lembravam de que eu não iria tocá-las.*

Esse tipo de sonho, em que um colega é colocado num papel sexual, em relação à sonhadora, pode indicar que há tensão sexual no ambiente de trabalho, que alguém se sente sexualmente atraído por você ou vice-versa. Contudo, esses sonhos também podem reforçar os limites que mantêm negócios e prazer separados.

Trabalho numa fábrica à noite, e não encerro o expediente antes das 22 horas. Quando vou para a cama, dependendo do tipo de noite que tive no trabalho, sonho que continuo na fábrica. Minha mente deve ficar hiperativa pelo fato de eu trabalhar até tão tarde. Às vezes sento na cama e posso ver as pessoas com as quais trabalho; penso comigo mesma: "Estou na cama ou no trabalho? Simplesmente não sei onde estou".

Essa confusão pode resultar de estresse. Certamente, trabalhar em turnos altera os padrões do sono e dos sonhos. Se você tiver esse tipo de sonho, anote quando eles ocorrem para poder observar se existe um padrão.

RELACIONAMENTOS

Chefe

A PESSOA COM AUTORIDADE, o chefe, pode representar liderança, embora muito dependa do que ele ou ela esteja fazendo no sonho. Em alguns sonhos, poderá haver figuras como um rei, uma rainha, um presidente ou um primeiro-ministro que simbolizam a pessoa que exerce o comando numa organização.

Se você sonhar com seu chefe no trabalho, seu sonho poderá estar ligado à solução de problemas ou a relacionamentos; por isso, reflita a respeito da situação e do que ela pode simbolizar. Se sonhar que está tendo violentas discussões com seu chefe ou lhe infligindo golpes brutais, esse sonho provavelmente estará indicando um alto nível de estresse ou conflito no trabalho. Se esses sonhos se repetirem, descubra o que o está deixando tão perturbado e tente resolver o problema – do contrário sua situação no estado de vigília poderá se deteriorar ainda mais.

O registro e a análise dos meus sonhos me ajudaram a obter uma perspectiva muito maior dos problemas que confronto no trabalho; além disso, me mostraram que posso fazer alguma coisa num nível prático para diminuir esses problemas.

Como chefe, talvez você não delegasse responsabilidades. Uma mulher teve uma série de sonhos, nos quais ela atribuía tarefas a assistentes juniores, com excelentes resultados; por isso, ela estabeleceu com sucesso um novo procedimento para delegar trabalhos.

CORRELAÇÕES

◉ *"Ser mandão"* – Você tem dado ordens a outras pessoas, sem mostrar grande consideração por elas?

◉ *"Ser mandado"* – Você tem recebido muitas ordens e se sente ofendido com isso?

PROFISSIONAL

Médicos e enfermeiras

MÉDICOS E ENFERMEIRAS tradicionalmente têm ligação com cuidados e cura. Uma enfermeira acompanha o paciente durante todo o processo da doença, quer seja simplesmente colocando bandagens em ferimentos ou proporcionando tratamento paliativo em doenças terminais. Sonhos podem simbolizar um desejo de ser cuidado ou representar o sonhador como a pessoa que oferece cuidados.

Sonhos vivenciados por enfermeiras podem refletir sua profissão ou preocupações do passado, do período em que eram estudantes. Essa enfermeira me relatou um sonho que teve pouco antes de fazer as provas finais:

Eu me vi num cemitério; todas as lápides se ergueram e corpos, que estavam se desintegrando, começaram a me perseguir.

Esse sonho revela o receio de que nem todos os tratamentos médicos são benéficos.

Sonhei que o médico me deu uma receita, mas eu estava convencida de que se tratava de veneno. Eu não pretendia tomar o remédio, embora fingisse que sim.

Talvez seja o momento de encontrar um novo médico.

CORRELAÇÕES

🌀 *Seu sonho indica que você precisa de um check-up físico?*

🌀 *O médico de seu sonho lhe deu conselhos? Se isso ocorreu, qual é a relação desses conselhos com sua vida no presente?*

As Pessoas que Fazem Parte de sua Vida

PROFISSIONAL

Polícia ESTA SIMBOLIZA PODER E CONTROLE. Os policiais fazem cumprir a lei, dão apoio aos regulamentos e, por isso, representam a forma pela qual a nossa cultura e sociedade nos restringem. Evidentemente, as ações da polícia no sonho irão lhe dizer o que está sendo enfatizado. Qual é a situação – uma prisão, um interrogatório, uma verificação rotineira de veículos? O policial aparece orientando o trânsito, mostrando-lhe o melhor caminho a seguir? Seu comportamento é agressivo, ameaçador, calmo ou atencioso?

No sonho abaixo, podemos observar como a autoridade do pai entrou em declínio. Seu uniforme simbólico não apresentava mais o brilho e o aspecto que o caracterizavam no passado:

Sonhei que via meu pai usando uniforme de policial. Este estava coberto de poeira e meu pai parecia cansado, como se tivesse perdido toda a sua energia.

Na China, magistrados recém-nomeados dormiam no Templo dos Deuses da Cidade para receber instruções de como se tornar bons servidores do sistema judiciário. Esse ritual de incubação de sonho (ver p. 25) mostra como o poder dos sonhos era respeitado e usado para preservar a sociedade.

CORRELAÇÕES

◎ *Você está preocupado com uma situação que poderia lhe causar problemas caso "a polícia" a descobrisse?*

◎ *Você precisa "policiar" – manter sob vigilância alguém próximo a você?*

PROFISSIONAL

Bombeiro

DESDE 11 DE SETEMBRO DE 2001, quando as torres gêmeas do World Trade Center foram destruídas em Nova York, os bombeiros assumiram um papel mítico. Ao tentarem salvar tantas pessoas em circunstâncias terríveis, eles se tornaram verdadeiros heróis. Se você sonhar com bombeiros, essa dimensão heroica poderá estar envolvida?

Sonhos com fogo podem indicar uma sensação de a pessoa estar sendo "destruída pelo fogo" ou "extinta, como o fogo", o que possivelmente indica estresse subjacente. Se você estiver iniciando o fogo ou ateando fogo a si mesmo, talvez isso indique uma séria perturbação; por isso é importante que você se pergunte o que em particular deseja destruir. Se um bombeiro aparece para apagar o fogo ou para salvá-lo, quem ele representa em sua vida? A quem você poderá recorrer – e que lhe dará apoio em momentos difíceis?

Bombeiros representam aqueles que enfrentaram um perigo supremo – "caminharam através do fogo" – e sobreviveram. Num nível simbólico, poderá ser qualquer pessoa que tenha precisado enfrentar uma tragédia real ou uma possível tragédia e continua cheia de esperança.

CORRELAÇÕES

- *Defrontará um período difícil num futuro próximo, por doença ou relacionamentos "abrasadores"?*
- *Você precisa controlar uma situação para que ela não se incendeie?*

PROFISSIONAL

Lojista QUER SEJA NUM SUPERMERCADO ou numa pequena loja de esquina, os lojistas trocam mercadorias por dinheiro em suas transações comerciais. Ao se interpretar sonhos em que eles aparecem, muito depende do tipo de loja envolvido.

Sonhei com uma loja onde conseguia o que quisesse e o dinheiro não era problema.

Quando estamos com pouco dinheiro, esse tipo de sonho, em que desejos são atendidos, serve de compensação para nós.

CORRELAÇÕES

- *Ferragens – Você está recebendo orientação sobre a maneira correta de fazer ou consertar alguma coisa? Este símbolo está ligado a um projeto no estado de vigília?*
- *Roupas – Você está recebendo ou deseja uma nova imagem?*
- *Produtos agrícolas – Que tipos de fruta e vegetais são oferecidos? Você precisa incluí-los em sua alimentação para conseguir um maior equilíbrio?*
- *Agentes imobiliários – Você está pensando em comprar uma casa ou apartamento? Este é o momento de prosseguir com sua vida?*
- *Bebidas alcoólicas – Está comprando para comemorar algum acontecimento? Está preocupado com a quantidade de álcool consumido?*

PROFISSIONAL

Professor

PROFESSORES, INSTRUTORES, PALESTRANTES E MENTORES aparecem em sonhos quando precisamos de orientação. Eles podem ser pessoas reais, que nos ensinaram na escola ou na faculdade, ou podem ser personagens simbólicos.

Você poderá utilizar técnicas de incubação de sonhos para receber orientação de um instrutor, embora talvez tenha que ser paciente. Não precisa ir a um lugar especial, como era costume na Grécia Antiga; poderá fazê-lo em seu quarto. Antes de adormecer, faça um pedido de ajuda para superar uma situação desafiadora. Seja específico a respeito do que precisa saber e escreva a pergunta em seu diário de sonhos. Registre seu sonho imediatamente ao acordar e irá descobrir que seus sonhos lhe trazem informações de seu guia ou instrutor interior. Isso ainda é chamado de *incubação de sonhos*.

Se você for um professor, provavelmente irá sonhar com seus alunos e também com sua escola ou faculdade. No início de um ano letivo, não é incomum ter sonhos perturbadores, por estar imaginando o que o ano vai lhe trazer e se você perdeu sua capacidade de ensinar:

Sonho que minha classe na escola enlouqueceu completamente e que eu não estou conseguindo acalmá-la.

CORRELAÇÕES

- *"Dar uma lição em alguém"* – Você está prestes a causar problemas para alguém, a tornar a vida dessa pessoa difícil?
- *"Ensinar o padre a rezar missa"* – Você está tentando ensinar a uma pessoa aquilo que ela já sabe ou pregar para os que já se converteram?

PROFISSIONAL

Soldado

ALGUMAS MULHERES SONHAM QUE SÃO SOLDADOS indo para zonas de guerra. Uma sonhou que saiu de uma floresta de pinheiros e se sentiu aliviada com o fato de o inimigo ter ficado para trás. Em seguida, ela percebeu um ponto úmido em seu peito e compreendeu que havia sido atingida por um tiro, embora não estivesse sentindo medo. Esse sonho pode estar ligado a uma situação na qual a pessoa pensa que "conseguiu sair do mato", se livrou do perigo, mas, num outro nível, sabe que continua sendo vulnerável. Suas emoções foram controladas, porém ela pode ainda estar se lamentando em relação a alguma coisa ou a alguém.

Eu estava em minha casa e a atmosfera era muito tensa. As ruas pareciam desertas. Sozinha na casa, eu me escondia de um exército. Soldados a invadiram e a casa se transformou num campo de batalha. Corri para o meu quarto e meu irmão apareceu. Ele trancou a porta para impedi-los de entrar, mas os soldados eram muito fortes. Eu abri a janela e pulei – meu irmão não me acompanhou – e corri pela rua tentando me esconder.

O campo de batalha pode simbolizar relacionamentos difíceis em casa. Você está enfrentando uma guerra pessoal atualmente?

PROFISSIONAL

Guarda

GUARDAS NORMALMENTE ESTÃO RELACIONADOS COM PRISÕES; contudo, há também guarda-costas e guardas de seguranças em lojas. Um guarda militar de honra pode ser igualmente significativo.

Estou numa ladeira escura, com carcereiros e um grande número de ferozes cães de guarda, quase como ursos. Algumas mulheres me dizem que eu posso escapar se pegar uma pedra, que me tornará invisível.

A mulher que teve o sonho se sente prisioneira de uma situação em casa; ela se sente "no escuro" quanto ao futuro. No sonho, ela finalmente escapou e, ao acordar, teve a sensação de ter passado por uma provação e sobrevivido. Isso lhe proporcionou um sentimento cada vez mais forte de confiança para lidar e conviver com a situação.

Onde houver um guarda, pense a respeito do que está sendo protegido. Um tesouro, dinheiro, um segredo ou uma festa particular? O que ele simboliza em sua vida? Guardas protegem entradas e saídas e, por isso, se eles aparecerem em seus sonhos, isso pode indicar que você sente que seu acesso a alguma coisa está sendo obstruído. Quem o restringe? Você mesmo está se impedindo de seguir em frente?

CORRELAÇÕES
- *Você precisa "permanecer em guarda" no presente?*
- *Talvez tenha que "vigiar sua língua"?*

PRISIONEIRO

CORRELAÇÃO
Você sente que suas atuais circunstâncias o mantêm prisioneiro?

Prisioneiro SER PRISIONEIRO envolve confinamento, perda de privilégios, falta de poder e perda de liberdade. A prisão pode ser legal, seguindo-se a uma condenação por um juiz e um júri, mas também ilegal, como resultado de um sequestro, empreendido por um sequestrador independente ou por um tomador de reféns. Considere esses fatores quando for analisar a mensagem de um sonho, quer o prisioneiro seja você ou outra pessoa.

Durante anos tive um sonho com meu pai. Eu ficava esperando que os grandes portões de uma prisão se abrissem; depois, meu pai saía e permanecia lado a lado com outros homens; eu metralhava todos eles.

Você, assim como a pessoa do sonho acima, poderia ficar chocado com o próprio comportamento em sonhos. O sonho a perturbava porque ela e o pai eram muito próximos. O sonho se repetiu até o pai morrer dois anos mais tarde, em decorrência de câncer e depois de sofrer intensas dores. Em seu sonho, ela talvez quisesse ajudar a libertar o pai da prisão de sua dor. Essa teria sido uma libertação misericordiosa; contudo pensamentos desse tipo, quando ela estava acordada, eram demasiadamente terríveis para que os encarasse.

Estudante

UM ESTUDANTE REPRESENTA O DISCÍPULO, o principiante ou uma pessoa começando seu aprendizado de vida. Muito pode ser compreendido a partir do tipo de estudante, do que este está estudando e de sua atitude em relação ao curso. O estudante pode representar alguém que você conhece ou um aspecto de si mesmo que exige um novo conhecimento.

Um rapaz sonhou que corria em círculos, sem chegar a lugar nenhum; o tempo todo ele era perseguido pelo jogador de futebol britânico Ian Rush. Esse jovem reconheceu que em seu primeiro ano como estudante universitário ele se moveu agitadamente em círculos, sem conseguir realizar nada, nem alcançar qualquer uma de suas metas. Ele precisava diminuir o ritmo e se ajustar à sua primeira experiência de independência.

Depois de um *workshop* para estudantes universitários, um tema recorrente que descobri, e que não me surpreendeu, foram os encontros românticos.

Alguém que não conheço entra no sonho. Ao acordar, não me lembro do rosto, mas sei que ele tem realmente uma boa aparência e tudo que eu desejo num companheiro ideal.

Esse é um sonho de realização de desejos, já que a sonhadora ansiava por um relacionamento e encontrou certo consolo, além de se sentir mais autoconfiante, na sensação positiva transmitida pelo sonho.

Se você sonhar que é um estudante, o sonho será uma indicação de um desejo de aprender e de obter novas qualificações? Estas o ajudariam em sua carreira? Nesse caso, o que você pode fazer para tornar seu sonho realidade?

Figura histórica

SONHOS EM QUE HITLER APARECE SÃO comuns. Ele simboliza opressão e a destruição da vida humana. Ele é o poder supremo de controle e de manipulação. Há um elemento controlador em sua vida que lhe é insuportável? Você se sente desumanizado, atemorizado e indefeso?

O presidente Abraham Lincoln teve um sonho poucos dias antes de sua morte. O sonho começou com uma sensação de imobilidade, como na morte; em seguida, ele ouviu alguém soluçando; o ruído vinha de outro lugar. Saindo em busca da fonte daquela tristeza chegou à Sala Leste. Ele comentou,

Ali, me esperava uma surpresa nauseante. Diante de mim havia um estrado alto, sobre o qual repousava um corpo (...) com o rosto coberto. "Quem morreu na Casa Branca?", perguntei a um dos soldados. "O Presidente", veio a resposta. "Ele foi morto por um assassino!" A seguir, da multidão, veio uma estrondosa explosão de dor, o que me acordou do meu sonho.

Lincoln foi profundamente tocado pelo sonho e o relatou a outras pessoas, porém isso não impediu seu assassinato, que ocorreu durante uma visita ao teatro.

Sonhei com Diana, Princesa de Gales. Ela sorria e olhava para todas as flores que tinham sido deixadas para ela nos portões do Palácio de Kensington.

A morte da Princesa Diana provocou uma enorme manifestação de dor no mundo e desencadeou sonhos sobre perda e renovação. A morte de uma jovem mulher, mãe de dois filhos, levou a uma forte identificação, das mulheres com a princesa; os sonhos refletem o impacto das figuras históricas, míticas, sobre a vida de pessoas "comuns".

FIGURA PÚBLICA

Político SE, POR UM LADO, OS POLÍTICOS ESTÃO LIGADOS ao destino de um país, ao governo e à elaboração das leis, eles também são negativamente associados ao uso dos cargos públicos em benefício próprio. Corrupção e manipulação da opinião pública indicam o uso inescrupuloso de seus talentos. Se o político de seu sonho estiver envolvido em procedimentos desonestos, esse fato irá gerar preocupações quanto à existência de uma pessoa com poder para influenciar o que acontece em sua vida?

Seus sonhos com figuras políticas podem refletir um interesse em questões nacionais ou internacionais, podendo ser provocados por acontecimentos divulgados pelos noticiários. Se o ponto de convergência de seus sonhos forem pessoas específicas, considere suas qualidades, tanto positivas quanto negativas, e observe se você tem algum desses traços em comum com elas. A aceitação de seu lado iluminado, juntamente com seu lado obscuro, de suas características divinas e sombrias, faz parte de seu processo de crescimento e o levará a se tornar um ser integral.

Após o sonho de Calpúrnia tê-la alertado para o assassinato de Júlio César, seu sucessor, Augusto (falecido em 14 d.C.) prestou cuidadosa atenção aos presságios ou avisos contidos nos sonhos.

CORRELAÇÕES

- *Você tem "politicado" – buscado apoio de outras pessoas?*
- *Você precisa ter uma atitude "política", ser esperto e engenhoso, em relação a um projeto no qual está envolvido?*

FIGURA PÚBLICA

Realeza

QUANDO UM MEMBRO DE UMA FAMÍLIA REAL aparece em seu sonho, este pode representar a própria figura onírica ou simbolizar alguém com autoridade. Como líderes, membros da realeza indicam força política ou espiritual, ou o contrário – abuso de poder como um direito inato e o oposto à democracia.

Uma rainha é uma mulher com poder e influência, a majestade suprema do aspecto feminino. As pessoas fazem apelos a ela, como ocorreu no sonho abaixo:

Fui procurar a Rainha Elizabeth e o Príncipe Edward. Eu estava assustada e a rainha, um pouco aborrecida porque um grupo de visitantes tinha acabado de sair e ela pretendia descansar. Eu queria lhe pedir que mandasse um médico rico para ajudar a minha irmã que estava muito doente.

Rainhas poderosas aparecem através da história e nas lendas. Ísis, a grande deusa do Egito, era conhecida como a Rainha dos Céus, de quem toda a vida emanava. A rainha representa a fecundidade, o auge do crescimento e o poder que a natureza tem de prover.

O rei representa o poder, a energia masculina, a criação e a procriação. Nos sonhos, ele pode aconselhar ou ordenar; por isso, se palavras forem ditas, qual é a mensagem que elas transmitem?

CORRELAÇÃO

Se sonhar com um rei, pergunte a si mesmo que qualidades nobres você possui ou deseja possuir.

UM ESTRANHO

Estranho ESTRANHOS SIMBOLIZAM O QUE VEM DE FORA ou o desconhecido. Eles podem representar uma ameaça ou novas maneiras de ver o mundo. Eles podem trazer diversidade à sua vida. Em seus sonhos, você também poderá ser um estranho para si mesmo ou se conectar com outros desconhecidos.

Num sonho, fui apresentada a duas pessoas, ambas com o mesmo nome, e que eram partes diferentes de uma mesma pessoa. Eu as apresentei uma à outra. Acordei, vendo ambas como metades de uma mesma pessoa e exclamei: "Confronte-se consigo mesma".

Estranhos podem ser pessoas anônimas, das quais o sonhador sente que deve cuidar:

Sonho que estou andando na companhia de estranhos; depois, temos que escalar uma montanha. Chegamos até a metade do caminho e percebemos que não há como voltar; por isso, continuamos a subir. Eu estou ajudando as outras pessoas a alcançarem o topo; então, descubro que se não me apressar, vou cair. Faço um esforço desesperado e consigo chegar ao cume da montanha.

A mulher que sonhou está com medo de "escorregar" – de cair e perder seu lugar – contudo, ela se preocupa com os outros antes de pensar em si mesma.

Charles Dickens costumava cochilar todas as tardes, como um meio de receber ajuda para escrever. Ele afirmava que em seus sonhos novos personagens apareciam diante dele e lhe davam ideias, que iria usar num novo trabalho. Seus sonhos também poderão inspirá-lo.

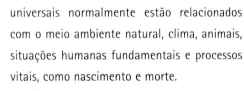

CAPÍTULO CINCO

OS TEMAS ONÍRICOS UNIVERSAIS estabelecem um elo de ligação entre nós e aqueles que já se foram, e entre nós e as gerações que ainda estão por vir. Esses temas – que incluem cair, ser perseguido e perder dentes – são relatados na América do Norte exatamente da mesma forma que na África, mostrando que partilhamos padrões básicos de sonhos, embora nossas culturas e o ambiente em que vivemos possam diferir. Os temas universais normalmente estão relacionados com o meio ambiente natural, clima, animais, situações humanas fundamentais e processos vitais, como nascimento e morte.

Carl Jung acreditava que os sonhos podiam nos colocar em contato com o nosso potencial emocional, espiritual ou intelectual, e mostrou que os temas universais se originam naquilo que ele chamou de "inconsciente coletivo". À medida que for lendo esta seção, você descobrirá que outras pessoas partilham seus temas oníricos. Por exemplo, encruzilhadas figuram universalmente em sonhos. Quer você esteja na cidade de Nova York, no coração de uma calma vila inglesa ou nas selvas de Bornéu, encontrará uma junção de dois caminhos. Cruzamentos representam um ponto de encontro – uma intersecção, onde escolhas têm que ser feitas quanto a uma viagem. A cruz é vista em túmulos e bandeiras, e se relaciona com a união entre o físico e o espiritual, com a síntese entre ativo e passivo.

Ao analisar esses sonhos, lembre-se de que você faz parte da teia da humanidade e que partilha suas experiências oníricas com todas as pessoas.

Experiências de Sonhos Universais

Pesadelos são sempre úteis porque, às vezes, quando as circunstâncias me afetam de forma negativa, eu me recuso a pensar sobre os problemas conscientemente. Pesadelos me forçam a avaliar tudo – eles não param até que eu faça alguma coisa a respeito daquilo tudo.

As experiências em comum que temos com outros seres humanos se revelam em todos os tipos de situação. Em seus desenhos, as crianças frequentemente retratam imagens universais que não conseguem explicar e provavelmente nunca viram; entretanto, elas poderiam ter sido descritas por uma criança vivendo a uma distância de três mil quilômetros. Essas imagens, que podem aparecer em desenhos ou em sonhos, reforçam a ideia de um inconsciente coletivo. Por exemplo, durante as pesquisas que realizei para escrever meu livro *Children Dreaming*, Vikki me contou:

Em meu sonho mais alegre eu estava num jardim. Havia sol. Vi um portão e passei por ele; lá encontrei um homem muito idoso, que disse: "Volte – você tem toda uma vida antes de vir para cá".

Fosse qual fosse o lugar onde se encontrava, a menina ficou relutante em voltar, assim como centenas de outras pessoas, de todos os grupos culturais, que relataram sonhos dessa natureza ou tiveram experiências de quase morte. Parece que todos nós

ESQUERDA *Pesadelos aterrorizantes são, na verdade, chamados que servem "para nos despertar". Eles nos alertam para preocupações que talvez neguemos quando estamos acordados.*

somos capazes de nos sintonizar com um nível universal de conexão, uma vez que o símbolo arquetípico do ancião sábio é bem conhecido em todas as culturas.

O fato de os traumas afetarem os sonhos de forma profunda é aceito universalmente. Um sintoma significativo do transtorno do estresse pós-traumático (TEPT) são os pesadelos recorrentes que forçam o sonhador a reviver um acontecimento. Eles são intensos, aterrorizantes e causam fortes reações físicas, como aumento da frequência cardíaca e transpiração. As pessoas descrevem os sonhos relacionados com o TEPT como sendo diferentes de tudo que experimentaram no estado de vigília. O medo as acorda subitamente, ainda oprimidas pelo terror sentido ao terem o pesadelo.

O capitão W. H. Rivers (1864-1922), um médico britânico, membro do Corpo Médico da Armada Real durante a Primeira Guerra Mundial, era também um reconhecido antropólogo. No decorrer da guerra, Rivers foi se convencendo do poder da interpretação dos sonhos para ajudar na recuperação de soldados que sofriam daquilo que, na época, recebia o nome de "estresse de combate" e hoje é conhecido como TEPT. Nesse período, ele se revoltou contra o fato de "a psicologia dos sonhos não ser considerada digna de inclusão num curso de psicologia acadêmica".

O dr. Rivers frisou que os sonhos nos confrontam com dificuldades que encontramos na vida desperta, mas que traduzimos em termos oníricos. No Hospital Psiquiátrico Craiglockhart, na Escócia, ele tratou de vítimas do estresse de combate, cujos sonhos eram tão perturbadores, que as faziam acordar vomitando. Os atrozes pesadelos vivenciados pelo poeta Siegfried Sassoon diminuíram com a "cura pela palavra", método criado pelo psicanalista Sigmund Freud e usado por Rivers. Nesse tratamento, o paciente descrevia o sonho e quaisquer sentimentos associados a ele; desse modo, era ajudado a encarar e a superar as dificuldades que emergiam no estado de vigília, perturbando-o e o incapacitando.

PERSEGUIÇÃO

Caçada

NA INGLATERRA, O TERMO "ESPORTE DA CAÇA" está relacionado com o ato de caçar um animal, comumente uma raposa. Muitos lugares, por exemplo, Cannock Chase, recebem esse nome porque caçadas ocorriam ali. Se você sonhar com uma caçada, observe se tem a sensação de estar sendo "caçado". Você é o caçador ou a caça? Se acreditar que é uma vítima em sua vida desperta, poderá sonhar que é alvo da atenção indesejada de outras pessoas e se sentir vulnerável. Para essa mulher, em seu sonho recorrente com uma caçada, ela é a pessoa caçada:

No sonho, a caçada termina quando começo a afundar em areia movediça. Não consigo escapar não importa o que faça ou o quanto me esforce.

A areia movediça proporciona um final rápido. Entretanto, o sonho indica que essa mulher necessita de certa força para encontrar uma maneira positiva de sair de suas dificuldades. Ela talvez precise procurar a ajuda de outras pessoas, pelo fato de seu sonho recorrente revelar que ela não está conseguindo superar sozinha aquilo que a persegue.

CORRELAÇÕES

◉ *Sonhar que você está participando de uma caçada simboliza aumento de salário ou lucro. Ver uma caçada durante o sonho simboliza perdas financeiras ou de emprego.*

◉ *Caçada sem caça significa dias difíceis ou problemas financeiros.*

Perseguição

SER PERSEGUIDO OU SER ALCANÇADO evoca o nosso receio mais primitivo de que alguém ou alguma coisa venha por trás de nós e nos domine. Esses sonhos geralmente implicam uma perseguição por um homem não identificado, um grupo ou um animal. Homens e mulheres sonham que estão sendo perseguidos por homens, mas raramente as mulheres aparecem como agressoras. Contudo, em grupos tribais, onde caçar para comer é a norma, há mais sonhos em que se é perseguido por animais.

No sonho a seguir, um medo generalizado está à espreita da sonhadora. Muitos jovens têm consciência da criminalidade nas ruas e temem um ataque pessoal, o que fica evidente em sonhos como esse. Entretanto, essa jovem reconhece que outra pessoa lhe oferece apoio e, por isso, ela tem alguém para salvá-la no sonho, embora ambos precisem "se esconder" – se tornar menos visíveis – para poder escapar.

Eu estava num clube com uma amiga, quando, por alguma razão, fui capturada e ia ser morta. Escapei e eles me perseguiram. Eu continuava a ser capturada e a escapar, até que um rapaz apareceu e me salvou; nós corremos juntos por um túnel subterrâneo.

Algumas vezes sonhos com perseguições podem indicar o aparecimento de uma doença, como no caso do sonho abaixo:

Quando estou indisposta ou doente, revivo meu sonho da infância, no qual letras gigantes do alfabeto me perseguem até um muro baixo de tijolos. Eu nunca chego a escalá-lo. Com frequência esse sonho é acompanhado pela sensação de que uma lixa está sendo esfregada na minha pele.

A sensação de secura, de uma lixa arranhando a pele, reflete mudanças na epiderme, devido à elevação da temperatura ou febre.

CORRELAÇÃO

Se, no sonho, você obteve êxito na caça de animais, seu significado é de que logo você superará suas dificuldades.

PERSEGUIÇÃO

Conflito e ataque

O CONFLITO EM SONHOS É MUITO REVELADOR. Ele está ocorrendo entre você e outras pessoas, ele está presente entre membros de sua família e amigos, ou você está em guerra consigo mesmo? O conflito pode ser positivo, quando permite que dificuldades sejam expressas e, através da discussão, leva a uma solução. Ele também pode ser negativo – o conflito pode ser o combustível de maior descontentamento, por exemplo, quando nos recusamos a negociar ou a ceder devido a atitudes e crenças inflexíveis.

Sonhei que um amigo me convidou para sair. Eu não queria ir, mas no fim concordei e bebi demais. Nós estávamos cercados por prédios; não havia mais ninguém por perto; meu amigo se tornou violento e começou a quebrar garrafas de cerveja. Ele ia me atacar; nesse momento acordei.

Harry Bosma, um conhecido pesquisador no campo dos sonhos, tem escrito extensamente a respeito de agressão em sonhos. Em sua experiência pessoal com a síndrome da fadiga crônica (SFC), ele descreveu como sonhos vívidos e terríveis pesadelos infestavam seu sono. Embora remédios tivessem ajudado a melhorar seu padrão de sono, sonhos contendo agressividade continuaram a perturbá-lo. Seu conselho para pessoas com problemas semelhantes é que enfrentem seus medos e observem como os sonhos representam sua doença física. Isso poderia ajudá-las a aceitar o fato de estarem enfermas e, assim, iniciar o processo de recuperação.

CORRELAÇÕES

- *Você está para "atacar" um novo projeto?*
- *O conflito em seu sonho representa um desentendimento que você não quer abordar quando está acordado?*

PERSEGUIÇÃO

Ser mantido como refém

SE VOCÊ ESTIVER SENDO MANTIDO COMO REFÉM NUM SONHO, ele pode indicar que outra pessoa tem domínio sobre você – algum poder que o impede de fazer o que quer ou precisa fazer. Em quase todos os casos, tomadores de reféns fazem exigências: Eles querem o pagamento de um resgate, o reconhecimento político ou uma troca de alguma natureza. Você pode relacionar isso com sua vida atual?

Às vezes, o relacionamento com o tomador de reféns muda no sonho. Por exemplo, uma aproximação pode se desenvolver, fazendo com que a vítima sinta que um laço foi criado.

Eu estava completamente presa ao lugar. Sabia que podia escapar, mas, por alguma razão, não queria sair dali.

Este sonho pode simbolizar um relacionamento baseado em amor e ódio, no qual a sonhadora está envolvida.

Além de ser mantido prisioneiro fisicamente, você também pode se tornar refém de seus medos, como o sonho abaixo claramente ilustra.

Minha irmã balançava uma grande aranha diante do meu rosto. Eu fiquei aterrorizada. Embora eu estivesse chorando, ela não parava.

Alguma coisa assustadora se encontrava literalmente debaixo do nariz dessa jovem ou "sobre seu rosto", mantendo-a prisioneira num sentido emocional.

CORRELAÇÃO
Você sente que alguém está manipulando suas emoções? Essa pessoa faz com que você se sinta culpado, com o objetivo de conseguir alguma coisa de você?

EMOÇÕES

Amor

Os sonhos têm me ajudado a caminhar para frente quando falar não ajuda. Todos os sonhos são atos de amor no sentido da unificação de energias (...). Estou sempre cheio de gratidão por eles. DWAYNE

O AMOR, ESSA PARTE VITAL DA VIDA, encontra uma maneira de penetrar em todos os aspectos do nosso mundo onírico, quer sejam eles relacionamentos, atos de criatividade ou a pura bem-aventurança diante de paisagens deslumbrantes que encontramos. Os sonhos nos ajudam a apreciar o nosso mundo, quando damos a nós mesmos tempo para reconhecer seu poder.

O amor traz agonia e êxtase. Seus sonhos poderão expor seus desejos inconscientes, suas paixões secretas e seu anseio por diferentes dimensões da vida. Preste atenção às mensagens que eles transmitem a respeito do amor e veja como você pode transformar sua vida. Se, num sonho, alguém que você ama estiver sendo ferido, reflita sobre a fonte da dor. Você ou outro membro de seu círculo têm infligido danos aos outros? Ver alguém que você ama ser magoado algumas vezes é pior do que experimentar a dor você mesmo, especialmente se a pessoa afetada for seu filho.

CORRELAÇÃO

◉ *Se flores podem brotar no cimento mais resistente, o amor é capaz de alcançá-lo em qualquer ponto de sua vida. Você não consegue conter o espírito do amor.*

EMOÇÕES

Traição

QUANDO ALGUÉM NOS DECEPCIONA, quando nossa confiança é destruída ou quando traímos outras pessoas, sonhos com desapontamentos e raiva veem nos visitar.

O ato de adultério provoca sonhos em que se manifestam a raiva e a perda. Se você está num relacionamento que parece estável, mas sonha que é enganado, vê seu companheiro com outra pessoa ou sente que existe infidelidade, você poderia analisar seus sentimentos de insegurança. O sonho está chamando sua atenção para coisas que você não reconhece no estado de vigília? Em vez de indicar que seu companheiro está se afastando fisicamente, seu sonho talvez seja uma metáfora de sua ansiedade em relação ao fato de ele estar sendo menos atencioso ou estar perdendo a afeição por você.

Se você sonhar que está cometendo adultério, pergunte a si mesmo se é isso que realmente gostaria de fazer. O sonho simboliza um desejo de maior criatividade? Você consegue encontrar maneiras de expressar e satisfazer todos os tipos de paixão em sua vida?

Quando estou deprimida, sonho que alguém em quem confio se virou contra mim.

Traição cometida por outra pessoa pode representar deslocamento. Você projeta no outro aquilo que sente subconscientemente. Pode ser muito difícil aceitar que traímos a nós mesmos e, por isso, transferimos o sentimento ou o deslocamos para outra pessoa.

EMOÇÕES

Sentimento de culpa

A CULPA É UMA EMOÇÃO PODEROSA, que surge nos sonhos, envolvendo membros mais próximos da família ou amigos. Quando seus filhos eram pequenos e ela estava passando por momentos difíceis, Lisa teve esse sonho:

Estou no Canadá, na margem de um rio de águas rápidas, e vejo troncos de madeira, passando em alta velocidade. Meus filhos pequenos andam sobre os troncos. Eu observo e reconheço o perigo, mas nada faço para impedi-los. Eles caem na água; entretanto, continuo sem fazer nada. Em seguida, me sinto culpada. Dou um salto e começo a correr entre os troncos, procurando freneticamente por eles. Meus filhos desapareceram e eu choro.

O "congestionamento de troncos", que ameaça Lisa e seus filhos representa os perigos que ela precisou enfrentar num período de depressão, em que se sentia sem forças para cuidar dos filhos.

Neste sonho, meu pai está muito idoso e realmente doente. Mais tarde, ele morre. Eu me sinto culpada, como se eu fosse responsável por sua morte, e isso me deixa profundamente perturbada.

Muitos de nós nos sentimos culpados quando nossos pais morrem, uma vez que uma parte de nós acredita que deveríamos ter sido capazes de salvá-los. O sonho acima reflete essa reação comum após a perda.

Sonhos nos quais você é acusado de um crime – como roubo ou assassinato – podem estar relacionados com desejos inconscientes de roubar ou matar alguém que o enfureceu. Quando acordados, suprimimos essas emoções intensas; nos sonhos, continuamos a nos sentir culpados ou inadequados, ainda que não tenhamos cometido nenhum crime.

EMOÇÕES

Vulnerabilidade

SER ABANDONADO NUM SONHO pode refletir sentimentos de perda ou separação, ou medo de ser deixado para trás num nível emocional ou físico quando acordado. Esses sonhos geralmente ocorrem em situações como um divórcio ou a perda de um ente querido. Sonhos em que há abandono podem ajudá-lo a compreender seus temores. Você tem medo de ser abandonado por um namorado ou por um filho, quando este se muda ou vai para a faculdade, longe de casa? A recordação desses sonhos poderá ajudá-lo a reconhecer emoções que você evita admitir no estado de vigília, como a vulnerabilidade.

Quando eu tinha 6 anos, meu pai faleceu. Saímos da Alemanha, e eu passei a ter sonhos recorrentes, de solidão, em que todos estavam mortos, exceto eu.

Num aspecto mais positivo, esses sonhos podem indicar que você está preparado para abandonar seus velhos hábitos e atitudes, e ansioso para tomar uma nova direção em sua vida.

O vidro pode aparecer em sonhos cujo tema é a vulnerabilidade; quando transparente, ele está relacionado com o apoio a projetos. "Andar sobre vidro" num sonho talvez seja o prenúncio de uma dor causada por uma perfuração no estado de vigília. Vidro quebrado indica mudança de condições de vida. Sonhos dessa natureza podem refletir seu estado emocional.

CORRELAÇÕES
- *Está sendo "cortado" em relação a alguma coisa?*
- *Você se sente ameaçado ou "pela metade"?*

Medo

As coisas que ocuparam os pensamentos e as afeições de um homem enquanto acordado se repetem em sua imaginação quando ele está dormindo.

THOMAS AQUINAS

OS SONHOS COM FREQUÊNCIA REFLETEM MEDO NO QUE SE REFERE A QUESTÕES DA VIDA DESPERTA. Durante o dia, podemos inconscientemente negar os nossos receios, porém quando dormimos, as defesas ficam inoperantes e nos vemos face a face com eles. Sonhar com estupro ou que você está sendo violentada, pode se relacionar com uma área de sua vida na qual você se sente violentamente forçada a fazer alguma coisa contra sua vontade ou contra aquilo que julga correto. Se você tiver sofrido um assalto sexual ou tiver escapado por pouco no estado de vigília, seus sonhos podem reproduzir o trauma. Isso é típico do TEPT e talvez você precise de ajuda profissional para se recuperar dessa provação. Amira teve o sonho abaixo depois que uma série de incêndios criminosos foi relatada na região em que morava:

> *Sonhei que estava sentada no sofá e que, à minha volta, pequenas chamas haviam irrompido. Estas se encontravam no móvel, em mim, e no tapete. A porta ficava do outro lado da sala e aquilo realmente me assustou.*

EMOÇÕES

Coragem

É NECESSÁRIO TER CORAGEM PARA TRABALHAR COM OS SONHOS, para analisá-los e estar disposto a ver aspectos de si mesmo que permaneceram ocultos nas sombras durante anos. A recompensa por essa coragem é a descoberta de uma mina com um rico potencial, de uma nova compreensão de si mesmo e das coisas, e o conhecimento de que você pode enfrentar seus monstros oníricos e sobreviver intacto. O sentimento de coragem nos sonhos tem um papel especial, no sentido de fortalecer o sonhador.

Talvez as perguntas mais importantes que você pode fazer a si mesmo sejam: "Por que estou tendo este sonho agora?" e "Como este sonho beneficia a minha saúde e a minha integridade?"

Coragem nos sonhos inclui encarar alguém que o está ameaçando, defender alguém com quem você se importa ou vencer aqueles que têm o potencial de prejudicá-lo. Em alguns casos, para escapar, você pode se tornar lúcido em seu sonho (isto é, você sabe que está sonhando), agarrar sua coragem com ambas as mãos e fazer o que for preciso para controlar o resultado do sonho.

Já sonhei que estive em perigo. Num certo momento, fui capaz de imaginar uma forma de me libertar porque eu sabia que estava sonhando.

CORRELAÇÕES

- Como seus sonhos revelam sua coragem?
- Eles estão lhe dando informações sobre alguma coisa que você não reconhece quando está acordado?
- Seu sonho se refere à coragem de defender suas convicções?

TRIUNFO

Triunfo QUANDO VOCÊ É BEM-SUCEDIDO NA REALIZAÇÃO DE UMA TAREFA ou numa competição, a qual pensou que iria perder, a vitória lhe traz uma sensação de júbilo. Se você tem esse tipo de sonho é porque subestima sua capacidade? Trata-se de um sonho que atende a um desejo para compensar uma derrota recente? Apenas permanecer vivo pode representar um grande triunfo:

Há um confronto de vontades com um terrível "ser". Varetas são impelidas através do meu corpo, até os meus olhos. Tento controlar os meus olhos e, portanto, os meus pensamentos. Luto furiosamente para me libertar e conseguir mover um membro, quebrando o encanto.

O sonho continha muito medo, mas a vitória contra a força potencialmente subjugadora deixou a sonhadora muito mais confiante em seu sucesso na vida desperta.

A vitória num conflito algumas vezes envolve um grande sacrifício, como ocorre nas batalhas travadas no estado de vigília. Se você já esteve numa situação dessa natureza, seus sonhos o farão se lembrar dos horrores, assim como dos triunfos. Ao acordar, reconheça as vitórias e seu papel na obtenção de uma paz justa. Se não tiver vivenciado uma situação de conflito, pergunte a si mesmo qual a relação desse sonho com o seu mundo quando você está acordado.

MÁQUINAS

Máquinas QUANDO OBJETOS MECÂNICOS DE QUALQUER TIPO aparecem em sonhos, sua função é muito significativa. Eles podem estar diretamente relacionados com a condição dos aparelhos que você usa em casa ou no trabalho ou simbolizar aspectos mecânicos, rotineiros da vida. Em primeiro lugar, reflita sobre o maquinário físico e descubra se você está preocupado com o funcionamento dessas máquinas e com a possibilidade de quebrarem. Se este não for o caso, considere se esses aparelhos são um símbolo de sua vida emocional.

Aspirador de pó – Você quer limpar seus relacionamentos? Você precisa aspirar alguma "sujeira" que o está incomodando?

Batedeira elétrica – Você se sente confuso a respeito de alguma coisa? Deseja combinar elementos de sua vida que estão separados neste momento?

Centrífuga – Você precisa de mais "suco" ou energia?

Máquina de lavar roupas – O que precisa de limpeza em sua vida atualmente? Você quer se renovar, quer um novo começo?

Secadora de roupas – Você se sente desidratado, num sentido físico ou emocional?

Guindaste – Você precisa de um impulso vertical para alcançar posição mais elevada?

Escavadeira – O seu caminho ou estrada da vida precisa ser revisto ou consertado?

Rolo compressor – Você sente que está sendo esmagado? Alguma coisa pesada o força para baixo?

MÁQUINAS

Perícia ou habilidade técnica

SER PERITO EM ALGUMA COISA afirma sua autoestima ou confiança. A natureza da habilidade técnica lhe oferece indícios de seu significado. Se você sonhar que está fabricando relógios, esse tema tem ligação com o tempo e como você lida com ele. Se está criando um programa de computador, o sonho talvez se relacione com o uso de computadores.

A habilidade técnica também pode estar relacionada com aptidões físicas. Por exemplo, se você sonhar com um acrobata ou um trapezista de circo – um artista executando um ato de equilíbrio – em que esse sonho se relaciona com a sua situação no presente? Você está tentando se manter equilibrado sobre "um fio de arame suspenso no ar", talvez no trabalho? O acrobata está desempenhando seu papel com confiança ou revela ansiedade? Esse tema reflete seus sentimentos a respeito de uma tarefa que você assumiu? Acrobatas praticam para melhorar seu equilíbrio em seu trabalho, evitando o perigo. Você precisa treinar, se preparar para um futuro empreendimento?

Acrobatas se equilibram sobre as mãos, invertendo, portanto, a posição humana normal. Isso poderia estar ligado com uma inversão em sua vida? Algum aspecto de sua vida no estado de vigília se encontra "de cabeça para baixo"? Considere quaisquer reviravoltas emocionais que você possa estar tendo.

Morte

A MORTE É O FIM de um estágio da existência e o início de outro. Esse tema pode representar o fim de um caso amoroso. Frequentemente, sonhos com morte na época ou após um divórcio marcam o fim do casamento e também o começo de uma nova fase da vida. Segundo a tradição espiritual tibetana, o reconhecimento da morte é fundamental para que a vida se torne mais intensa.

Muitos símbolos da morte aparecem em sonhos. Uma harpista é considerada como a portadora da notícia de uma morte. Do mesmo modo, uma ampulheta é o símbolo do tempo que está se esgotando. Quadros que representam a Morte geralmente a mostram segurando uma ampulheta e uma foice, o que significa a colheita no final de uma estação.

Algumas culturas fazem máscaras mortuárias para preservar a imagem do falecido. A cultura asteca possuía uma máscara funerária tripla, que representava o ciclo da vida. Ela simbolizava a velhice e a morte sobrepujando a vida.

Em 1827, o assassinato de Maria Marten pelo amante, em Polstead, Suffolk, Inglaterra, foi considerado como tendo sido descoberto por sua mãe; esta sonhara três vezes com o "celeiro vermelho" onde o corpo da filha foi finalmente localizado.

CORRELAÇÃO

Banshee – *Espírito celta, particularmente relacionado com famílias irlandesas. Afirma-se que o lamento da banshee é como um aviso de que a morte de uma pessoa se aproxima; o lamento também é ouvido quando há uma morte na família. Em sonhos, a banshee pode aparecer como uma mulher de cabelos longos, voando pelo céu noturno.*

RENASCIMENTO

Renascimento

O RENASCIMENTO ESTÁ RELACIONADO com novos começos e oportunidades. Às vezes, para continuar a viver temos que nos adaptar ou não sobreviveremos.

Em histórias e mitos, encontramos a lenda do herói que precisa enfrentar uma jornada dificílima para que possa encontrar uma verdade ou salvar o mundo. Durante esse processo, ele (ou ela) passa por uma transformação, por um renascimento simbólico. Luke Skywalker, o herói de *Jornada nas Estrelas*, e Clark Kent, que se tornou o Super-homem, são dois exemplos de heróis. Eles enfrentaram a morte, mas, superando as probabilidades, sobreviveram. Nos sonhos, você poderá testemunhar um renascimento, ver alguém voltar dos mortos ou você mesmo renascer.

No hinduísmo, o ciclo de nascimento, morte e renascimento – *samsara* – é governado pelo karma, a lei moral do universo. A reencarnação poderá ocorrer milhares de vezes durante o processo de evolução da alma, até que esta consiga se libertar de todos os apegos aos prazeres terrenos.

CORRELAÇÕES

- *Você sente que necessita de um novo começo?*
- *"Cristãos Renascidos" são aqueles que perderam a fé cristã, mas a reencontraram, com uma renovada confiança evangélica.*
- *Ushabti, figuras esculpidas em pedra, supervisionavam os mortos. Elas simbolicamente executavam o trabalho de seu mestre na vida após a morte, onde ele renasceria.*

QUEDA

Queda SONHOS COM QUEDAS CAPTURAM UMA EMOÇÃO PRIMITIVA. Quando bebês, temos que aprender a andar, porém cair faz parte do processo de aprendizado – e pode machucar. Ao aprendermos a ficar em pé e a nos mover livremente, se verifica o início de nossa independência. Nos sonhos com quedas, recapturamos a sensação de estarmos fora de controle ou o sentimento de que o chão saiu debaixo dos nossos pés.

Quando você sonhar com quedas, reflita sobre os fundamentos de sua vida que lhe pareçam instáveis. Você poderá estar "caído por" alguém – um novo amor em sua vida – ou o oposto, poderá estar "caindo fora" em relação a alguém. As quedas também podem estar ligadas com a compulsão de saltar:

Estou num ambiente grande, como um armazém. Ele é muito alto. Lá existem enormes arcadas e a luz se filtra através delas. Não há vidros e a possibilidade de eu cair entre as arcadas me aterroriza, embora esteja bem afastada delas. Ao mesmo tempo, tenho medo de cair e sinto que poderia pular.

Sensações físicas que o acordam algumas vezes são desencadeadas pelo tipo de sonho vívido a seguir:

Atravessávamos um túnel de carro. Parecia que a velocidade estava aumentando; então, subitamente a estrada terminou e nós caímos. Fiquei nauseado e isso me acordou.

CORRELAÇÕES

- *Você sente "que um buraco se abriu aos seus pés" quanto a uma decisão que precisa tomar? Cerque-se de mais informações para aumentar sua confiança.*
- *Recentemente você passou por algum trauma e, em decorrência dele, sente que seu mundo "desmoronou"?*

O ATO DE VOAR

Voar nos sonhos

Uma vez que nada pesa,
Mesmo o mais robusto sonhador
Consegue voar sem asas.

W. H. AUDEN: THANKSGIVING FOR A HABITAT

SONHOS NOS QUAIS A PESSOA ESTÁ VOANDO, EM GERAL ESTÃO RELACIONADOS COM FUGA, SUPERAÇÃO DE DIFICULDADES ou sentimentos de maior confiança e controle sobre a própria vida.

Todas as paredes estavam cobertas de insetos. Tentei ir para o andar de baixo com a intenção de fugir deles. Tropecei e comecei a voar. Voei pela casa toda.

Muitos sonhos da infância, nos quais a criança flutua para o andar inferior da casa, se transformam, na vida adulta, em sonhos que permitem ao sonhador alçar voo e elevar-se a grandes altitudes, movendo-se pelo céu. O ato de voar pode assumir várias posturas: braços estendidos, como os de um super-herói; pedalar no ar; bater os braços como um pássaro ou ser carregado por correntes térmicas. Em alguns casos, há mudança de forma.

Eu tinha a capacidade de me transformar numa borboleta e podia voar para um lugar seguro sempre que me sentisse ameaçada. O sonho terminou com uma sensação de terror agudo por não conseguir passar pela necessária metamorfose quando uma presença maléfica, sob o aspecto de uma velha senhora, se aproximou de mim.

Embora voar em sonhos dê uma sensação de poder, diversão e liberdade, eles também podem simbolizar a necessidade de uma visão mais ampla das coisas ou de um ponto de referência mais elevado.

Sonhos nos quais consigo voar sem ajuda me trazem uma extrema alegria – uma sensação de euforia. Sinto que tenho total controle da minha própria vida.

VIAGEM

Veículo

QUALQUER QUE SEJA A FORMA ASSUMIDA PELO VEÍCULO, ele normalmente simboliza o estado pessoal do sonhador e a jornada de sua vida. Observe em que direção o veículo avança; ele está no caminho certo ou num beco sem saída? Qualquer que seja a situação, ele representa sua vida no momento presente?

Quando você sonhar com acidentes, pergunte a si mesmo o que parece estar fora de controle em sua vida. Em geral, os acidentes são causados por falta de concentração, de cuidado, pela precipitação, ou quando a pessoa não dedica tempo suficiente para avaliar os riscos. Tipicamente, nesses sonhos há perda de controle de um automóvel, quedas, a pessoa está no lugar errado no momento errado, é atingida por um desastre natural, como uma enchente ou um terremoto, ou ferida por máquinas que não estão sendo conduzidas de maneira adequada.

Se você sonhar com um acidente num veículo, analise a causa desse acidente ao acordar. Se os freios de seu carro falharam no sonho, assegure-se de que eles estão funcionando bem – às vezes os sonhos nos previnem de coisas que percebemos em nível subliminar quando estamos acordados. Se freios em mau estado não desencadearam o sonho com o acidente, descubra o que eles significam em sua vida emocional. Talvez você precise diminuir o ritmo ou fazer uma pausa antes de "deixar de funcionar".

VIAGEM

Proeza na direção

QUANDO VOCÊ ESTÁ DIRIGINDO com grande competência em seu sonho, ou quando está competindo em corridas de alta velocidade e se sente emocionado com o seu desempenho, usufrua do prazer de seu sucesso. Talvez você tenha esse tipo de sonho afirmativo depois de ter "conduzido" uma negociação particularmente difícil.

Sempre que seu desempenho se destaca em sonhos, este indica que você está se sentindo confiante ou que tem potencial para melhorar. Antes de entrevistas ou exames, muitas pessoas sonham que se saíram melhor do que esperavam. O sonho deixa um resquício de confiança que influencia suas ações quando estão acordadas.

Dirigir automóveis com frequência tem ligação com o desempenho sexual; portanto, se você estiver dirigindo muito bem, isso tem relação com sua destreza sexual no presente? Considere ainda a condição do automóvel que está dirigindo em seu sonho. Um modelo de "alto desempenho", tem uma conotação diferente da de um calhambeque.

CORRELAÇÕES

◉ *Sente que sua autoconfiança atingiu um patamar elevado?*

◉ *Você tem se esforçado, em termos de treinamento, e agora sente que alcançou o nível mais alto de desempenho?*

VIAGEM

A Perda de uma Conexão

ESTA PODE OCORRER QUANDO A PESSOA ERRA O CAMINHO ou encontra um obstáculo que a impossibilita de prosseguir. Qualquer que seja a causa, esses sonhos normalmente estão relacionados com um sentimento de frustração e de impedimento de algum tipo. Quando você faz uma viagem, o lugar onde a conexão deverá ser feita é significativo:

Aeroporto – Este está ligado a chegadas e partidas, podendo simbolizar nascimento e morte. Além disso, aeroportos são pontos de transição. A perda de uma conexão representa uma interrupção em seus planos de realização de mudanças?

Estações Ferroviárias – Alguém saiu dos trilhos? Seus planos sofreram um descarrilamento, impedindo-o de fazer as conexões que deseja?

Uma conexão une lugares e pessoas; entretanto, quando você perde uma conexão é porque houve algum tipo de falha. Esta pode ocorrer devido a um erro de sua parte, informações imprecisas de alguma outra fonte ou porque uma força externa, como o mau tempo, impediu a conexão. Se a perda da conexão for sua responsabilidade, pergunte a si mesmo se você reserva tempo suficiente para fazer as coisas quando está acordado. Você deixa tudo para o último minuto ou não faz os preparativos adequados?

CORRELAÇÕES

◉ *Você se sente desconectado ou alienado?*

◉ *Você sente falta de alguém com quem tinha uma ligação no passado?*

Viagens ou jornadas

A VIAGEM É UMA IMAGEM PODEROSA. Pense em Adão e Eva – expulsos do Paraíso e condenados a vaguear para sempre, afastados do lugar para o qual ansiavam voltar. Num certo sentido, a vida toda é uma jornada – de uma idade para outra, do conhecido para o desconhecido e do nascimento para a morte.

Uma jornada indica movimento em sua vida; este pode ser físico, emocional ou espiritual. A viagem pode ser coletiva – em grupo ou, usando-se transporte público, como um trem ou um ônibus. Ela pode ser solitária – a pé ou de automóvel. O tipo de viagem, o meio de transporte e o tipo de terreno fornecem indícios para auxiliá-lo na interpretação do sonho. Companheiros de viagem podem aparecer sob a forma de pássaros, animais ou guias. A atmosfera – segura ou ameaçadora – lhe dirá quais são seus sentimentos interiores.

Num determinado ponto, durante uma longa viagem, lembranças de casa nos inundam. O autor de textos sobre viagens, Pico Iyer, passou sua infância na Inglaterra. Em seu livro, *The Global Soul*, Iyer escreve que, quando chegou a Kyoto, adormeceu. Em seu sono profundo, sonhou com a Inglaterra e com suas "colinas verdejantes". As palavras poéticas do texto revelaram seus sentimentos de saudade de casa que o inundavam no final de suas viagens. Embora ele divida seu tempo entre o Japão e a Califórnia, seus sonhos sempre o levam de volta ao lar de sua infância.

A descoberta de novos lugares

Sonhei que estava num centro de convenções com um grupo de pessoas, esperando que a palestrante (Jeannie) chegasse. De algum modo, eu sabia que precisava "entreter" as outras pessoas até a chegada de Jeannie; eu as levei para uma sala que nunca tinha visto antes. Havia retratos nas paredes, mas também espaços vazios. Começamos a fazer retratos para completar o interior da sala.

TIVE ESSE SONHO UM POUCO ANTES DE ACORDAR e, por isso, ele permaneceu vivo em minha mente.

Para mim, esse sonho simboliza as descobertas que faço enquanto escrevo este livro e as pessoas que conheço nas pesquisas. É um sonho em que existe uma grande afirmação; ele me preparou para um dia de trabalho cheio de inspiração.

Quando você descobrir novos lugares, pergunte a si mesmo se está preparado para se expandir, para assumir novos projetos ou novas dimensões em seus relacionamentos. Considere a atmosfera desse lugar – a iluminação e todos os elementos que compõem a cena – relacionando-a com seus atuais desejos ou necessidades. Se for um lugar específico, talvez uma paisagem diferente de seu cenário usual, pergunte-se o que há nele que corresponde a uma necessidade sua. Se sonhar com um deserto (ver p. 174), é porque precisa de muito espaço aberto ou talvez de ficar sozinho por algum tempo? Está desidratado e precisa de água?

RESIDÊNCIAS E EDIFICAÇÕES

A Descoberta de Novos Ambientes em sua Casa

ESTA DESCOBERTA SE RELACIONA COM A REVELAÇÃO DE NOVOS ASPECTOS DE SI MESMO porque casas tipicamente simbolizam a pessoa que sonha.

Tenho um sonho recorrente em que estou numa casa enorme – algumas vezes uma casa que conheço, ligada ao meu passado, mas nem sempre. Estou olhando ou procurando em todos os cômodos da casa. Sempre fico surpresa, de forma agradável, devo dizer, com o número infinito de salas e quartos – eles são em número demasiadamente grande para que eu possa ver todos – e por seu conteúdo. Em geral são quartos de dormir e a luz é alaranjada.

A sonhadora tem um grande potencial não explorado; ela reconhece que precisa deixá-lo aflorar. O que encontra é agradável e seu conteúdo representa um bom prognóstico. A cor laranja também é significativa. Ela está relacionada com a energia. Trata-se de uma combinação de amarelo e vermelho – a cor do sol que nos dá vida e também a cor da paixão – sendo uma tonalidade apropriada para um quarto de dormir.

CORRELAÇÕES

Se você descobrir um novo ambiente, analise a função deste:

- *Quarto de dormir – Descanso, relações sexuais e sono.*
- *Banheiro – Usado para higiene corporal.*
- *Sala de jantar – Alimentação, interação com outras pessoas, o ritual de partir e partilhar o pão, além da comunicação.*

RESIDÊNCIAS E EDIFICAÇÕES

Danos a Edifícios

EM 21 DE OUTUBRO DE 1966 Eryl Mai Jones, de 9 anos, contou à mãe o terrível sonho que tivera durante a noite. No sonho, ela tinha ido à escola, mas esta não estava mais lá porque "algo de aparência escura tinha caído sobre ela". A menina ficara muito perturbada com o sonho e tentou persuadir sua mãe a deixá-la ficar em casa naquele dia. Eryl Mai, porém, foi à escola e acabou ficando entre os 144 alunos e professores que morreram em Aberfan, no sul do País de Gales, quando toneladas de escória de carvão deslizaram de uma enorme montanha de resíduos e soterraram a escola. Outros sonhos, em que propriedades são atingidas, podem não ser tão proféticos ou dramáticos quanto o de Eryl Mai, porém sempre merecem atenção.

Se sua propriedade for danificada num sonho, primeiro analise se você está preocupado com a condição física de sua casa, passando, depois, para o significado simbólico do sonho.

- Paredes danificadas permitem que elementos de fora penetrem e minem a estabilidade do telhado. Quando isso ocorrer num sonho, talvez você esteja se sentindo minado, incapaz de cuidar de si mesmo, e precise de apoio externo.
- Portas quebradas não conseguem manter as pessoas do lado de fora; esse sonho pode indicar vulnerabilidade ou incapacidade de manter limites.
- Janelas quebradas o deixam sujeito a intrusos e podem afetar sua visão das coisas.

Danos acidentais são diferentes de danos em que há intenção criminosa; por isso, considere a causa e o responsável por esses danos.

Reforma da casa

SONHOS NOS QUAIS VOCÊ FAZ MUDANÇAS EM SUA PROPRIEDADE geralmente estão relacionados com mudanças físicas que você está realizando, ou gostaria de realizar, em sua casa. Às vezes, sonhos que preenchem desejos são desencadeados por programas de televisão sobre o assunto.

No início, pensei que a casa estivesse em desordem, mas quando entrei, ela parecia um palácio – tudo ali era bonito. Minha amiga comentou: "Bem, o que você esperava? Nós acabamos de mudar".

Esse sonho refletiu o desentendimento da mulher com seu marido, em relação a uma casa que ela queria comprar, mas ele não. O conflito no sonho representa as visões diferentes do casal quanto à casa e foi finalmente resolvido quando a mulher teve a oportunidade de fazer mudanças. O sonho confirmou seu ponto de vista de que a casa poderia se transformar num belo lar, o que realmente aconteceu.

Sua casa pode simbolizar você. Há algo que precisa melhorar em si mesmo?

CORRELAÇÕES

- *Você poderia usar uma nova "camada de tinta" para aumentar seu brilho e projetar uma imagem renovada?*
- *Se você sonhar que constrói uma extensão na casa, isto simboliza uma necessidade de expandir seus horizontes?*
- *A colocação de um novo telhado pode estar relacionada com o aprimoramento de sua perspectiva, levando-o a níveis mais elevados do que aqueles que alcança.*
- *Limpar ou abrir um novo caminho pode se relacionar com novas maneiras de progredir na vida.*

RESIDÊNCIAS E EDIFICAÇÕES

Roubo

O ROUBO ENVOLVE A VIOLAÇÃO DE uma casa ou edifício com a intenção de roubar, estuprar ou cometer algum outro tipo de crime. Ele envolve a invasão do espaço pessoal e a ameaça aos seus residentes.

Estou sempre dormindo sozinha em meu quarto. No meu sonho, acordo; está muito escuro e há um ladrão na casa, no andar de baixo. Ouço o intruso mexendo em nossas coisas. Às vezes, há dois deles porque estou consciente de que estão se comunicando, embora não haja troca de palavras. Fico tão assustada que não consigo gritar ou me levantar da cama. Minhas pernas parecem de chumbo; não consigo me mover para avisar a minha família (...).

Sonhos em que ocorre a perda de objetos ou valores geralmente ocorrem depois de um roubo na vida desperta. Entretanto, eles também podem ser causados por mudanças drásticas recentes, como a mudança para uma nova casa, um novo emprego, uma doença ou como quando um membro da família sai de casa para morar em outro lugar. Simbolicamente, alguma coisa que para você tem valor foi levada e isso lhe causa uma sensação de violação.

CORRELAÇÕES

- *Você acha que sua casa está correndo algum tipo de risco?*
- *Você está cuidando dos "valores" de sua vida, incluindo você mesmo?*

Vasos sanitários

ESTES SIMBOLIZAM QUESTÕES RELATIVAS A RESÍDUOS, tanto físicos quanto emocionais. Contudo, num nível prático, sonhos com vasos sanitários podem ser desencadeados por uma bexiga cheia; eles atuam como um estímulo para a pessoa acordar e ir ao banheiro.

Sonhos cujo tema são problemas com vasos sanitários – vasos muito sujos para poder ser usados, entupidos, banheiros sem portas ou com paredes de vidro – podem indicar que a pessoa quer eliminar matéria residual, mas, de algum modo, se sente frustrada. Esse "bloqueio" pode se referir à própria incapacidade psicológica do sonhador de se "soltar", de liberar sentimentos negativos e tóxicos. Quando isso acontece, a retenção de sentimentos negativos "residuais" prejudica seu bem-estar; esses sonhos podem ser um alerta para a necessidade de uma limpeza emocional.

Sonho que preciso encontrar uma toalete para me limpar e remover minha roupa íntima manchada. Eu costumava saber onde ficava o banheiro neste prédio, mas tudo mudou (...).

Esse sonho pode representar uma parte oculta da pessoa, um aspecto que ela acredita ser, por alguma razão, "sujo". Talvez se trate de algo que a envergonha; aquilo que removia as "manchas" no passado não é eficaz agora. Essa pessoa precisará encontrar novas maneiras de se purificar.

CORRELAÇÕES

- *Se você estiver sendo observado enquanto usa o vaso sanitário, quem o observa? Esse sonho está relacionado com a sensação de que você está se expondo demasiadamente a essa pessoa?*
- *Você precisa se libertar de acúmulos desnecessários – livrar-se de um material que não é mais útil para você?*
- *Sonhos prazerosos em que se usa o vaso sanitário representam uma autoexpressão saudável e a liberação simbólica de aspectos superados na vida.*

Encontro com pessoas famosas

PESSOAS FAMOSAS APARECEM em nossos sonhos do mesmo modo que aparecem na mídia. Quando Diana, Princesa de Gales, faleceu, centenas de pessoas afirmaram ter sonhado com ela. Sempre que há um acontecimento importante envolvendo uma celebridade ou figura pública, pode-se esperar um aumento de sonhos desse tipo. Normalmente, são sonhos que realizam desejos; neles, as pessoas que têm o sonho encontram seus heróis. Em outros, o herói aparece como um amigo e oferece conselhos úteis.

Sonhei que perambulava por uma casa abandonada com Kate Moss. Eu lhe perguntei o que ela pretendia ser antes de se tornar modelo. Ela respondeu que queria ser médica.

Se você sonhar com uma "modelo" talvez deseje se "moldar", tomando-a como exemplo, ou ser como ela. Casas abandonadas ou vazias podem se referir a alguma coisa que você deixou para trás. No exemplo acima, a boa aparência que a pessoa tinha no passado começa a se desvanecer. A imagem da médica revela desejos antigos da sonhadora.

CORRELAÇÕES

- *Você almeja fama e fortuna?*
- *Você gostaria que suas qualidades "de astro" fossem reconhecidas?*

PERDA

Perda da Visão

SE VOCÊ PERDE SUA VISÃO num sonho, isso pode ter relação com problemas de visão no estado de vigília ou com o medo de que uma consulta ao oftalmologista traga más notícias. Se você ficar preocupado depois desse tipo de sonho, procure um especialista para um exame mais apurado.

A perda da visão pode indicar que você perdeu seu sentido de direção ou que está cego para o seu potencial.

Eu estava jogando bola, mas fiquei cego e não pude continuar.

Talvez você queira uma desculpa para desistir de uma atividade e, por isso, ficar cego lhe proporciona uma saída.

Outro aspecto da incapacidade de ver tem relação com a ideia de que existem no mundo presenças invisíveis e espirituais. Os cristãos aprendem que, embora não possam ver Deus, Ele pode vê-los e também que Jesus está sempre presente.

A palavra irlandesa para poeta – *file* – se originou da raiz indo-europeia que significa "ver". Ela também tem relação com o conceito de "vidência". Os sonhos podem lhe permitir ter um vislumbre do futuro, do mesmo modo que os poetas conseguem ligar entre si ideias que assumirão posteriormente uma dimensão diferente.

Cegueira – sonho de advertência. Quer o sonho se refira a outras pessoas cegas ou à sua própria cegueira, é um claro sinal de que há deslealdade entre as pessoas em quem você mais confia.

CORRELAÇÕES
- *Você perdeu de vista o caminho do progresso?*
- *Você está cego para oportunidades disponíveis para você?*
- *Você está cego de ciúmes?*

Perda da Audição

UM SONHO NO QUAL TODOS os sons cessam pode indicar problemas em seus ouvidos ou de audição. Se não houver um fator físico desencadeante desse tipo de sonho, considere seu significado simbólico. Você ouviu alguma coisa que o perturbou? Existem palavras que você preferiria não ouvir neste momento? Surdez seletiva ou escolher não ouvir é uma forma de autodefesa. Ela nos protege temporariamente daquilo que tem o potencial de nos subjugar.

Os ouvidos representam nossa abertura, nossa receptividade, e a disposição de prestarmos atenção ao nosso eu interior, assim como às outras pessoas.

Em meu sonho, todos pareciam estar falando uns com os outros, mas para mim o silêncio era total. Ninguém percebia isso e eu fiquei muito assustada.

CORRELAÇÃO

A perda de audição no sonho está relacionada com seu desejo de evitar críticas que o desagradam?

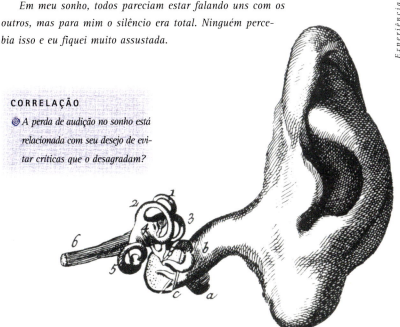

Perda da Voz

A COMUNICAÇÃO É O ASPECTO FOCAL SEMPRE QUE A voz faz parte do tema de um sonho. Alguns dos sonhos mais perturbadores são aqueles em que se é incapaz de pedir ajuda – a pessoa abre a boa para gritar, mas nenhum som é produzido.

Eu estava num caixão, supostamente morta, mas percebia tudo o que acontecia à minha volta. Podia ouvir minha mãe dizendo que estava na hora de fechar o caixão. Contudo, eu não conseguia me mexer nem falar. Felizmente, esse sonho terminou rapidamente.

Observe quem mais aparece no sonho. Quem não pode ouvi-lo? Você tem dificuldade para se comunicar com essa pessoa quando está acordado? Nos exemplos acima e abaixo, a mãe de uma das pessoas que sonharam e os colegas da outra refletem diferentes áreas de preocupação.

Em meu sonho, eu discutia com outros professores, que eram meus colegas de trabalho. Eu gritava tanto para me fazer ouvir, que acabei ficando afônica.

CORRELAÇÃO

Precisa dar um descanso à sua voz? Deveria prestar mais atenção e falar menos?

PERDA

Dentes que caem

A PERDA DE DENTES NUM SONHO pode refletir problemas no estado de vigília, mas também simbolizam perdas, a ruptura de laços, a mudança da casa ou a mudança para um lugar distante. Esse tema pode também estar ligado à imagem que você projeta no mundo de maneira geral.

Este sonho parece ocorrer dentro de outros sonhos. Percebo que meus dentes estão se esfarelando, como pedaços de giz. Coloco a mão em meu queixo e meus dentes caem na minha mão em pequenos fragmentos branco-amarronzados.

Em alguns sonhos, os dentes ficam abalados, mas não chegam a cair e começam a sufocar a pessoa que está sonhando. Se isso acontecer com você, o sonho poderá significar que você está engasgado com alguma coisa e se força a manter segredo de seus sentimentos e pensamentos, pagando, por isso, o preço de prejudicar a si mesmo?

Sonhos nos quais há perda de dentes ocorrem quando há grandes mudanças em sua vida, por exemplo, quando você sai de casa para morar sozinho, dá uma nova direção à sua vida ou se separa de seu companheiro.

CORRELAÇÕES

- *Se os seus dentes estão se quebrando num sonho, isto representa alguma coisa que está sendo destruída e triturada, a ponto de perder toda a sua forma e força? Seu espírito está sendo esmagado?*
- *Se fizer tratamento de canal, esse procedimento estará ligado à raiz de um problema em sua vida?*

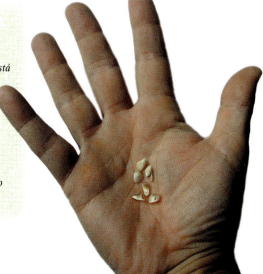

PERDA

Perda de objetos

NÓS ATRIBUÍMOS VALOR AO QUE NOS PERTENCE. Por isso, quer seja um automóvel, uma carteira, uma bolsa ou uma peça de roupa, todas essas coisas têm relevância pessoal para nós. A natureza da perda é importante. O objeto foi roubado? Foi perdido após uma inundação ou outra catástrofe natural? Foi perdido no trânsito, enquanto você viajava? Ele foi tirado de você como uma punição? Explore as circunstâncias e observe em que aspectos elas se ajustam à sua vida desperta.

Qualquer recipiente ou receptáculo, como uma bolsa, é o "portador" de documentos particulares que nos identificam, como cartões de crédito ou a carteira de motorista. Ele pode está ligado a segredos. Ao perdermos a bolsa, nossos dados pessoais passam a ser de domínio público, permitindo que outras pessoas se aproveitem de nós. Do mesmo modo, a perda de objetos desse tipo pode simbolizar a perda de identidade.

CORRELAÇÕES

- *Você mudou sua aparência ou se submeteu a uma cirurgia que afetou seu sentido de identidade?*
- *Um membro de sua família foi "perdido" devido a um desentendimento?*
- *Você deixou de sentir que pertence a algum lugar?*

Recuperação de objetos perdidos

ENCONTRAR O QUE SE PERDEU gera sentimentos de alívio e de alegria. Os bens pessoais recuperados indicarão o foco de interesse que você precisa analisar. Considere o seguinte:

Bolsa – Ligada à identidade, uma vez que contém muitos pertences pessoais. A recuperação de uma bolsa perdida pode indicar um sentido renovado do eu e de segurança.

Carteira – Dinheiro, carteira de motorista e cartões de crédito podem ser guardados nela. Você tem se preocupado com suas finanças, mas se sente numa posição mais sólida atualmente?

Máquina fotográfica – Tirar fotografias nos permite manter presentes as experiências; contudo, elas não são autênticas e podem indicar uma tentativa de apego ao *status quo* ou à busca de um falso sentido de segurança.

Roupas – A recuperação de roupas perdidas pode indicar renovação da segurança, uma vez que as roupas fornecem proteção.

Sapatos – Encontrar sapatos perdidos significa que está recuperando sua base de apoio.

Chaves – A perda de chaves significa que você não tem mais acesso à sua casa ou ao seu automóvel. A recuperação das mesmas indica que a entrada está novamente livre.

Telefones celulares – A devolução de telefones significa o restabelecimento de uma conexão e o reinício da comunicação.

Cura

QUANDO O DIAGNÓSTICO DE ZENA REVELOU QUE ELA TINHA CÂNCER, o médico lhe ofereceu duas opções cirúrgicas. Ela teria que optar por "remover tudo" ou ser submetida a uma cirurgia conservadora e esperar para ver como se sentiria.

Antes que Zena tomasse a decisão, ela sonhou que estava num avião; este taxiava na pista, pronto para decolar. Ao olhar pela janela, ela viu uma mulher correndo ao lado do avião; ela gritava: "Você não pode decolar – ela foi para a barriga do avião. Mande tirar tudo!" Zena considerou que o sonho lhe dizia que ela deveria escolher a operação radical. Do contrário, sua recuperação não poderia "decolar". Quando a cirurgia foi feita, o cirurgião descobriu que o tumor havia se disseminado muito mais do que ele pensava, e disse a Zena que sua decisão provavelmente tinha salvado sua vida.

Clarissa Pinkola Estes, Ph.D., descreveu um sonho de cura no qual uma mulher que estava sendo submetida a uma cirurgia a coração aberto percebeu que não havia telhado na sala e que a luz sobre a mesa de operação era o próprio sol. Este tocou o coração da mulher e o cirurgião lhe informou que nenhuma cirurgia adicional seria necessária. Ao acordar a mulher se sentiu curada e convencida de que sua operação, quando esta ocorresse na vida desperta, seria tão bem-sucedida quanto a que ela havia vivenciado em seu sonho.

John era acompanhado por uma imagem recorrente todas as vezes que não se sentia bem. Durante um sonho comum, relatou, um homem chinês poderia aparecer sem qualquer aviso e lhe oferecer um copo com um líquido branco, que John beberia. Na manhã seguinte, após essa imagem ter aparecido em seu sonho, o sonhador sempre se sentia melhor.

SAÚDE

Sensação de estar paralisado

OS PESADELOS PODEM SER REALMENTE ASSUSTADORES; você se forçará a acordar rapidamente, antes que seu cérebro esteja totalmente conectado com o modo desperto. Isto dá origem a uma sensação de estar paralisado – você não consegue gritar por socorro, mas pode abrir os olhos e ver. Embora essa situação seja alarmante e perturbadora – uma vez que você é fisicamente prisioneiro do medo onírico – ela não é incomum. Entretanto, se você geralmente costuma acordar dessa forma, reserve mais tempo para identificar a causa subjacente de seus pesadelos, para reduzir seu impacto.

Se você se vir paralisado num sonho, este sonho talvez indique que você está emperrado em algum aspecto de sua vida. A incapacidade de se mover o torna vulnerável e impotente.

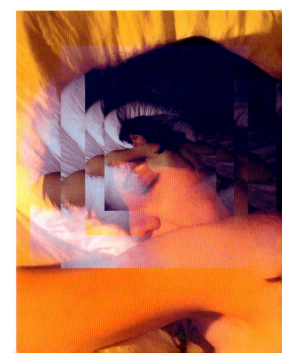

Pessoas que ficaram paralisadas após um acidente com frequência sonham que estão fisicamente aptas novamente. Os sonhos atuam como uma compensação para essas pessoas, levando-as de volta a um tempo em que não apresentavam nenhuma deficiência. Robert Haskell, um pesquisador na área dos sonhos, descreveu uma mulher cujo braço estava paralisado. Em seu sonho, um animal atacava seu cão e ela o afastava com o braço, que estava perfeitamente normal. Quando ela acordou, seu braço tinha se restabelecido completamente no mundo real.

SAÚDE

Doença

SONHOS PRODRÔMICOS são aqueles que ocorrem antes de uma doença. Eles podem servir como um aviso ou como um alerta para o sonhador. Se você estiver fazendo um tratamento médico, esse tipo de sonho pode refletir suas preocupações. Em grupos de análise de sonhos para pacientes com câncer, os participantes relatam um aumento de sonhos com um conteúdo de ansiedade pouco antes de exames de rotina ou de sessões de quimioterapia. Esses sonhos nos ajudam a reconhecer a ansiedade e dão vazão a ela.

Pois o caminho correto se perdeu ...
DANTE

Dante descreveu como um "humor sombrio" aquilo que chamamos de depressão – uma doença que arruina muitas vidas. Pessoas que sofrem de depressão têm sonhos com um conteúdo masoquista mais elevado e cores mais apagadas, mais cinzentas do que as dos sonhos de outras pessoas. Essas cores refletem a escuridão de sua vida quando estão acordadas.

Xamãs ou *kahunas* dos Mares do Sul usam rotineiramente os sonhos quando trabalham com pessoas que estão doentes ou perturbadas.

Comunicação com os mortos

O APARECIMENTO DE UMA PESSOA MORTA NUM SONHO pode causar terror ou alegria, dependendo da perspectiva do sonhador. A pessoa que já morreu veio para ameaçá-lo ou para aconselhá-lo, para consolá-lo ou lembrá-lo da angústia da morte, como no caso do sonho abaixo?

Após o falecimento de meu pai, tive uma série de sonhos em que ele aparecia. Primeiro, sonhei que não estava realmente morto. Depois, sonhei que ele não aceitava o fato de ter morrido. Mais tarde, sonhei que ele estava se adaptando ao outro mundo. Finalmente, tive um sonho maravilhoso no qual nos encontramos. Meu pai parecia muito mais jovem do que na época em que estava sofrendo de câncer. Ele me abraçou e me disse que agora estava bem; afirmou que me amava e que eu não deveria mais me preocupar com ele. Tive uma sensação de bem-estar ao acordar e, desde então, continuo a me sentir bem em relação a ele.

O sonho a seguir revela um sombrio contraste com o primeiro.

Depois que meu amigo se suicidou, sonhei que ele estava preso numa porta giratória. Ele não conseguia atravessá-la e a porta continuava a girar, embora seu rosto aparecesse com uma expressão assustadoramente fantasmagórica – torturada, de escárnio, na qual havia um meio sorriso. Cada vez que a porta girava, a decadência revelada em seu rosto se tornava maior.

Seus sonhos tendem a reencenar uma ação, especialmente após uma "revolução" emocional, como o suicídio de um amigo, que tende a destruir a segurança de seu mundo, transformando-o em completa confusão.

COMUNICAÇÃO

Comunicação

A COMUNICAÇÃO ENVOLVE A VISÃO, A AUDIÇÃO E A FALA. Dificuldade para se comunicar indica frustração.

Sonho que estou em casa e que alguém está tentando entrar. Pego o telefone para pedir ajuda; entretanto, independentemente de quantas vezes digito o número, a ligação simplesmente não é completada.

O carteiro, portador de notícias, é o nosso equivalente moderno de Mercúrio, o deus mensageiro. Quando a correspondência é perdida ou o carteiro não consegue chegar ao seu destino, devido ao mau tempo, por exemplo, isto pode indicar sentimentos de isolamento, de não receber a mensagem ou de ser ignorado. Essa situação também se relaciona com a comunicação via *e-mail*, em que o servidor da internet fica inoperante ou há um defeito no computador. Se isso ocorrer, pergunte a si mesmo se a maneira como você se comunica é eficiente.

Encontrei um antigo namorado. Concordamos em trocar números de telefone. Comecei a anotar seu número, mas, após alguns dígitos, ele me disse que havia esquecido os demais. No sonho fiquei pensando: "Ele não quer me dar o resto do número".

Os problemas de comunicação que havia no relacionamento passado da sonhadora ainda são evidentes no sonho.

CORRELAÇÃO

◉ *Você se sente bloqueado, inibido ou impedido de receber uma mensagem?*

Esquecimento

SONHOS NOS QUAIS ESQUECEMOS ONDE MORAMOS, onde deixamos o carro ou o bebê pelo qual somos responsáveis ocorrem com frequência. Num nível mais simples, eles reforçam nosso senso de responsabilidade e talvez o estresse ao qual somos submetidos no estado de vigília. Por exemplo, se você sonhar que se esqueceu de terminar um relatório no escritório, isso pode indicar ansiedade a respeito de trabalho. Talvez ache que a tarefa está além de sua capacidade ou que os outros a achem incompetente.

Em outro nível, esses sonhos podem simbolizar um desejo inconsciente de nos afastar de alguma coisa. Talvez não nos lembremos de onde moramos porque, num nível inconsciente, não queremos ir para casa. Do mesmo modo, podemos deixar um bebê em algum lugar porque estamos cansados da responsabilidade de cuidar de mais alguém. O bebê pode representar qualquer pessoa que dependa de nós e não apenas uma criança pequena.

Estou longe de casa e subitamente percebo que deixei o bebê sozinho em casa. Volto correndo, com receio do que vou encontrar, porém o bebê está bem; vejo que ele está brincando ou andando alegremente de gatinhas pela casa. Em seguida, compreendo que contratei alguém para tomar conta dele. Fico muito aliviada.

Esse sonho expressa ansiedade e, contudo, reforça o fato de essa mulher ser uma pessoa responsável e amorosa.

EXAME

SONHOS SOBRE UMA PROVA OU EXAME mostram que uma determinada situação está lhe causando ansiedade. O impacto estressante de provas escolares permanece conosco e pode reaparecer em outros momentos "de teste". Por exemplo, uma mulher me relatou um sonho no qual ela se apresentou para uma prova de latim, descobrindo em seguida que tinha se esquecido de estudar um importante tópico. Se tiver esse tipo de sonho, reflita sobre como ele se relaciona com situações nas quais é posto à prova.

Vejo-me num grande auditório, fazendo um teste para um importante papel. Estou com medo, mas entusiasmada. Na parte do teste sobre atuação, esqueço todas as minhas falas. Sinto-me constrangida e humilhada. Todos os outros, incluindo os juízes, começam a rir de mim.

Esse sonho expressa o receio que a pessoa tem de parecer tola e de se tornar motivo de risos. Ao fazer a transição de um estado de consciência ou de percepção para outro, espere sonhos nos quais será submetido a um teste ritual ou a um exame.

Julgamento

UMA SALA DE AUDIÊNCIAS É UM LOCAL ONDE UM JULGAMENTO OCORRE. Esse tema pode ter ligação com autojulgamento, com um sentimento de constrangimento ou com o fato de você ser julgado pelos outros. Se o sonho não estiver relacionado com uma situação efetiva no estado de vigília, por exemplo, com o comparecimento a uma corte, você poderia estar se sentindo exposto e colocado numa posição em que precisa se defender?

Quando somos julgados, durante uma competição, uma prova escolar ou num tribunal de justiça, somos aceitos ou rejeitados – somos bem-sucedidos ou falhamos. Existe uma situação na qual você esteja sendo testado no momento? A passagem de um estágio da vida para outro com frequência exige sucesso numa prova de aceitação e de adaptação.

A justiça é representada por uma mulher com os olhos vendados, segurando uma espada e uma balança. A Virgem Maria também é conhecida como Mãe da Justiça. Se você sonhar com uma figura feminina, que tem nas mãos uma balança, essa imagem poderia representar sua própria busca de justiça ou estar relacionada como uma decisão que você deve tomar.

CORRELAÇÃO

◉ *Sonhar com advogado pode significar que está preocupado com uma situação legal ou reflete interrogatório de algum tipo?*

PERIGO

Casa em chamas

SONHOS RECORRENTES que se iniciaram na infância, indicam que a fonte da experiência onírica começou naquele período. A mulher, cujo sonho é descrito abaixo, se sentiu insegura a maior parte da vida, embora atualmente o sonho que tinha quando criança não seja tão frequente.

Estou numa casa em chamas; sempre é a casa da minha mãe. Fico parada no alto da escada, com o fogo atrás de mim. Na parte de baixo da escada sou confrontada por cães enraivecidos. Não sei para onde ir. O sonho sempre termina da mesma maneira: eu morro e acordo com calor e exausta.

Quando era pequena essa mulher se sentia dividida em sua lealdade, após a separação dos pais, e não sabia de que lado ficar. O sonho retrata dramaticamente a sensação de ser apanhada na armadilha de uma situação difícil de resolver. O fogo em sonhos pode representar a raiva que reprimimos quando estamos acordados.

O fogo também pode estar ligado ao transtorno do estresse pós-traumático (TEPT). O redator Samuel Pepys anotou em seu diário uma notícia, de 2 de setembro de 1666, na qual relatava o terror causado pelo Grande Incêndio de Londres e revelava que tinha tentado salvar seus objetos mais valiosos. Pepys começou a "sonhar com fogo e com casas caindo". Seis meses depois ele ainda tinha problemas para dormir devido aos "terrores do fogo".

PERIGO

Afogamento

SE VOCÊ VIVE NO LITORAL, ou perto de uma extensão de água, é muito natural sonhar com água, uma vez que essa é uma importante característica de seu meio ambiente. Você poderá sonhar com afogamento por causa de avisos de um possível perigo, como ocorreu com a mulher abaixo:

Eu costumava sonhar que meus irmãos e eu estávamos no mar, que eles estavam se afogando e eu tentava desesperadamente manter a cabeça deles fora da água.

Isso também poderia refletir o senso de responsabilidade dessa mulher em relação aos irmãos. Sonhos em que você está submerso e é incapaz de respirar podem indicar que se sente sufocado ou sente que perdeu o controle de uma situação.

Se no sonho alguém que você ama estiver se afogando, talvez seja porque você reconhece que essa pessoa está envolvida em alguma atividade com potencial para "afundá-la", fazendo com que ela perca o equilíbrio e, na pior das hipóteses, seja "arrastada" ou "levada pela água".

Os afogamentos também podem ter relação com enchentes; por isso, observe se você está se sentindo inundado ou sobrecarregado.

CORRELAÇÃO

Você se sente submergir diante do que está acontecendo em sua vida? O que você pode fazer para voltar à superfície e conseguir respirar?

PERIGO

Estar perdido

PERDER-SE NO CAMINHO, chegando a um lugar desconhecido, ver-se impedido de encontrar a direção da própria casa, é um sonho comum de ansiedade. No sonho descrito abaixo, o pai da sonhadora faleceu quando ela tinha 6 anos de idade; desde então, ela passou por muitas outras separações – acontecimentos que a deixaram se sentindo profundamente insegura.

Sempre pareço estar perdida e sozinha, ainda que, no começo, tenha a companhia de um grupo de pessoas. Invariavelmente, acabo imaginando onde estou e percebo que sou incapaz de encontrar uma maneira de voltar para casa.

Às vezes, sonhar que você ficou trancado fora de casa indica um sentimento de rejeição e de exclusão.

Minha amiga, minha casa e todos os pontos de referência desapareceram. Perambulo por toda parte, tentando encontrar alguém que conheço, de modo que possa me sentir segura. Estou em pânico, mas tento parecer calma, para que ninguém perceba até que ponto vai a minha angústia.

Simbolicamente, a casa ou lar pode representar o eu; ficar trancado fora de casa pode indicar sentimentos de perda do eu ou alienação e insegurança.

A experiência de se perder também pode ter um resultado positivo. Uma lenda irlandesa relata que o herói Cormac ficou perdido no meio de um nevoeiro; quando, finalmente, este se dissipou, Cormac descobriu que estava perto de um poço. Dentro do poço, ele viu cinco salmões; estes tinham sobrevivido comendo as avelãs que caíam de nove aveleiras, que cresciam ao redor do poço. Cinco rios fluíam dessa fonte para as cinco províncias da Irlanda – simbolizando os cinco sentidos, dos quais todo o conhecimento deriva. Cormac percebeu que se perder fora uma dádiva porque ele tinha encontrado o Poço da Sabedoria.

Ficar preso numa armadilha

Sonho que estou num quarto e as paredes vão se fechando à minha volta. Não sinto medo porque as paredes são feitas de esponja.

A ENFERMEIRA QUE TEVE ESSE SONHO afirmou que ele ocorreu num momento em que ela estava muito tensa. A esponja simbolizava o fato de ela sentir que não conseguia mais "absorver," literal ou emocionalmente. Embora as paredes parecessem "almofadar" o impacto, ela sabia que seria esmagada até a morte se o sonho continuasse.

Quando você tiver sonhos nos quais fica preso num espaço reduzido, pergunte a si mesmo se está se sentindo coagido quando acordado. O que precisa fazer para sair de sua "caixa"? Às vezes nós nos sentimos prisioneiros de nossas circunstâncias e os sonhos destacam esse fato.

Em sonhos nos quais outras pessoas o prenderam numa armadilha, reflita sobre o que deu origem a isso e sobre o que elas querem de você. Esse sonho reflete uma situação do estado de vigília – por exemplo, o sentimento de estar preso num casamento sem amor ou num emprego sem futuro?

Eu tinha um sonho recorrente, no qual meus amigos e eu estávamos presos na parte de trás de um caminhão. Nós éramos vítimas de um sequestro. De vez em quando, umas duas pessoas conseguiam escapar, mas eu era sempre a última a sair.

Ser mantido preso contra a vontade indica o receio do poder potencial que outras pessoas têm de controlar sua vida.

PERIGO

Escapar a um perigo

Sonhei que estava num automóvel, em alta velocidade. O ambiente era algum lugar dentro de uma selva. Subitamente, um elefante começou a vir na minha direção. Eu fiquei muito assustada, mas fiquei tocando a buzina sem parar; no último instante, o elefante se desviou do meu carro.

OS DIFERENTES ELEMENTOS DE QUALQUER SONHO durante o qual se escapa ao perigo são significativos. Considerando o sonho descrito, temos:

Automóvel – Se estiver dirigindo muito depressa, você está fora de controle?

Selva – Isto pode refletir sentimentos a respeito do ambiente em que a pessoa vive, justificando a expressão "lá fora é uma selva".

Elefante – Este animal é selvagem, porém pode ser domesticado. O elefante é grande, o que significa poder, tem boa memória e está associado a uma forte libido.

A sonhadora abaixo precisou "se desviar" de uma ameaça e foi bem-sucedida:

Sonho que não consigo sair de casa. Quando finalmente saio, sou perseguida por um homem gigantesco. Ele consegue cobrir duas vezes mais terreno do que eu. Sempre acordo antes que ele me alcance.

A ameaça é feita por uma pessoa de tamanho exagerado, com um poder duas vezes maior. A única maneira de escapar é "acordar". Se essa for a sua forma de escapar em seus sonhos, você precisa "acordar" para alguma coisa? O que lhe falta ou o que você tem evitado quando está acordado? As circunstâncias não irão melhorar até que você as enfrente.

PERIGO

Sobrevivência

APÓS UM TRAUMA, os sonhos frequentemente repetem o acontecimento perturbador. Embora a pessoa tenha sobrevivido, seus sonhos a lembram de que existe uma cicatriz emocional, sendo necessário que continue com o processo de cura. O escritor norte-americano Russell Banks ainda sonha com seu pai violento e alcoólatra, que abandonou a família quando Russell tinha 12 anos de idade. Embora seu pai tivesse morrido em 1979, Russell continua a sonhar com ele duas ou três vezes por semana, especialmente se estiver se sentindo traído, derrotado ou abandonado. A antiga experiência de violência deixou uma marca em seus sonhos. Por mais angustiantes que sejam, esses sonhos, em última análise, reforçam o fato de essa pessoa ter sobrevivido.

Antoine tinha 17 anos quando me relatou o seguinte sonho, altamente perturbador para ele.

Só me lembro que meu pai faleceu. Acho que ele levou um tiro. Minha angústia foi tão grande que coloquei uma espingarda sob meu queixo e apertei o gatilho. Senti minha vida se esvair. Eu estava à beira da morte ou, possivelmente, além dela quando comecei a recobrar os sentidos. A dor era insuportável e eu percebi que meu estado era grave; minha cabeça estava horrivelmente desfigurada.

O medo não expresso da morte, do suicídio e da perda em geral é dramaticamente retratado em pesadelos como o de Antoine. Eles acessam sentimentos ocultos na vida desperta e nos permitem encarar aquilo que mais nos perturba. Qualquer que seja a fonte do medo, a sobrevivência é de fundamental importância.

DESASTRES

Catástrofes causadas pelo homem

NUMA ENTREVISTA DE RÁDIO, a romancista Nina Bawden relatou sua lembrança do terrível acidente ferroviário de Potter's Bar, na Inglaterra, em 2002. Durante uma semana ela esteve internada numa unidade de tratamento intensivo e não sabia que tinha sido vítima de um acidente no qual sete pessoas tinham perdido a vida e setenta ficado feridas. O primeiro indício de seu envolvimento foi um sonho em que seu marido morria. Quando ela finalmente recuperou os sentidos e viu sua família ao redor de sua cama de hospital, perguntou se seus sonhos eram verdadeiros. Eles eram.

Em geral, nossos sonhos nos dão informações que são bloqueadas por nossa mente consciente. Sobreviventes de acidentes descobrem que os sonhos lhes fornecem detalhes e lhes permitem aceitar o acontecimento.

O autor britânico Graham Greene escreveu a respeito de um sonho que teve aos 5 anos de idade. O sonho ocorreu na noite em que o navio *Titanic* naufragou.

Sonhei com um naufrágio. Uma imagem permaneceu comigo por mais de sessenta anos: um homem com uma capa de oleado, dobrado para trás, ao lado de uma escada, sob o arco formado por uma grande onda.

Greene relatou ainda ter sonhado com naufrágios em noites nas quais outros navios afundaram.

DESASTRES

Guerra EXISTEM DIFERENTES TIPOS DE GUERRA, desde a Guerra Mundial, oficialmente declarada e combatida de acordo com regras internacionais, até a Guerra Santa, como a *jihad*, na qual as pessoas defendem ou atacam em nome de sua fé. Se você sonhar com uma guerra, seu sonho talvez reflita acontecimentos que estão ocorrendo no mundo ou revele um conflito interior, angustiante.

Tumultos em sua vizinhança podem desencadear sonhos em que o conflito está presente, como no caso de um muçulmano, cujo sonho é descrito abaixo:

Havia um sentido de "guerra" iminente entre minha família e demônios em forma humana. Eu sentia que uma derrota era inevitável, mas o sonho terminou com uma nota positiva no momento em que, com a ajuda de um grupo de anjos, nós vencemos a guerra.

Quando a família do muçulmano se mudou, o conflito motivado pelo racismo foi deixado para trás.

Numa guerra, o reconhecimento de que aliados e inimigos não diferem muito entre si pode dar origem ao seguinte tipo de sonho:

Sonhei que estava num país dos Bálcãs, num castelo. Eu tentava encontrar roupas velhas que me mantivessem aquecido. Havia uma guerra em andamento; alguém me deu uma bazuca que atirava granadas. Eu as disparei para o centro do terreno, para perto de onde "minha gente" estava – e não contra o inimigo.

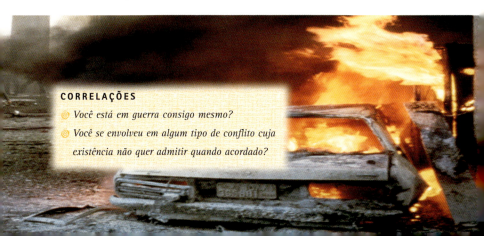

CORRELAÇÕES

- *Você está em guerra consigo mesmo?*
- *Você se envolveu em algum tipo de conflito cuja existência não quer admitir quando acordado?*

Desastres naturais

QUANDO ACONTECIMENTOS, COMO TERREMOTOS, ENCHENTES E FURACÕES ocorrem, pessoas que sobreviveram a eles relatam ter pesadelos que reencenam o medo pelo qual passaram. No desastre de Aberfan, País de Gales, quando o deslizamento de resíduos de uma mina de carvão encobriu a escola, muitas crianças morreram. Os sobreviventes tiveram pesadelos recorrentes. Jeff Edwards, um dos alunos, recordou: "Eu estava soterrado, ao lado de uma menina pequena, e tive pesadelos por um longo tempo depois disso". Muitos dos que estiveram envolvidos na catástrofe ainda têm sonhos perturbadores, anos após o acontecimento:

> Esse é um sonho recorrente sobre ser tragado por uma onda gigantesca. Às vezes, estou numa praia, outras, caminho por uma rua de minha infância. Sei que a onda se aproxima e tenho que me preparar para ela. Às vezes sou bem-sucedido e a água passa por cima de mim. Sei que estou sob a água, mas, em geral, permaneço calmo. Outras vezes, eu morro e, em seguida, acordo.

Depois de um acontecimento traumático, pesadelos recorrentes são finalmente transformados em réplicas menos diretas do evento real. Depois de 11 de setembro de 2001, as pessoas começaram a sonhar com tsunamis e não com torres em chamas. O tsunami é um acontecimento semelhante, que ameaça a vida e ocorre inesperadamente.

Criaturas mágicas

Eu costumava sonhar que estava em meu jardim, procurando alguma coisa. Um grande número de fadas me ajudava.

SERES FANTÁSTICOS POVOAM OS NOSSOS SONHOS DURANTE TODA A NOSSA VIDA. Essas criaturas trazem nossos medos à tona e nos conectam com histórias e mitos que exercem um forte impacto sobre a nossa vida. Ao completar 7 anos, Sally sonhou que foi para casa depois das aulas e bateu à porta:

Um dragão abriu a porta e me disse, de uma maneira muito cortês, que meus pais tinham se mudado e não moravam mais ali. Fiquei aborrecida com o dragão.

Sonhos desse tipo refletem receios infantis de abandono.

Gigantes podem representar poderes espirituais, assim como físicos. "Um gigante entre os homens" em seu sonho poderá ser um guia que aparece para ajudá-lo a desenvolver uma percepção mais elevada.

Há muito tempo, acreditava-se que o chifre do unicórnio poderia detectar ou neutralizar venenos e curar inúmeras doenças. As presas do narval passavam, com frequência, por chifres de unicórnio.

Muitas pessoas relatam uma sensação de grande peso no peito e um sentido de intensa maldade. Algumas vezes, em seu sonho elas veem uma figura sexualmente voraz. Essas figuras demoníacas são conhecidas como *íncubos* e *súcubos*. Geralmente elas eram incluídas em pinturas no período medieval e simbolizavam o mundo incontrolável dos sonhos e do desejo.

ROUPAS

O uso de roupas especiais

SE, EM SEU SONHO, VOCÊ ESTIVER VESTINDO ROUPAS QUE NORMALMENTE NÃO USA, considere o que elas representam. Geralmente, roupas diferentes simbolizam a remoção das restrições cotidianas e a oportunidade de expressar um aspecto seu que está oculto.

Estar vestido como um xamã pode indicar uma dimensão mística e de cura. Uma roupa de palhaço poderá revelar uma necessidade de introduzir mais diversão e humor em sua vida.

Apresentar-se vestido como um nativo norte-americano revela ligação com o mundo natural, uma existência na qual os animais e a terra são apreciados e respeitados.

Se você estiver fantasiado, como no carnaval, o disfarce poderá lhe oferecer permissão para fazer travessuras – quando as normas de conduta são subvertidas e tudo é possível.

Roupas de um período histórico podem revelar um interesse por aquele período ou conectá-lo com algum ancestral que viveu naquela época.

As máscaras lhe permitem agir de maneira diferente – elas podem ocultar seus sentimentos.

Se você estiver usando um uniforme de qualquer tipo – como o de um policial, de uma enfermeira ou de um soldado – esse uniforme poderá simbolizar um desejo de autoridade ou de conhecimento.

Disfarçar-se como um animal, usando, por exemplo, peles de leopardo ou galhadas de cervo, pode representar sua necessidade de ter a força e as características desses animais.

Nudez

ESTAR NU NOS SONHOS não constitui um tema incomum. O ponto fundamental é reconhecer o que você sente a respeito dessa situação. Se estiver à vontade e confortável, esse fato estará refletindo sua autoconfiança em relação aos outros. Caso se sinta constrangido ou posto em evidência, seu sonho talvez indique que você tem a sensação de estar em desvantagem quando confrontado com outras pessoas.

Um sonho comum e desconcertante é aquele no qual você se vê andando pela rua com roupas inapropriadas, que o deixam exposto.

Sonhei que fui à escola usando somente uma minúscula blusa. Tentei me cobrir, mas não consegui.

Estar nu poderá lhe permitir descobrir dimensões completamente novas, como ocorreu com a sonhadora abaixo:

Nem sempre sou mulher em meus sonhos, ou mesmo humana, embora seja sempre "eu" em diferentes corpos – homem, criança, uma mulher num corpo diferente, animal etc. Posso ser um homem e depois me transformar numa mulher e vice-versa.

Essa mulher descobriu que incorpora todos esses aspectos – como todos nós. Para encontrar o equilíbrio e nos sentir completos, temos que integrar as diferentes facetas do nosso eu.

Encontros eróticos

OS SONHOS ERÓTICOS PODEM COMEÇAR NOS PRIMEIROS ANOS DA ADOLESCÊNCIA, como ocorreu com esta sonhadora:

Desde os 11 anos de idade, eu costumava ter sonhos sexuais masoquistas; neles eu era uma escrava no Antigo Egito.

Por ser "escrava" essa pessoa se exime da responsabilidade pelos acontecimentos sexuais e, assim, evita sentimentos de culpa pessoal que possam surgir.

O prazer sexual que proporciona a si mesmo em sonhos pode estar ligado com o ato em si ou indicar uma área de sua vida desperta na qual você tende a se concentrar em seus próprios desejos. O sonho corresponde a um sentimento de egoísmo em relação a uma atividade pessoal no estado de vigília que exclui outras pessoas? Como você se sente no sonho – feliz, frustrado, orgástico? Esse talvez seja um sonho de realização de um desejo; ele pode, ainda, indicar frustração sexual, uma vez que os sonhos são tanto simbólicos quanto literais. Fantasias sexuais podem ser exploradas com segurança no estado onírico.

Os parceiros que figuram em meus sonhos eróticos são mais provavelmente homens que eu não conheço ou não conheço muito bem e não o meu namorado. Num sonho, fui fazer uma entrevista para um cargo de professora numa faculdade. Após ter sido entrevistada pelo diretor, tive que procurar um rapaz que iria me mostrar a escola.

Eu o encontrei na biblioteca. Gostei de sua aparência e ele sorriu para mim. Ao me acompanhar, ele começou a me abraçar. Acabamos esquecendo o tour guiado e passamos a tarde transando no quarto dele.

CORRELAÇÕES

🟡 *Seus sonhos eróticos suprem a falta de expressão sexual em seu estado de vigília?*

🟡 *Eles lhe possibilitam expressar sua sexualidade mais livremente?*

UMA NOVA VIDA

Gravidez

DURANTE A GRAVIDEZ, À MEDIDA QUE O FETO SE DESENVOLVE, os sonhos femininos se tornam ricos em imagens de mudança. Para muitas mulheres, a primeira indicação de que estão grávidas aparece num sonho de grande intensidade. Robert Van de Castle, pesquisador na área de sonhos e autor norte-americano, relatou que sua esposa, Susanna, teve um sonho no qual ela procurava um termômetro para bebês numa loja de departamentos. Subitamente, se deparou com uma piscina coberta circular, na qual um golfinho e uma mulher nadavam; Susanna entrou na água para se juntar a eles. Símbolos de concepção – como o "peixe" e a piscina circular cheia de água – eram óbvios para Van de Castle. O teste de gravidez, feito após esse sonho, confirmou que havia um bebê a caminho. Durante a gravidez, os sonhos podem ser uma maneira muito útil de liberar o medo:

Sonhei que ia ter um bebê; eu me queixei para a minha família e meus amigos porque sabia que a dor seria muito forte – além disso, eu não queria o bebê. A perspectiva de sofrer me aterrorizava, mas ele nasceu rapidamente e não senti nenhuma dor.

Um obstetra norte-americano descobriu que a taxa de partos prematuros em sua clínica caiu de 6,5% para 2,8% depois que ele começou a prestar atenção aos sonhos de mulheres grávidas em que há ansiedade. Se você estiver grávida e tiver esse tipo de sonho, converse com seu médico ou com seu cônjuge. Eles certamente serão capazes de tranquilizá-la e ajudá-la a enfrentar suas preocupações naturais.

Minha mãe sempre sonha com peixes quando alguém vai ter um bebê.

Muitas mulheres sonham com peixes quando ficam grávidas. Isto poderia corresponder à imagem do embrião dentro do líquido amniótico, nadando como um peixe em seu mundo aquoso.

UMA NOVA VIDA

Nascimento

SONHAR COM UM NASCIMENTO pode ser o resultado do encontro com uma mulher grávida ou de sua própria gravidez; a experiência onírica poderá, ainda, estar relacionada com o processo de fertilidade como um todo.

Sonhei que dei à luz um bebê muito magro, de cabelo preto, frágil, mas extraordinariamente bonito. Ele era tão encantador que eu senti ser aquele um dos sonhos mais felizes que já tive. Quando meu bebê nasceu, ele era exatamente como o bebê do sonho.

Num nível simbólico, o nascimento se relaciona com a emergência de um novo ser – a geração de uma nova consciência e de novos talentos.

CORRELAÇÕES

- *O trabalho de parto em si foi fácil ou difícil? Você precisa trabalhar num projeto para que ele seja concluído com êxito?*
- *Certidão de nascimento – Esses sonhos se referem à identidade e ao recebimento de direitos numa sociedade.*
- *Controle de natalidade – Você está preocupada com sua fertilidade ou com uma gravidez acidental?*
- *"Não ter nascido ontem" – Conhecimento do mundo, não ser tolo ou enganado.*
- *"Nascer num berço de ouro" – Quando um bebê nasce numa família abastada.*

Bebês

Tive um sonho recorrente durante a gravidez; nesse sonho, eu dava à luz um bebê, mas esquecia de sua existência durante vários dias. Quando voltava para ele, o bebê tinha morrido de fome e por falta de cuidados.

UM NOVO NASCIMENTO PODE SER SEGUIDO DE SONHOS COM BEBÊS, nos quais a ansiedade é liberada. Entretanto, esses sonhos estão frequentemente relacionados com um novo desenvolvimento na vida da sonhadora – a liberação de um potencial adormecido ou a descoberta de novos talentos e habilidades.

Percebo, subitamente, que perdi meu bebê. Ele foi levado por "alguém" desconhecido. Não consigo acreditar que eu o entreguei e o deixei partir. O remorso e o medo são terríveis.

Sonhos em que se negligencia um bebê ou não se consegue, de algum modo, protegê-lo, podem revelar uma preocupação com seus próprios filhos ou refletir o fato de que você não está prestando a devida atenção a si mesma. Eles podem indicar negação de potencial. O oposto é indicado em sonhos nos quais um bebê é encontrado, isto é, você está entrando em contato com habilidades ou potenciais pessoais anteriormente ocultos. Novos bebês simbolizam novos começos, novas oportunidades ou o desenvolvimento de novas aptidões.

Se você sonhar que pessoas lhe entregam bebês – para que você tome conta deles – sem lhe pedir ou sem deixar alimentos e roupas apropriadas, isso pode indicar que você está assumindo responsabilidades de outras pessoas.

Às vezes, bebês oníricos surpreendem ou perturbam porque eles agem de uma forma inesperada e não como bebês comuns costumam agir:

Sonho com bebês que são capazes de falar e se comportar como adultos – uma sensação não muito agradável.

MUDANÇA DE FORMA

Ser invisível

A INVISIBILIDADE NOS SONHOS pode oferecer proteção contra perseguidores, por exemplo, quando você tem uma capa mágica ou possui o poder de desaparecer de vista. Por outro lado, se estiver invisível num sonho, este pode indicar que você se sente ignorado – você e sua vida são insignificantes para os outros, que afirmam se preocupar com você.

Algumas vezes sonho que estou numa sala onde ninguém se lembra de mim. É como se eu fosse invisível; todos me ignoram completamente.

Se você sonhar que é invisível, talvez esteja se escondendo de outras pessoas ou de você mesmo. Pelo fato de ocultar suas opiniões, esperanças e desejos, é impossível para os outros "verem", efetivamente, seu eu real, autêntico. Se você tem esse tipo de sonho, talvez seja o momento de observar a maneira como se apresenta às outras pessoas e de realizar mudanças para assumir seu lugar no mundo.

CORRELAÇÕES

- *Você se sente negligenciado e ignorado?*
- *Você oculta seus pensamentos e sentimentos de modo que ninguém possa ver seu verdadeiro eu?*

Metamorfo

SONHOS NOS QUAIS PESSOAS QUE CONHECEMOS SE TRANSFORMAM EM ALGUMA OUTRA COISA – ou alguém – podem ser muito perturbadores. Esses sonhos quase sempre envolvem alterações faciais, por exemplo, quando alguém pode subitamente parecer ameaçador. Em outros sonhos, é o "monstro" que muda.

Tive um sonho longo, confuso, no qual eu era capturada por um "monstro"; este tinha a capacidade de se metamorfosear, assumindo formas diferentes e estranhas. Depois, quando pensei que estivesse livre, ele apareceu diante de mim, mudando de aspecto repetidas vezes. O monstro era uma bolha escura, amorfa – muito má, mas com personalidade.

Às vezes, esses metamorfos representam pessoas imprevisíveis com as quais temos intimidade – o laço e a ameaça são simbolicamente representados. O sonhador não tem como escapar, por mais que tente. Quando isso acontece é útil pensar a respeito de quem, em sua vida, possui diferentes facetas que o perturbam – num minuto gentil, no seguinte, ferino. Por exemplo, alguém pode ser carinhoso e, contudo, mudar sob a influência do álcool. Tente encontrar uma ligação do sonho com a sua vida quando você está acordado.

Como no conto de fadas *A Bela e a Fera*, uma fera pode ser transformada pelo amor. Nesse caso, a metamorfose é um tipo de teste moral: Poderá a heroína revelar a beleza por trás da aparência monstruosa da fera?

CORRELAÇÕES

- *O que existe sob a pele externa de sua fera onírica?*
- *Sua fera no sonho está relacionada com a "besta de carga"?*

NÓS TODOS VIVEMOS NO MUNDO NATURAL, com o céu acima de nós e o chão sob os nossos pés. Quer o céu esteja cinza ou azul, quer o chão seja de terra ou pavimentado, vivemos num ambiente que nos torna plenos de imagens e sensações. Somos influenciados e dependemos dos elementos; os nossos sonhos refletem essa relação.

CAPÍTULO SEIS

Em seus sonhos com o mundo natural, procure ligações entre você mesmo e a terra. Embora, consciente ou inconscientemente, armazenemos conhecimentos de significado físico, espiritual ou emocional, a profunda sabedoria que nos chega através de nossa ligação com o mundo natural com frequência não é reconhecida. Neste capítulo, você verá como os laços simbólicos são vitais.

Na Nova Zelândia, há uma história da criação contada pelos maoris que captura o poder da natureza e reflete a nossa necessidade humana de compreender e explicar o nosso mundo. Segundo essa história, o Pai Céu e a Mãe Terra permaneciam abraçados na escuridão profunda. Presos entre eles estavam seus filhos, os deuses do mar, do vento, da floresta e dos alimentos – e outro deus, *o ameaçador*. Se quisessem chegar até a luz, essas crianças tinham que separar os pais. Embora essa separação fosse necessária para o bem da humanidade, todos ficaram tristes e lágrimas, sob a forma de gotas de chuva, caíram do céu.

Fenômenos Naturais

Fenômenos Naturais

Quero conservar os meus sonhos, mesmo os maus, porque, sem eles, eu poderia ficar sem nada durante toda a noite.

JOSEPH HELLER: SOMETHING HAPPENED

A filosofia taoista enfatiza a importância de nosso relacionamento de respeito com a natureza, particularmente em relação a montanhas, árvores, cachoeiras e lagos. Pode-se ver isso em pinturas clássicas chinesas, nas quais as paisagens têm uma beleza atemporal e as pessoas, quando incluídas, são vistas como minúsculas figuras em contraste com a majestade das montanhas.

No correr dos milênios, objetos naturais assumiram significados simbólicos: Nos sonhos, é importante considerar seu sentido simbólico, assim como o significado aparente. Por exemplo, se você sonhar com um abacaxi, este sonho poderá ter como causa o fato de você ter comido abacaxi antes de dormir, porém há outros aspectos a ser considerados. Durante os séculos XVII e XVIII, marinheiros que voltavam à Inglaterra, vindos dos Mares do Sul, costumavam espetar um abacaxi fresco num mastro, como sinal de que tinham voltado. Abacaxis esculpidos em pedra ainda são usados para decorar portas de entrada. Portanto, essa

ACIMA *Sonhos com desastres naturais nos trazem à memória o poder impressionante da natureza e o fato de dependermos dela.*

fruta possui igualmente um significado mais profundo, simbolizando o retorno de um viajante. Na América colonial, os abacaxis também eram conhecidos como um símbolo de hospitalidade.

O mundo não é um lugar previsível – tudo pode acontecer, e acontece. A qualquer momento, uma tempestade inesperada ou um terremoto mudam vidas. A chuva talvez não venha e a colheita sofrerá com isso. Numa tentativa de exercer algum controle, os seres humanos criaram rituais para influenciar o mundo natural. Nas tradições africanas, o "trickster" (um ser travesso) simboliza a aceitação de que a vida está sujeita a mudanças inesperadas, a acontecimentos fatídicos e à influência da sorte. Exu, uma dessas entidades travessas, assegura a todos a consciência de que a vida é imprevisível. Em seus sonhos, você poderá encontrar uma figura desse tipo, simbolizada no caos dos acontecimentos naturais, assim como em pessoas. Os nativos norte-americanos fazem máscaras que podem se abrir e revelar um rosto diferente. Como o deus travesso, elas mostram que a vida tem outra faceta.

Nós honramos o mundo natural através dos festivais e da celebração das estações. Descobrimos símbolos em nossos sonhos com ovos na Páscoa, que assinala o início da primavera (no hemisfério norte), ou com plantas sempre-vivas, presentes no período mais escuro do inverno; isso nos faz lembrar que a vida continua, mesmo que todo crescimento cesse. Todas as vezes que sonhar com o mundo natural, reflita sobre a maneira como se relaciona com ele.

TESOUROS DA TERRA

Âmbar

UMA RESINA FOSSILIZADA do pinheiro, o âmbar é o símbolo do sol, da iluminação e da imortalidade. Os vikings reverenciavam as qualidades mágicas do âmbar. Em latim, seu nome é *electrum*; a palavra eletricidade deriva do termo latino. Se você friccionar um pedaço de âmbar na pele, ele fará com que os pelos se levantem, devido à sua carga estática. Os alquimistas consideravam o âmbar um símbolo do sol. Ele tinha relação com a cura e costumava-se passá-lo nos olhos, quando estes apresentavam problemas, e em membros com distensão.

O âmbar pode reter a própria vida. No filme *Jurassic Park*, a ideia básica era a de que dinossauros podem ser clonados a partir de DNA capturado no âmbar. No filme, um inseto apanhado na resina continha o sangue do dinossauro em suas probóscides, fornecendo, portanto, o DNA, a partir do qual a vida extinta poderia ser recuperada. Na China, o âmbar é chamado "alma do tigre", refletindo o alaranjado e o preto amarronzado de suas cores.

Nos países Bálticos, contas de âmbar eram conhecidas como "lágrimas da deusa Freya" e usadas para curar artrite. Na Grécia Antiga, acreditava-se que o âmbar se originava das lágrimas das ninfas do sol chamadas Helíades, possivelmente porque o âmbar parece captar a cor do sol de uma forma condensada. Também se costuma referir ao âmbar como "pedra lince", de acordo com uma crença antiga, segundo a qual ele derivava da urina de um lince; esse conceito foi descrito por Barbara G. Walker, em seu livro *The Woman's Dictionary of Symbols as Sacred Objects*.

CORRELAÇÕES

◉ *Seu sonho com âmbar revela que você precisa infundir uma carga de energia em sua vida?*

◉ *Você sente que uma parte de sua essência está fossilizada, como as pequenas criaturas presas dentro de pedaços de âmbar?*

TESOUROS DA TERRA

Cristal

COMO OCORRE COM OUTRAS PEDRAS PRECIOSAS, o cristal é um símbolo do espírito e foi descrito como tal na Bíblia: Jesus Cristo é mencionado como sendo uma "pedra viva". O cristal também representa o eu superior.

Atualmente, elementos cristalinos são usados na fabricação de aparelhos eletrônicos. Exemplos mais antigos de sua utilização incluem sistemas de sonar para detecção de submarinos e a fabricação de relógios. No passado os cristais eram usados para prever acontecimentos futuros; eles eram chamados de "pedras do poder" porque se acreditava que, observando-os, eles revelariam o futuro. Essa arte de ver o futuro através de uma bola de cristal é anterior às eras grega e romana. Afirma-se, ainda, que fixar os olhos numa bola de cristal por um longo tempo esvazia a mente e cria visões.

No Japão, os cristais, conhecidos como *tama*, são considerados símbolos da eternidade. Em outras tradições, os xamãs os usam em seu trabalho de cura, devido a uma associação dos cristais com a pureza e a clareza.

CORRELAÇÕES

- *Quando cristais aparecem em seu sonho, seu significado é de integridade, pureza e durabilidade.*
- *Lustres de cristal geralmente simbolizam a riqueza.*
- *Uma bola de cristal pode indicar que você tem preocupações a respeito do futuro e quer saber o que irá acontecer.*

TESOUROS DA TERRA

Pedras Preciosas

ATRAVÉS DA HISTÓRIA, AS JOIAS TÊM SIDO A MOEDA CORRENTE DO PODER. Elas têm sido usadas desde tempos remotos – múmias egípcias foram encontradas com pedras preciosas em colares, braceletes e brincos. Nos mitos, pedras preciosas ou joias eram guardadas por dragões, serpentes e monstros. Joias simbolizam tesouros ocultos de conhecimento, amor, além de riquezas.

Gemas brutas são lapidadas e polidas, com o objetivo de aumentar sua beleza, antes de serem montadas em anéis e colares para que pessoas possam usá-las. Na Espanha, gemas lapidadas são conhecidas como *piedras de rayo*, que significa "pedras da luz". Diamantes e outras pedras preciosas são usados na cura pelos cristais. Seu sonho com pedras preciosas pode estar ligado com as qualidades simbólicas das próprias pedras:

Diamante – O mais duro material natural conhecido. Simboliza a luz, a vida, o sol e a constância.

Esmeralda – As esmeraldas são verdes, transparentes e muito valiosas. Simbolizam a imortalidade, a esperança e a lealdade.

Azeviche – Preto e brilhante. Simboliza a tristeza, o luto e as viagens seguras.

Lápis-lazúli – A gema, de um azul profundo, salpicado de dourado e branco, simboliza o poder divino, o sucesso e a capacidade.

Opala – As opalas ocorrem em muitas cores e são consideradas como pedras de azar. Simbolizam a viuvez e as lágrimas.

Ametista – De cor lavanda pálido até violeta escuro, acredita-se que as ametistas impeçam a embriaguez; são conhecidas como "pedras do bispo", porque eram usadas por cardeais e bispos.

Rubi – Rubis, de um vermelho escuro, assim como outras pedras vermelhas, estão associados ao sangue. Simbolizam a realeza, a dignidade, a paixão e a invulnerabilidade.

Safira – O azul profundo dessa pedra esteve relacionado com o céu; as safiras eram vistas como pedras de proteção e como cura para a raiva e a falta de inteligência.

Topázio – Este ocorre numa variedade de tons e simboliza a amizade, o calor e a lealdade.

Metais

OS METAIS SIMBOLIZAM A ENERGIA CÓSMICA na forma sólida, sendo também associados à libido. Apoiado nesse conceito, Jung afirmou que os metais básicos simbolizam o desejo e "a concupiscência da carne". Extrair a essência desses metais básicos, transmutando-os em metais superiores, equivale a liberar a energia criativa, refém das preocupações mundanas, básicas, do cotidiano. O metal com o qual você sonhar poderá indicar o que é mais importante para você no momento.

Ouro – O metal do sol simboliza a realeza; foi por essa razão que os Três Reis Magos o levaram a Belém, por ocasião do nascimento de Jesus, o novo rei. Ele representa iluminação e espiritualidade. Antigamente, acreditava-se que o ouro possuía propriedades de cura; passava-se ouro nos olhos para curar terçóis.

Prata – Metal da lua e do aspecto feminino da humanidade.

Ferro – Metal de Marte, o deus da guerra.

Mercúrio – Metal do deus Mercúrio. Também conhecido como "prata-viva".

Cobre – Metal da deusa Vênus, cujo maior santuário estava situado em Chipre, a Ilha do Cobre. Ele é usado para proteger do reumatismo.

Chumbo – Este metal é pesado; é cinza e opaco; está ligado a "sentimentos plúmbeos". Costumava-se relacioná-lo com Saturno, um planeta que tem a reputação de exercer influências negativas. Chumbo maleável era usado pelos romanos para forrar caixões, tornando-os à prova d'água. Os romanos também inscreviam maldições em placas de chumbo, colocando-as depois nos templos.

OS QUATRO ELEMENTOS

Ar DE ACORDO COM CRENÇAS ANTIGAS, O AR É UM DOS QUATRO ELEMENTOS BÁSICOS. Ele simboliza a criatividade, o pensamento e a inteligência. Não podemos viver sem ar, por isso, quando ele aparecer em seus sonhos, considere sua qualidade. Nebuloso, sombrio, fresco, claro ou poluído? A resposta lhe dará uma ideia da atmosfera que o cerca quando você está acordado. Você consegue respirar com facilidade no sonho? Pessoas que sofrem de asma por vezes sentem o peito apertado e falta de ar quando sonham. Em determinados sonhos, é alguma outra criatura que tem dificuldade para respirar.

Sonhei que um peixe estava no gramado. Ele tinha pulado para fora da água. Eu sabia que ele não poderia viver se eu não o levasse de volta para o rio; o peixe lutava para respirar.

A análise de seu sonho poderá lhe trazer percepção e esperança. No sonho abaixo, quando a "luz do sol" aparece, o ar mais claro marca um momento de mudança para quem teve a experiência onírica.

Um sonho que tive, em que estava perto de uma floresta escura, com medo de entrar, foi uma indicação precoce de uma desordem de ansiedade aguda. Quando meu conselheiro espiritual orou comigo e me ajudou a elaborar o sonho assustador, antes de a doença me dominar, eu "vi" a luz do sol entrando na mata para iluminar o caminho. Isso me deu esperança durante um período muito difícil de minha vida.

CORRELAÇÕES

- *"Ar" também pode se referir à maneira como uma pessoa se comporta. Você finalmente resolveu dar o "ar da graça", ou seja, aparecer num lugar onde sua presença é desejada.*
- *Você precisa "mudar de ares", quer dizer, mudar de um lugar para outro ou buscar melhores condições de vida.*

OS QUATRO ELEMENTOS

Terra A TERRA NOS DÁ SUSTENTAÇÃO. Ela é um dos quatro elementos, segundo a crença antiga. Serve de âncora para nós e é a fonte de tudo que nos sustenta. A "Mãe Terra" simboliza cuidados maternos amorosos; o ventre no qual a vida é formada. Quando a terra se abre, como o faz no sonho abaixo, considere se você tem medo de cair dentro de algum lugar ou pense no que poderia "se abrir" subitamente para todos verem.

Sonho que estou num jardim, correndo atrás do meu irmão.

Estou quase alcançando-o, mas o chão se abre à minha frente. Caio num buraco sobre uma pilha de folhas. Existem túneis que levam para fora do buraco.

O elemento de competição entre o sonhador e seu irmão gera problemas. Ao analisar o sonho, esse homem poderia se perguntar se a sua ansiedade o força a lutar por um resultado menor do que poderia alcançar em sua vida desperta. O sonho mostrou seu sentimento de que quando competia com o irmão alguma coisa ia mal – ele "caía dentro de um buraco"; o chão não conseguia suportar seu peso.

Todas as coisas fazem parte do universo, sendo, portanto, ligadas, através da energia, umas com as outras, desde a superfície da terra na qual vivemos, até a atmosfera que habitamos. Essa interconexão pode ser simbolizada pela terra nos sonhos.

CORRELAÇÃO

Qual é a qualidade da terra em seu sonho? Ela é ricamente fértil ou é um solo improdutivo? Isso reflete seu estado emocional?

OS QUATRO ELEMENTOS

Fogo

O FOGO SIMBOLIZA A MENTE RACIONAL, a centelha divina que levou os seres humanos a se elevarem acima do restante do mundo animal. Ele é um dos antigos quatro elementos básicos e sustenta a vida. Também representa o calor, a energia e a ira, com o sentido de "raiva". O julgamento pelo fogo, usado contra bruxas na Europa medieval, foi uma tortura estimulada pela raiva e pela ignorância.

O fogo está ligado à purificação. *Beltane* é o nome irlandês para o Dia de Maio e significa "fogo brilhante". No festival de Beltane, fogueiras eram acesas para marcar a chegada da primavera. Os celtas faziam seus animais passarem entre as chamas para purificá-los.

Na cultura asteca, Heuhueteotl, o deus do fogo, recebia oferendas humanas, que tinham por objetivo acalmá-lo.

A lareira é o coração da casa e o centro do calor. Às vezes nos referimos ao coração como o fogo que alimenta o nosso corpo. Se você sonhar com o fogo, essa experiência onírica poderia se referir às suas emoções mais sinceras? O fogo sagrado é o símbolo central do zoroastrismo, cuja religião nasceu no Irã, no século VI d.C. A chama olímpica, carregada pelo mundo todo, e que abre os Jogos Olímpicos, continua a simbolizar o espírito da competição leal e de harmonia entre os competidores.

OS QUATRO ELEMENTOS

CORRELAÇÕES

- *Água limpa indica nascimento, felicidade e grandes oportunidades.*
- *Tem sonhado com água quente? Seu sonho prenuncia uma fase de contratempos sociais e financeiros.*

Água

A ÁGUA É A FONTE DA VIDA E UM DOS QUATRO ELEMENTOS BÁSICOS. Nos sonhos, ela simboliza a vida emocional. A água pode ocultar em suas profundezas escuras ou revelar com clareza cristalina. Como na declaração abaixo:

Agora que estou trabalhando com os meus sonhos, descobri que água suja indica um problema e que água mais suja indica um problema maior.

Água nos banheiros nos dá a oportunidade de limpeza e eliminação numa atmosfera de privacidade. Se você sonhar que está se lavando ou lavando suas roupas, isto pode indicar que está na hora de se "limpar", de "começar novamente" ou de "limpar seu comportamento", e talvez iniciar um projeto que você tenha adiado.

Quando a água se encontra num espaço fechado, como uma piscina, ela significa controle das emoções e repressão.

Poços e nascentes eram particularmente reverenciados em muitas tradições, uma vez que a fonte de água fresca é doadora de vida. A água, que emergia do chão, como num passe de mágica, possuía poderes especiais, de cura ou de revelação, para os antigos.

TRAÇOS DISTINTIVOS DA TERRA

Desertos

CONSIDERAMOS OS DESERTOS COMO LUGARES ESTÉREIS, quase que completamente destituídos de vegetação ou de vida selvagem. Contudo, muitas plantas crescem nos desertos; suas raízes se aprofundam para captar umidade muito abaixo da superfície, para depois armazená-la nas folhas. Essas plantas se abrem somente no início da manhã ou da noite, quando a temperatura está mais amena e o calor mais forte já passou. Certas espécies animais também se adaptaram e conseguiram sobreviver nesse ambiente aparentemente hostil.

A areia de um deserto parece ser interminável; esse sentido de que algo é infindável está associado a qualidades espirituais, devido à crença de que o universo é infinito e nós fazemos parte dele. Algumas vezes a areia é ameaçadora, como em sonhos nos quais a pessoa é tragada por ela. Isto indica uma falta de solidez; se o seu mundo estiver mudando à sua volta, você poderá perder seus pontos de apoio.

Se você sonhar que está num deserto, esse sonho talvez reflita sentimentos de isolamento ou de estar num "deserto cultural" – um lugar que não desperta interesse em você. Se você se vir numa ilha deserta, esse sonho poderá estar relacionado com seu desejo de se afastar e ficar em silêncio durante algum tempo?

CORRELAÇÕES

- *"Desertar" alguém é abandoná-lo. Poderia o deserto de seu sonho estar relacionado com o sentimento de que você foi deixado para trás?*
- *Sua vida é como um deserto – pobre na superfície, mas rica sob o solo?*

TRAÇOS DISTINTIVOS DA TERRA

Fenda na Terra

UMA FENDA APARENTEMENTE SEM FUNDO pode provocar medo em sonhos, assim como ocorreria no estado de vigília. Nas profundezas do abismo, você está o mais afastado possível da luz. Isso pode indicar uma falta de espiritualidade ou um desejo de iluminação. Com frequência, só quando chegamos ao fundo do poço e experimentamos a dor do desespero, é que conseguimos sentir alegria novamente.

Histórias geralmente desencadeiam sonhos:

O primeiro pesadelo que consigo lembrar ocorreu depois de meu pai ter lido Alice no País das Maravilhas para mim na hora de dormir. Sonhei que estava presa numa caverna subterrânea, horrível, profunda e escura. Suas paredes se fechavam ao meu redor e eu gritava, pedindo para ser libertada. Do outro lado da caverna, havia uma passagem estreita, de onde minha mãe e minha avó me observavam de maneira impessoal, usando "trajes de passeio".

Um medo primitivo de ser ferido vem à tona nesse sonho com um abismo:

Eu subia uma escada muito inclinada e havia precipícios de ambos os lados. Quando cheguei aos últimos degraus, alguém correu na minha direção e me atirou no abismo. Ao acordar, não estava assustada, apenas desapontada por não ter atingido o topo da escada.

TRAÇOS DISTINTIVOS DA TERRA

Vales

VALES SÃO LUGARES NORMALMENTE ESCOLHIDOS PARA O ESTABELECIMENTO DE POVOADOS. Eles oferecem proteção, são menos expostos do que o cume de colinas e montanhas, além de proporcionar terras férteis, próprias para a agricultura e a criação de animais.

Tipicamente, um rio supre água a um vale. Nos vales de seus sonhos, observe o fluxo da água. Ela é transparente e corre velozmente? Isto reflete a maneira como você sente a sua energia fluir?

Christian, o herói da alegoria de John Bunyan, *The Pilgrim's Progress*, tem que atravessar o vale das sombras da morte para chegar à cidade celestial, o céu. O profeta bíblico Jeremias descreveu o vale como uma "região erma, uma terra de desertos e de abismos, uma terra árida, que abriga a sombra da morte". O vale simboliza as provas que as pessoas devem enfrentar na jornada da vida ou em sua busca espiritual.

Ainda que eu ande pelo vale das sombras da morte, não temerei mal algum porque Tu estás comigo; a Tua vara e o Teu cajado me consolam.

SALMOS 23:4

TRAÇOS DISTINTIVOS DA TERRA

Florestas e matas

AS ÁRVORES COMPÕEM AS FLORESTAS E OS BOSQUES e, em sua abundância, nos fornecem abrigo, alimentos e madeira para construção. As florestas são escuras e misteriosas. Elas contêm o desconhecido, simbolizando, assim, o inconsciente. Muitos mitos e contos de fadas apoiam esse arquétipo – seus personagens se perdem numa mata ou floresta para em seguida descobrir grandes tesouros de sabedoria.

Pã, o antigo deus grego e guardião das matas e florestas, é representado em figuras como o Homem Verde, Puck e Robin Hood.

Na África, muitas tradições refletem a relação íntima entre a terra e as pessoas que dependem dela. Em Camarões, dançarinos realizam uma dança juju, para a qual se vestem como espíritos da floresta e contam a história da destruição de florestas e do ambiente natural. A derrubada de florestas tropicais tipifica a falta de respeito pela terra, sendo um mau presságio para o futuro do nosso planeta. Se você sonhar com esse tipo de destruição, seu sonho talvez reflita suas preocupações com o meio ambiente quando você está acordado ou um sentimento pessoal de estar sendo "derrubado".

CORRELAÇÕES

- *Se você não "consegue visualizar a floresta a partir das árvores", talvez esteja perdendo o quadro geral, a totalidade, pelo fato de estar se concentrando em detalhes e não olhando para a imagem mais ampla.*
- *"Bater na madeira" é uma superstição e significa afastar o mal ou o azar.*

TRAÇOS DISTINTIVOS DA TERRA

Precipício

A POSIÇÃO VANTAJOSA QUE UM PRECIPÍCIO OFERECE nos proporciona a oportunidade de obter uma visão mais ampla, mais geral do todo, ainda que possa ser assustador nos vermos expostos dessa forma.

Tenho um sonho recorrente, no qual estou subindo num alto precipício e não tenho nada em que me agarrar. Não consigo ver muito bem porque está escuro. Às vezes minha mãe está lá, mas ela nunca me ajuda. Sempre acordo antes de alcançar o topo.

Subir até o ponto mais alto de um precipício pode representar ambição e um desejo de alcançar uma posição "máxima" no trabalho ou em alguma outra área na qual você possa estar competindo com outras pessoas.

Nos sonhos, quando caio em precipícios, tento acordar para me impedir de cair.

A capacidade de se fazer despertar de um sonho que as assusta é natural em algumas pessoas e pode ser desenvolvida, como a mulher que teve o sonho acima descobriu. Normalmente, ela conseguia acordar se estivesse tendo um sonho perturbador.

Como no caso de sonhos com quedas, cair de grandes alturas pode ser algo aterrorizante. Analise a possibilidade de você ter ultrapassado sua "zona de conforto". Esse tipo de sonho pode indicar ansiedade a respeito de sua habilidade para lidar com o sucesso.

CORRELAÇÃO

- *"À beira do precipício"* – Você está apreensivo porque tem que tomar uma decisão? Existem circunstâncias que o deixam tenso? Você está aguardando informações como resultados de exames médicos ou de provas?

TRAÇOS DISTINTIVOS DA TERRA

Caverna COMO AS CAVERNAS FORAM OS PRIMEIROS LOCAIS DE
HABITAÇÃO para muitos povos, elas passaram a simbolizar o universo. Segundo
mitos da Grécia Antiga e da África, cavernas são lugares onde os seres humanos
e os deuses se encontram; primitivas pinturas rupestres retratam todos os tipos
de feras e seres divinos, como homens voadores e criaturas que nadam no ar.
Afirma-se ainda que todos os deuses mortais e salvadores nascem em cavernas ou
em seu equivalente.

Ritos de iniciação são frequentemente realizados em cavernas. Isso ocorre
porque as cavernas são lugares secretos e suas entradas podem ser guardadas para
impedir que intrusos façam com que a iniciação deixe de ocorrer.

Como um útero, uma caverna pode proteger e ocultar. O fato de ela ficar escondida e
fechada a relaciona com o princípio feminino. É um lugar onde acontecimentos misteriosos se dão, longe do brilho da luz do dia. Entretanto, a caverna não está isenta de perigos:

*Sonhei que estava numa caverna de gelo. Essa coisa veio por trás de
mim, mas quando me virei, ela tinha desaparecido.*

Num dos famosos mitos xintoístas, a deusa do sol, Amaterasu,
sai de sua caverna para trazer luz e ordem ao mundo. Os celtas acreditavam que se entrava no *outro mundo* (céu)
através de uma caverna.

CORRELAÇÕES

- *Se, no sonho, está dentro da caverna, e foi capaz de encontrar a saída, vencerá suas dificuldades.*
- *Alguém que você conhece está agindo como um "homem das cavernas", de forma agressiva?*

TRAÇOS DISTINTIVOS DA TERRA

Pedra UMA PEDRA PERFURADA – uma pedra ou um seixo com um orifício natural – de acordo com uma crença antiga, protegia a pessoa que a carregava de uma gama de infortúnios. Por exemplo, a *pedra de bruxa*, outro termo para designar uma pedra com uma abertura central, era tradicionalmente pendurada sobre uma cama para impedir *perturbações* – para impedir que se fosse atormentado por bruxas. As pedras de bruxa também eram usadas para prevenir pesadelos; nesse caso, mantinha-se a pedra junto à cama; era costume colecioná-las devido às suas propriedades de cura. Por isso, se uma pedra de bruxa aparecer em seus sonhos, pergunte a si mesmo do que você quer ser protegido.

Num dos últimos sonhos de Jung, ele viu uma grande pedra redonda, na qual estava escrito: "Como um sinal de Totalidade e de Unidade para você". Esta é a imagem central da alquimia, a pedra filosofal, algo que era fundamental para o trabalho da vida do psicanalista. Esse símbolo representa a completa realização da meta de Jung, que era explorar a maneira como os nossos sonhos, emoções e espiritualidade são simbolizados no subconsciente pessoal e no inconsciente coletivo.

Mós são usadas para moer o trigo. Um grande peso pode representar uma sobrecarga, algo como "uma mó ao redor de seu pescoço". Por isso, se você sonhar com uma mó, seu sonho talvez indique que você está se sentindo "triturado".

Os anglo-saxões e os vikings usavam runas. Essas pequenas peças de pedra ou de madeira eram cortadas no formato de discos e depois entalhadas ou gravadas com símbolos; as runas serviam para lançar feitiços ou antever o futuro.

TRAÇOS DISTINTIVOS DA TERRA

Lama

LAMA – A MISTURA DE TERRA E ÁGUA – normalmente está relacionada com o tipo de terreno que nos impede de andar livremente e suja o nosso corpo. Em muitos sonhos, sentimentos de frustração são exaltados, à medida que a pessoa tenta escapar de alguém ou de alguma coisa, mas não consegue ir adiante porque a lama a prende ao chão. A lama, como no sonho abaixo, também pode representar uma ameaça de aniquilamento para o sonhador:

Eu costumava ter pesadelos horríveis nos quais tentava escapar, correndo pela lama; esta ia ficando cada vez mais espessa até que eu submergia nela e os gritos em minha garganta não conseguiam chegar à superfície.

A tendência que a lama tem de sujar e macular se tornou parte da língua, como na expressão "jogar seu nome na lama". Se isso ocorrer, seu sonho talvez signifique que você está preocupado com a possibilidade de sua reputação ser arruinada.

CORRELAÇÕES

- *Estar na lama é indício de problemas e adversidades.*
- *Ficar preso na lama é prenúncio de um momento de inquietação e agitação.*

TRAÇOS DISTINTIVOS DA TERRA

Pântano
ÁREAS PANTANOSAS, ALAGADIÇAS, MAL DRENADAS, com frequência significam um lugar de mudança, onde terra e água se combinam para formar um território diferente daquilo que meramente é a terra ou o mar. Ali, pessoas podem ficar submersas ou "atoladas". Você se sente paralisado no momento? Está preso a uma situação da qual não consegue se libertar?

Se você sonhar com um pântano, analise aquilo que vê. Muitas flores características crescem em áreas pantanosas; orquídeas do pântano, calêndula do pântano e aipo rastejante. A alteia, que cresce em pântanos salgados, tem delicadas flores cor-de-rosa. Suas raízes foram usadas para preparar um confeito – o *marshmallow* – de textura esponjosa e maleável, tostado em fogueiras. O que consegue associar com essa ideia? Está sendo "tão flexível, tão tenro quanto o *marshmallow*?" Nas últimas duas décadas, grande parte das terras aos árabes do pântano, no norte do Iraque, foi drenada e a área que habitavam se perdeu. Seu sonho apresenta relação com esse fato? Você se sente "drenado" ou, simbolicamente, que está perdendo seu lar ou as tradições que lhe foram importantes?

TRAÇOS DISTINTIVOS DA TERRA

Montanha

Assim como o orvalho da manhã é absorvido pelo Sol,
Minhas más ações são absorvidas pela visão do Himalaia.

PROVÉRBIO TRADICIONAL HINDU

OS PICOS DAS MONTANHAS SÃO O LUGAR ONDE O CÉU E A TERRA SE ENCONTRAM; a montanha permite a passagem de um plano para outro. O ponto mais elevado do planeta é considerado o cume do paraíso por aqueles que vivem no Himalaia. Ele é um lugar sagrado, que se eleva até o criador. Por essa razão, muitas montanhas são vistas como locais sagrados de peregrinação. Elas simbolizam a aspiração, a renúncia aos desejos terrenos e a busca de um potencial mais elevado e de espiritualidade.

Estou escalando a encosta de uma montanha com meu marido e minha mãe. Eu lhes digo para terem cuidado porque o lugar está escorregadio; a seguir, perco o equilíbrio e sou lançada no espaço vazio. Fico horrorizada. Caio até tocar o solo, onde meu corpo se espalha em várias direções.

Se você sonhar que é ferido durante uma queda, que cai de uma grande altura, pergunte a si mesmo o que o está forçando a subir a uma altura que representa perigo em seu estado de vigília. Se o seu corpo se partir, separando-se em vários pedaços, isto pode significar que você não está mantendo com firmeza um sentido de totalidade – talvez sua mente e seu coração não estejam atuando em harmonia um com o outro.

TRAÇOS DISTINTIVOS DA TERRA

Mares e Rios

NETUNO ERA O DEUS ROMANO DOS MARES E DOS RIOS. Ele percorria o mar numa carruagem puxada por cavalos marinhos, carregando seu forcado de três dentes ou tridente. Dizia-se que quando Netuno estava de mau humor, ele causava tempestades, enchentes, ondas gigantes e terremotos.

Tive uma série de sonhos nos quais era ameaçada pelo mar. Eu estava muito deprimida naquela época e os sonhos se tornaram um foco de atenção. Sinto que eles salvaram a minha vida.

O movimento regular do mar, em resposta à sua natureza infindável, além das marés, oferece um sentido de continuidade e de esperança. Para a sonhadora acima, o mar forneceu uma nova perspectiva, que ampliou seu foco de interesse, desviando-o de si mesma para o seu papel como parte integrante da natureza.

No exemplo seguinte, a sonhadora se expandiu ou se desenvolveu numa nova direção por sua própria iniciativa, sendo recompensada com a descoberta de um bonito lugar que lhe permitiu observar o mar:

Entro num prédio, à procura de um apartamento. Recebo a informação de que restam somente alguns apartamentos para alugar, mas eu me afasto da pessoa que está me acompanhando e descubro um grande número de ambientes interessantes. No final, encontro um lugar com uma vista fantástica do mar e da praia.

O sonho indica que a sonhadora precisou seguir seu próprio caminho para descobrir o que era importante para ela. Quando conseguiu fazê-lo, sua visão do mundo se expandiu.

TRAÇOS DISTINTIVOS DA TERRA

Gelo

ASSIM COMO A ÁGUA SIMBOLIZA O INCONSCIENTE, o gelo representa emoções congeladas. Ele é rígido e impede o movimento – só quando o gelo derrete a água consegue fluir outra vez.

Cair através de um buraco numa superfície congelada indica a abertura de um caminho entre as emoções, embora de uma maneira assustadora e desconfortável.

A ponta de um iceberg revela apenas uma pequena parte de um todo muito maior. Aproximadamente 10% do iceberg vêm à superfície, enquanto 90% de sua massa ficam submersos. Em sonhos, um iceberg pode simbolizar a parte visível de um problema muito maior e atuar como um aviso, alertando o sonhador para a necessidade de refletir mais profundamente a respeito de alguma coisa que lhe parece insignificante. Por outro lado, os icebergs são tão bonitos que seu perigo pode ser negligenciado.

Quando estamos envolvidos em relacionamentos ou situações superficialmente agradáveis, podemos nos deixar seduzir pelo prazer e permanecer inconscientes aos perigos ocultos; os sonhos potencialmente refletem isso. Uma grande massa ou extensão de gelo indica que as emoções estão congeladas. Escondidas sob a superfície, essas emoções podem representar uma ameaça, da mesma forma que a água congelada.

Na Austrália, *iceberg* é um termo coloquial, usado para designar alguém que surfa ou nada regularmente, enquanto nos Estados Unidos ele descreve uma pessoa fria e distante. Uma "rainha do gelo" congela outras pessoas com sua atitude insensível.

CORRELAÇÕES
- *Suas emoções foram a uma profundidade tão grande que as pessoas percebem uma pequena parte delas? Você esconde seus sentimentos?*
- *Você está querendo "quebrar o gelo" em relação a alguém?*

Ilhas

UM INTERVALO, longe de todo o estresse e pressões da vida, é o que muitas pessoas anseiam conseguir. Estar numa ilha, a uma grande distância de todos e de tudo, representa uma solução onírica. O tipo de ilha o ajudará a interpretar o sonho:

• Uma ilha tropical, em que há abundância de frutas maduras e água corrente, indica relaxamento e realização.

• Uma ilha varrida pela tempestade, onde não existem abrigos, revela uma sensação de ameaça, sem que haja alguma coisa para protegê-lo.

• Uma ilha coberta de árvores ou arbustos indica dificuldade de seguir um caminho ou a incapacidade de superar alguma coisa.

• Uma ilha remota pode revelar uma necessidade de deixar tudo para trás ou um sentimento de ter sido excluído.

A Irlanda também é conhecida como a "Ilha dos Santos". É possível que seu sonho esteja associado à espiritualidade?

Para o sonhador abaixo, o desejo dominante é o da solidão.

Estou andando a cavalo numa praia de uma ilha. Meus amigos me esperam na cabana da ilha, mas eu simplesmente quero continuar andando com o cavalo grande e bonito.

Talvez você não esteja sozinho, mesmo em sua ilha onírica, e ainda anseie estar próximo da natureza e deseje um período de solidão e reflexão.

Polo Sul

O PONTO MAIS MERIDIONAL no eixo da Terra representa um território inóspito, embora desafie a imaginação humana. Ele atrai aqueles que desejam testar sua força e sua capacidade de suportar dificuldades, simbolizando a sobrevivência contra todas as expectativas, como ocorre quando se escala o Monte Everest. Se você não estiver envolvido em expedições para lugares desse tipo, analise seus desafios no presente. Você está diante de uma iniciativa potencialmente perigosa? Está dando suficiente apoio e oferecendo uma retaguarda para um empreendimento comercial?

Um norueguês, que fazia parte da expedição de 1911 à Antártida, liderada pelo explorador britânico Scott, mostra total empenho em alcançar o Polo Sul antes de Amundsen, seu compatriota. Entretanto, durante a expedição, ele sonhou que estava numa rua de Chicago quando abriu um telegrama, assinado por Amundsen, no qual este afirmava que havia chegado ao Polo. Seu sonho lhe oferecera a solução para um conflito interior, revelando que, em seu íntimo, esse membro do grupo de Scott queria que a Noruega tivesse todas as honras.

Muitos exploradores, que enfrentaram grandes dificuldades, como aqueles que embarcaram em expedições para o Polo Sul, costumavam ter sonhos vívidos com o tema alimentos. Otto Nordenskjold escreveu em seu livro *Antarctica*, "Carne e bebida normalmente eram o centro, em torno do qual os nossos sonhos revolviam. Um de nós desenvolveu o hábito de ir a banquetes e relatava com muito prazer que 'ontem à noite havia três pratos diferentes.'"

TRAÇOS DISTINTIVOS DA TERRA

Cachoeira

COM SUA FORÇA E ENERGIA, as cachoeiras estão frequentemente relacionadas com a limpeza e a purificação. Ao descerem pelas encostas das montanhas elas carregam consigo o frescor de suas águas geladas. As cachoeiras simbolizam a água pura, que não foi usada por mais ninguém; esta é uma das razões pelas quais estão associadas a de purificação, como o batismo. Na religião xintoísta, praticada principalmente no Japão, as cachoeiras são consideradas sagradas e as cerimônias de purificação, realizadas em suas águas, simbolizam a regeneração.

Estar encharcado de água, da chuva, ou de cachoeiras, pode indicar que algum material inconsciente está vindo à superfície. Isso pode ocorrer quando você está passando por um processo psicoterapêutico, com a ajuda de um terapeuta, ou quando alguns fatos, anteriormente ocultos, lhe são revelados.

No hinduísmo, a água desempenha um importante papel. A purificação do corpo é simplesmente tão importante quanto a purificação da mente; por isso, um hindu deve se banhar em água corrente todos os dias.

CORRELAÇÕES

- *Você deseja a pureza do começo?*
- *Você está prestes a passar por uma iniciação, por exemplo, numa dimensão espiritual de sua vida?*
- *O que gostaria que "corresse sobre você" e passasse por você, e que não mais pensasse sobre a questão?*

TRAÇOS DISTINTIVOS DA TERRA

Lagos

Em meu sonho, eu estava num mundo aquoso; depois, literalmente, fui lançada para cima, na direção de um mundo cheio de luz. Foi como se um novo caminho se abrisse.

A ÁGUA REPRESADA NUM LAGO pode simbolizar emoções reprimidas, contidas, que impedem a pessoa de prosseguir com sua vida. A qualidade da água é importante. Ela é clara ou turva? O lago é muito fundo para ser seguro? Sua superfície é calma ou agitada pelo vento? Como um lago está inteiramente cercado por terra e não se liga diretamente com o mar, ele pode significar a falta de um meio para se dar vazão ao mundo emocional ou espiritual.

No aspecto mitológico, "a dama do lago", que apareceu na lenda do rei Artur, simboliza qualquer ser sobrenatural do sexo feminino. Afirma-se que o monstro do Lago Ness habita águas profundas e supostamente está presente o tempo todo, embora nunca seja encontrado. Em seu sonho, o lago poderia representar forças misteriosas em ação nas profundezas de sua psique?

CORRELAÇÕES

- *Se você sonhar que está nadando num lago, considere se lhe parece fácil ou difícil avançar. Isto se relaciona com uma situação em sua vida desperta, na qual você tenta ir para frente?*
- *O lago de seu sonho representa segurança, uma vez que ele está contido nele mesmo e seus limites são bastante claros?*

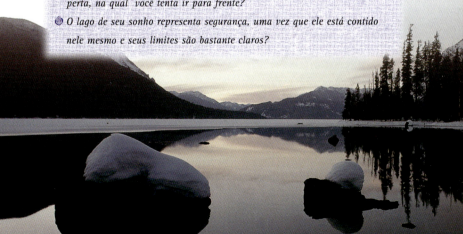

TRAÇOS DISTINTIVOS DA TERRA

Vulcão

O VULCÃO PODE ESTAR ADORMECIDO, extinto ou ativo, se abatendo explosivamente sobre a área circundante. Se você sonhar com vulcões adormecidos ou extintos, isso indica que problemas do passado deixaram de existir e que o fogo foi apagado. Se você sonhar com um vulcão ativo, que ainda expele fumaça e entra em erupção, seu sonho estará simbolizando uma atividade emocional em nível profundo, passível de eclodir. Se isso acontecer, a lava ou matéria emocional poderá atingir qualquer pessoa que atravesse seu caminho. Você se sente irritado, a ponto de explodir? Se este for o caso, tome cuidado para que pessoas inocentes não sejam afetadas durante o processo.

Tive um pesadelo, no qual um velho sábio, perfeitamente caracterizado, com uma capa preta e longos cabelos brancos, me conduziu até um local escuro. Ali, ele permaneceu de costas para mim e ergueu os braços no ar. A escuridão se encheu de bocas incandescentes e de vulcões. O chão invisível sob os meus pés era irregular, mas eu tinha que ir para onde ele me levava.

Esse sonho incluiu o perigo dos vulcões e do chão traiçoeiro, mas também a promessa de intuição, oferecida pelo "homem sábio" arquetípico. O sonhador sabe que se mantiver sua coragem na escuridão, ele a vencerá, tornando-se uma pessoa mais sábia.

CÉU E NUVENS

O HOMEM SEMPRE CONSIDEROU O CÉU COMO UM reino místico, o lar dos deuses e o caminho para o paraíso.

O deus hindu Vishnu, cuja responsabilidade é controlar o destino humano, em geral é retratado percorrendo o céu sobre uma águia. Garuda, o pássaro solar hindu, de asas douradas, com frequência carrega um disco, que simboliza o sol. Indra, o deus mais celebrado do *Rig-Veda*, o livro sagrado dos hindus, é o Senhor do Firmamento. Ele é responsável pelas condições atmosféricas.

As nuvens estão relacionadas com questões celestiais ou divinas. Anjos são mostrados sobre nuvens e no teto da Capela Sistina, pintado por Michelangelo, a mão de Deus é vista saindo das nuvens. Na *Torá* – os cinco Livros de Moisés – há numerosas referências a Deus, simbolizado por uma nuvem.

> *Então a nuvem cobriu a tenda da congregação*
> *e a glória do Senhor encheu o tabernáculo.*
> ÊXODO 40:34

No tempo dos vikings, as nuvens eram conhecidas como os corcéis das Valquírias.

Uma vez tive um sonho no qual eu tinha subido a uma grande altura no céu. A Austrália toda estava emoldurada por luzes brilhantes, que iluminavam o continente. Aquilo me fez compreender como o mundo é grande.

As nuvens derramam a chuva e por isso estão relacionadas com a compaixão pela terra. Em muitas tradições, rituais são realizados para trazer chuva e assegurar o crescimento das plantações.

CORRELAÇÕES

◎ *Você está vivendo "em brancas nuvens", com receio de ser notado?*

◎ *Sua cabeça está "nas nuvens," isto é, você se mostra incapaz de se concentrar e não consegue pensar com clareza?*

Estrelas e Constelações

AS CONSTELAÇÕES SÃO RESULTADO DA CLASSIFICAÇÃO HUMANA. Há muito tempo, ao observar as estrelas e os padrões que elas formavam, os homens começaram a desenhar aquilo que viam e dar nome a grupos de estrelas. Isso tornou o céu escuro mais amistoso e benévolo, uma vez que esses grupos de estrelas forneciam pontos de referência aos navegadores. Em 150 d.C. o astrônomo grego Ptolomeu publicou uma lista de 48 constelações, com base em registros muito mais antigos. Nas cartas celestes encontramos constelações que receberam nomes de numerosos animais e de criaturas míticas.

Os celtas veneravam as estrelas. Eles as chamavam a "Corte de Don" (Don era o Senhor dos Mortos para os celtas) e as viam como divindades ancestrais. Há muitas histórias sobre como as diferentes constelações e estrelas passaram a existir. Por exemplo, afirma-se que um dos filhos do deus celta Don, Gwydion, o Mago, criou uma mulher a partir de flores, para ser a esposa de seu filho. Quando a mulher nascida das flores assassinou o marido, Gwydion criou a Via Láctea, uma estrada que levava ao céu, e que o ajudaria a reencontrar seu filho morto.

A estrela de cinco pontas de Davi foi inicialmente usada como um símbolo da identidade judaica no século XIV. Uma estrela de cinco pontas, desenhada sem que se levante a caneta do papel, também é conhecida no Oriente Médio como "Selo de Salomão" ou "laço infinito". Este é um poderoso símbolo de proteção; ele representa um universo perfeito e os quatro elementos tradicionais: ar, terra, fogo e água, além do espírito. Encontrada pela primeira vez na Grécia Antiga, essa estrela é atualmente considerada a marca do prestidigitador.

CORRELAÇÕES

- *As estrelas de seu sonho se relacionam com aspirações celestiais?*
- *Você se prepara para estrelar alguma coisa ou atuar num espetáculo?*
- *Está sob a "má influência das estrelas", se sentindo desafortunado?*
- *Você tem "estrelas nos olhos" quando se trata de uma certa pessoa?*

O CÉU

Planetas

CADA UM DOS PLANETAS DO NOSSO SISTEMA SOLAR tem diferentes conotações. As correlações abaixo irão ajudá-lo a decifrar seu sonho.

Vênus – Em astrologia, esse planeta está relacionado com a lua e com o amor. Vênus é a estrela d'alva ou estrela vespertina e representa a unificação de opostos.

Saturno – Originalmente regente da Idade de Ouro e do Sétimo Céu, Saturno é mostrado hoje como um homem idoso, que carrega uma foice – ferramenta de destruição que pode levar ao renascimento.

Netuno – Este planeta representa a fonte de todas as coisas – o oceano primordial a partir do qual a vida é formada.

Júpiter – Planeta relacionado com a expansão, a criatividade e a organização eficiente, Júpiter é representado por uma figura venerável que, às vezes, percorre o céu numa carruagem.

Marte – Um homem armado, também conhecido como o deus da guerra; este planeta representa a energia masculina, a paixão e o destemor.

Mercúrio – Na mitologia antiga, Mercúrio era o mensageiro dos deuses; hoje, ele está relacionado com a comunicação. Os corpos dos gladiadores mortos na arena eram retirados por escravos vestidos como Mercúrio. Esse era um sinal de respeito pelos gladiadores, que, naquele momento, estavam livres para se dirigir ao seu próprio paraíso. Mercúrio também é o nome do metal líquido, conhecido como "prata viva".

Urano – Como símbolo do espaço sem fronteiras, o planeta Urano representa aquilo que não está totalmente formado e pode indicar um potencial latente.

Plutão – Este planeta, desconhecido para os antigos, pode simbolizar forças ocultas.

O CÉU

Lua

A LUA REPRESENTA O LADO FEMININO intuitivo, a mãe, as emoções, o princípio reflexivo e as ligações psíquicas. Ela está relacionada com a prata e com a selenita. A deusa da lua era chamada Selene na cultura grega antiga.

As quatro fases da lua (Lua Nova, Quarto Crescente, Lua Cheia e Quarto Minguante) influenciam as marés e os ciclos menstruais das mulheres.

A lua desempenhou um importante papel no calendário celta; os festivais lunares do fogo marcavam os quatro trimestres do ano.

Samhain (1º de novembro) marcava o início do ano celta, quando o gado era recolhido e levado para abrigos, que o protegiam durante os meses de inverno. Esse festival assinalava a estação mais severa do ano, quando os celtas se sentiam mais próximos de seus deuses do "outro mundo". Atualmente, celebramos nos dias 31 de outubro e 1º de novembro o Dia das Bruxas e o Dia de Todos os Santos, respectivamente.

Imbolc (1º de fevereiro) indicava os primeiros sinais da primavera e novos começos, simbolizados por cordeiros. Hoje, os cristãos assinalam essa passagem por ocasião da Páscoa.

Beltane (1º de maio) marcava o início do verão, quando os rebanhos eram soltos no pasto. Esse festival celta deu origem ao mastro enfeitado com flores e fitas, símbolo de fertilidade. Este é um momento de renascimento.

Lughnasa (1º de agosto) indicava o final da colheita.

CORRELAÇÃO

◎ *Árvore da lua – Um símbolo originado nos cultos da lua – uma divindade feminina – na antiga Assíria. Os cultos da lua reverenciavam o princípio feminino.*

O CÉU

Bem-vindo, Sol das estações, em sua viagem no alto dos céus;
seus passos são fortes na marca das alturas,
você é a mãe gloriosa das estrelas.

CANÇÃO TRADICIONAL CELTA

O SOL REPRESENTA O SUPREMO PODER CÓSMICO. Como ele é o objeto mais brilhante e mais importante no céu para nós, que estamos na Terra, iguala-se ao poder divino. Ele tem sido adorado no mundo todo, dos incas aos aborígenes australianos; como Hélio, o deus da luz na Grécia Antiga e, em Roma, como Apolo, o deus do sol. Ele representa a energia masculina e está relacionado com o metal ouro.

Segundo as culturas antigas, o Sol tinha dois aspectos chamados "Sol Negro" e seu gêmeo, o "Sol que nos Ilumina". O Sol Negro percorria o escuro, quando o sol do dia ou "A Luz Solar" se punha. As pessoas costumavam acreditar que o Sol Negro chegava às profundezas mais sombrias para se erguer novamente como o sol dourado do dia. Este é um exemplo do conceito de dualidade, o yin-yang da vida. O Sol Negro passou depois a simbolizar os deuses do mundo subterrâneo.

CORRELAÇÕES

- *O pôr do sol nos sonhos, entre cores muito belas, é mudança para melhor.*
- *Quando o sol de seu sonho está encoberto, isto indica que você está escondendo seu lado ensolarado, seu brilho e calor?*
- *Quando, no seu sonho, a luz do sol é clara e brilhante, ela pressagia êxito em tudo o que lhe diz respeito.*

CONDIÇÕES ATMOSFÉRICAS

Arco-íris

O ARCO-ÍRIS É UM SÍMBOLO DE ESPERANÇA E DE REPOUSO após um período de mudanças drásticas e preocupantes. Ele é a ponte entre o céu e a terra, entre o secular e o divino. Em lendas dos nativos norte-americanos, o arco-íris corresponde a uma escada que leva a outros mundos. De modo semelhante, nas tradições nórdicas, ele é *Bifrost*, "o tênue caminho para Asgard" ou morada dos deuses. Na jornada da terra para o céu, segundo as mitologias, aqueles que levaram uma vida baseada no bem têm uma passagem fácil, enquanto os que praticaram o mal são consumidos pelo fogo.

Na Austrália, o arco-íris está relacionado com a Serpente Divina, uma das mais poderosas forças criativas do universo. Para os aborígenes, a Serpente Arco-Íris é tão vital para que compreendam a criação do mundo como Adão e Eva são para a cultura cristã ou o "Big Bang" para a cultura científica.

Os aborígenes de Arnhem Land, Austrália, acreditam que a Mãe Serpente Arco-Íris criou o mundo e deu à luz todas as pessoas, com todos os seus variados matizes. Na sociedade ocidental, o arco-íris foi adotado como símbolo do orgulho gay. Assim como ele contém uma gama de cores, os seres humanos também são de muitas cores; desse modo, o arco-íris simboliza a interligação de todas as cores e de toda a humanidade.

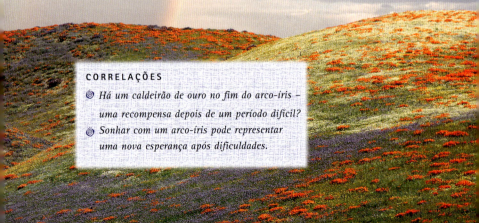

CORRELAÇÕES

- *Há um caldeirão de ouro no fim do arco-íris – uma recompensa depois de um período difícil?*
- *Sonhar com um arco-íris pode representar uma nova esperança após dificuldades.*

CONDIÇÕES ATMOSFÉRICAS

*A chuva que cai do céu impregna a terra,
para que esta gere plantas
e grãos para os homens e para os animais.*

ÉSQUILO

A CHUVA É UMA FORÇA VITAL – uma fonte de fertilidade, como o sol. A chuva é essencial para o crescimento de toda a vida vegetal, da qual nós, em última análise, dependemos; ela é vista como uma bênção divina após um período de seca. Todos os deuses do céu fertilizam a terra com chuva.

A serpente de duas cabeças foi um símbolo usado pelos astecas para representar a chuva (Tlaloc era o deus da chuva para essa civilização). As franjas das roupas e dos mocassins dos nativos norte-americanos simbolizam a chuva que cai. A água é um símbolo do inconsciente. Água, em forma de chuva, caindo sobre nós do alto, significa pensamento ou intenção mais elevada. Embora, possamos, até certo ponto, controlar massas de água, não conseguimos controlar os elementos. A chuva aparece quando decide aparecer. A chuva que cai às vezes é como uma metáfora do derramamento de lágrimas.

CORRELAÇÕES

- *A chuva que cai em seu sonho se relaciona com agricultura ou fertilidade?*
- *Alguma coisa que "surgiu do nada" precisa de sua atenção neste momento?*

CONDIÇÕES ATMOSFÉRICAS

CORRELAÇÕES

- *Você se sente "trovejar," está realmente enfurecido em relação a alguma coisa?*
- *Seu sonho se relaciona com ritmo – você precisa aumentá-lo e se "abater sobre as coisas como um raio"?*
- *Seu sonho com trovões e raios simboliza um período tempestuoso de sua vida?*

Trovão e relâmpago

TROVÕES E RELÂMPAGOS SÃO UM AVISO DE TEMPESTADES IMINENTES e podem dar ênfase a períodos "tempestuosos" na vida desperta. O zigue-zague de um relâmpago ilumina o céu, enquanto o barulho do trovão nos força a prestar atenção.

Nas culturas nórdicas, o trovão era conhecido como a "voz dos deuses" e a "ira divina". Na mitologia, raios acompanhados de trovões eram as armas que os deuses lançavam sobre a Terra. De acordo com uma crença xamânica, ser atingido por um raio indica que uma iniciação ocorreu. É por essa razão que alguns xamãs pintam o zigue-zague de um relâmpago em suas frontes quando tomam parte de rituais.

Relâmpagos simbolizam lampejos de inspiração, revelação espiritual e a súbita compreensão de uma verdade. Como os raios do sol, os relâmpagos representam o poder de destruição e de fertilização.

No folclore britânico há uma crença, segundo a qual se você pendurar penas de águia numa árvore em seu jardim irá impedir a queda de raios.

CONDIÇÕES ATMOSFÉRICAS

Neve DA MESMA FORMA QUE O GELO, A NEVE TAMBÉM ESTÁ RELACIONADA COM EMOÇÕES CON-
GELADAS; entretanto, existe algum movimento, uma vez que a neve cai, se acumula e é
mais flexível. O derreter da neve pode simbolizar o degelo de atitudes rígidas ou a liberação de sentimentos.

Ao cair, a neve cobre a paisagem com um manto branco, amortecendo o som. Em sonhos,
isto representa o desejo de um novo começo – a "neve virgem" nos dá a oportunidade de deixar
uma nova marca onde nenhuma foi deixada antes e produzir a primeira impressão num cenário novo. Você está se envolvendo num empreendimento inovador? Quer deixar sua marca?

Nós também brincamos na neve; fazemos bolas e bonecos de neve. Se você sonhar
com esse tema, talvez ele indique sua necessida-
de de tirar o máximo proveito de oportunidades
naturais, quando estas se apresentam, porque,
como a neve, elas podem se dissolver e
desaparecer antes que você tenha
feito o melhor uso delas.

CORRELAÇÕES

- *Sonhar com muita neve ou com uma tempestade de neve significa trabalho duro, mas com êxito.*
- *Tirar neve com a pá prenuncia auxílio de amigos.*

CONDIÇÕES ATMOSFÉRICAS

Tempestade

UMA TEMPESTADE PODE MERAMENTE NOS AMEAÇAR antes de passar sobre nossas cabeças ou pode provocar uma grande devastação. Em seu sonho você precisa considerar se a tempestade foi apenas uma ameaça ou se você foi apanhado "no olho do furacão". Simbolicamente, uma tempestade representa a descarga de emoções reprimidas ou de emoções que ficam fora de controle, causando destruição. Quando explodimos violentamente, essa explosão assinala um estado correspondente de emoções exacerbadas.

Às vezes, outras pessoas presentes em seu sonho talvez vejam uma tempestade se aproximando, enquanto você continua sem ter consciência dela:

Meu sonho começou quando fui para a cidade de ônibus. Contudo, tomei um ônibus na direção oposta. Eu percebi isso, mas continuei a viagem. No ônibus, encontrei duas amigas que normalmente não saíam juntas. Elas falavam sobre a tempestade que caía lá fora, mas todas as vezes que eu olhava pela janela, o tempo me parecia ensolarado e quente. Finalmente, elas desceram e eu permaneci no ônibus.

CORRELAÇÕES

- *"Tempestade num copo d'água"* – Muito rebuliço em torno de alguma coisa.
- *Abater-se sobre um prédio como "uma tempestade"* – Entrar apressadamente, numa situação de sequestro ou quando há reféns, para libertá-los.

CONDIÇÕES ATMOSFÉRICAS

As Estações do Ano

Quatro estações completam inteiramente o ano;
Existem quatro estações no coração humano.

JOHN KEATS: AS ESTAÇÕES HUMANAS

A MUDANÇA DAS ESTAÇÕES faz parte do ciclo da vida; nos sonhos, elas simbolizam as mudanças que ocorrem na vida humana.

Primavera – Juventude, novos começos, renovação e potenciais que ainda precisam ser desenvolvidos. Essa estação vem acompanhada de um calor suave para afastar o frio do inverno.

Verão – O auge da fecundidade, da total plenitude. Manter o verão eternamente na alma significa manter a esperança viva. É a época da maior produtividade ou desempenho na vida.

Outono – Tempo de colheita, quando a vida e a natureza dão frutos. Este é o momento de colher os benefícios de esforços passados.

Inverno – O período em que as sombras caem sobre a terra, quando nos retiramos para o calor de nossas casas. Esse é o tempo de reflexão e de conclusão, uma vez que a roda da existência se prepara para mergulhar na escuridão, com o objetivo de fazer germinar uma nova vida.

Os festivais celtas de Samhain, Imbolc, Beltane e Lughnasa marcam as estações do ano celta. Esse povo costumava celebrá-los com fogueiras, comida e rituais que visavam trazer proteção e fertilidade.

O deus celta Dagda, o "bom deus", tinha uma harpa especial e sua música ajudava a realizar a mudança das estações. Ele podia tocar três melodias especiais em sua harpa para fazer as pessoas dormirem, sorrirem ou expressarem tristeza.

DESASTRES NATURAIS

Enchentes

AS ENCHENTES TÊM O PODER DE LEVAR PELA ÁGUA estruturas, terra e pessoas. Ao arrastar o solo – como no Delta do Nilo, que passa pelo processo regularmente – elas também trazem novos nutrientes, ajudando, assim, a regenerar a região. As enchentes representam o fim de um ciclo e o início de outro. Contudo, num nível emocional, as enchentes oníricas significam que a pessoa está sendo dominada pelo inconsciente.

Existem numerosos mitos a respeito de grandes inundações. Na história bíblica do dilúvio, Noé recebeu instruções para construir uma Arca, de modo que a vida pudesse ser preservada. Mais tarde, Deus enviou um arco-íris, como sinal de que o mundo nunca mais seria destruído por uma enchente.

Sonhei que um cano de água tinha se rompido e que água suja começou a espirrar para cima. A água inundou tudo e nós ficamos ilhados.

CORRELAÇÃO

- *Ultimamente você tem sido dominado por acontecimentos ou emoções?*

DESASTRES NATURAIS

Seca

QUANDO ESTAMOS SEM ÁGUA, ficamos ameaçados de extinção porque não podemos sobreviver sem ela. Como a água simboliza as emoções, sofrer um período de seca indica que os sentimentos se tornaram áridos e nos falta fluidez emocional. Isto pode ser causado pelo fato de outras pessoas terem deixado de nos dar afeição ou por uma grande perda, como a de um parente.

À medida que a nossa pele fica mais seca – ao envelhecermos ou após muito tempo de exposição ao sol – leitos de rios secos ou paisagens com o solo gretado podem aparecer em nossos sonhos. Essa imagem retrata de forma dramática os efeitos do ressecamento causados pelo sol e pelo envelhecimento da pele.

As mudanças climáticas que têm ocorrido no planeta levaram a uma crescente incidência de secas, assim como de enchentes; muitas pessoas descobrem que seus sonhos refletem a preocupação com essas alterações nocivas. Nesses sonhos, lamentamos a devastação causada ou nos vemos tentando produzir mudanças positivas. Seus sonhos a respeito de secas visam estimulá-lo a se envolver ativamente em questões ambientais?

CORRELAÇÃO

Seca é um termo ultrapassado para designar sede; portanto, seu sonho com uma seca indica desidratação? Você toma água suficiente para manter sua boa saúde?

DESASTRES NATURAIS

Furacão e tornado

ASSIM COMO OS TERREMOTOS, OS FURACÕES E OS TORNADOS são acompanhados de mudanças calamitosas. Num nível simbólico, ao varrer tudo em seu caminho, o furacão simboliza a eliminação do que é velho e, quando a calma é restabelecida, a oportunidade de reconstrução.

A imagem da energia de um furacão se aplica a pessoas agitadas, que agem com muito ímpeto e ruído, a ponto de elas, também, removerem tudo que atravessa seu caminho. Essa situação poderia se relacionar com você ou com seus colegas? Você acredita que, devido à precipitação, coisas importantes poderiam ser deixadas para trás ou destruídas?

CORRELAÇÕES

- *Sente que se envolveu com algo contra a sua vontade, por ser pressionado por outra pessoa?*
- *Ventos da mudança estão para mudar sua vida?*

DESASTRES NATURAIS

Terremoto

ANTES DE MORRER NA CRUZ, JESUS disse: "Pai, nas Tuas mãos entrego o meu espírito". (Lucas 23:46) Imediatamente, a terra tremeu e parte do Templo de Jerusalém foi destruída. Até hoje, os terremotos são interpretados como sinais da ira e do poder de Deus.

Se um terremoto aparecer em seu sonho, ele poderá representar uma completa reviravolta em sua vida, provocada por mudanças fundamentais, domésticas ou no trabalho. Frequentemente, após um acontecimento traumático, como um acidente de estrada de ferro ou a queda de um avião, você poderá ter sonhos nos quais é subjugado por catástrofes naturais, impossíveis de ser controladas pelo ser humano. Um terremoto é uma erupção de energia que ocorre subitamente devido a uma atividade sísmica, normalmente ao longo de uma falha geológica. Há algumas "falhas" metafóricas que, em sua maneira de ver, poderiam irromper subitamente na superfície?

Eu estava numa casa que parecia ser vítima de um ataque. A casa começou a ruir, como que sob o efeito de um terremoto.

A sonhadora tinha certeza de que esse sonho foi uma expressão subconsciente da dor que sentiu quando seu casamento terminou. Ela achou que fosse desmoronar sob a pressão daquela experiência.

DESASTRES NATURAIS

Avalanche

A ORIGEM DA PALAVRA AVALANCHE é a expressão do idioma francês *à val*, que tem o significado de "alguma coisa que vem abaixo". Comumente, ela se refere a uma massa de neve, gelo e terra que subitamente desliza pela encosta de uma montanha, cobrindo tudo por onde passa. Ela pode indicar para uma pessoa a sensação de estar sendo subjugada, de ser tomada de surpresa e de ser sufocada sob o peso de alguma coisa.

Se você sonhar com uma avalanche quando está no pico de uma montanha coberto de neve, esse sonho pode indicar ansiedade diante da ideia de você ser apanhado por uma avalanche ou representar sua reação a avisos sobre avalanches. Contudo, se este não for o caso, talvez você esteja preocupado com o fato de não ser capaz de lidar com o volume de trabalho que tem para fazer. Comenta-se sobre "uma avalanche de papéis". Se isto estiver lhe causando preocupação, busque estratégias práticas para reduzir sua carga de trabalho.

Num aspecto positivo, nós também podemos ser alvo de "uma avalanche de aplausos" ou de "uma avalanche de buquês". Se temas dessa natureza aparecerem em seu sonho, eles serão uma indicação de que você está sendo recompensado por seus talentos ou por esforços que realizou no passado. O sucesso chegou até você.

DESASTRES NATURAIS

Grande Onda

O APARECIMENTO DE UMA ONDA ENORME, que poderia destruir a pessoa, representa uma ameaça, possivelmente causada por uma súbita perturbação psíquica. Talvez a sonhadora abaixo se sinta dominada por fortes sentimentos, que ameaçam fazê-la perder o controle das coisas. Essas forças internas, desconhecidas ou inesperadas, podem destruir a segurança que a sonhadora sentia anteriormente.

Sonho que uma grande onda aparece sem aviso, vinda de lugar nenhum. Não consigo escapar e ela se abate sobre mim.

Um tsunami é uma onda do mar, com grande capacidade de destruição, sendo gerada por uma erupção vulcânica ou por um terremoto submarino. Se isto estiver presente em seu sonho, que atividade oculta ou submersa você acredita estar ameaçando-o?

Caminho pela borda de um rochedo, uma saliência rochosa, em parte artificial. Ela parece suficientemente segura, mas uma enorme onda se aproxima e sei que ela irá varrer tudo. A onda se ergue bem acima de mim, verde e poderosa. Eu me preparo para receber o impacto e tenho esperança de que se me segurar com firmeza na pedra, não serei arrastada; além disso, poderá haver um bolsão de ar sob a face saliente da rocha.

Uma grande onda pode remover remanescentes de velhas crenças e hábitos autodestrutivos. Novas praias talvez sejam encontradas mais adiante, para as quais essa enorme onda poderá levá-lo.

FORMAS NATURAIS

Fóssil

OS FÓSSEIS SÃO RELÍQUIAS DE ERAS PASSADAS. Trata-se de fragmentos de história e geografia, mostrando-nos o que costumava existir. Sonhar com um fóssil indica interesse pelo que desapareceu antes. As características da criatura ou da planta fossilizada lhe darão indícios quanto ao significado de seu sonho.

Um "fóssil" é igualmente um termo depreciativo, usado para descrever uma pessoa cujas ideias estão ultrapassadas e que continua presa ao passado. O fóssil de seu sonho simboliza uma pessoa que você conhece ou você mesmo sente que ficou para trás no tempo?

CORRELAÇÃO

- *Combustível fóssil – substâncias formadas de compostos de carbono, que ocorrem naturalmente, como carvão ou óleo. Sonhar com esse tema pode indicar uma necessidade de mais "combustível" natural, como frutas e vegetais, para aumentar seu nível de energia.*

FORMAS NATURAIS

Concha

CONCHAS DE ANIMAIS MARINHOS E DE TARTARUGAS oferecem proteção (ver pp. 275-76). Elas permitem que essas criaturas se refugiem quando o perigo as ameaça ou se recolham quando precisam descansar.

A concha de vieira é o símbolo aceito de São Tiago. Peregrinos que visitam seu santuário em Santiago de Compostela, na Espanha, usam uma concha de vieira após completarem sua peregrinação. No dia de Santiago – 5 de agosto – as crianças tradicionalmente construíam grutas ou nichos artificiais, decorados com conchas de ostras. Isso ainda ocorre atualmente, embora em grau menor do que no passado.

Uma lenda relata que Afrodite, a deusa grega do amor, se ergueu do mar sobre uma concha de vieira. Esta concha, assim como a concha de cauri, simboliza a vagina, sendo, por isso, associada à sexualidade.

Um dos símbolos mais antigos é a espiral, que aparece isoladamente ou em pares, de todos os tamanhos, e tem movimentos no sentido horário ou anti-horário. A espiral pode representar forças da natureza nas espirais de fumaça, nos tornados e conchas. Em muitos locais sagrados da Europa, conchas em espiral são enterradas ou usadas para a decoração de superfícies.

CORRELAÇÕES

- *Você precisa sair de sua concha?*
- *Se você sonhar com uma concha, esta representa uma necessidade de recolhimento?*

FORMAS NATURAIS

Teia

A TEIA DE ARANHA SIMBOLIZA O TEMPO E O DESTINO. Uma teia captura tudo que entra em sua armadilha, finamente estruturada. Por isso, se você sonhar com uma teia talvez se sinta preso dentro de alguma coisa da qual lhe parece impossível escapar. Na mitologia grega, uma jovem chamada Aracne era eximia tecelã e foi transformada numa aranha depois de desafiar a deusa Atena para uma competição que envolvia a arte de tecer.

Aracnofobia descreve um medo mórbido de aranhas – se você sonhar com elas seu sonho estará refletindo essa fobia. Como as aranhas são principalmente encontradas em adegas e porões, e lugares escuros, elas podem simbolizar o mundo subterrâneo ou a mente inconsciente. Muitas pessoas já me relataram terem tido pesadelos nos quais ficam cobertas de aranhas e acordam tentando removê-las da cama.
Entretanto, nem todos os sonhos com aranhas são negativos.

Havia uma enorme aranha. As pessoas a cutucavam, mas eu queria que elas a deixassem em paz. A aranha teceu uma imensa teia e a enrolou no meu corpo como se estivesse me agradecendo por tê-la protegido. Eu esqueci meu medo.

A sonhadora sentiu como se tivesse sido enrolada numa teia; a força do fio lhe trouxe uma sensação de repouso, após ter tido que lidar sozinha com inúmeros problemas. Ela também reconheceu o fio como sendo aquilo que a ligava à teia da criação.

Cor

NOS SONHOS, AS CORES DESEMPENHAM UM PAPEL IMPORTANTE, no sentido de realçar, de enfatizar um significado em particular. Em alguns sonhos, só o preto e o branco, ou tons de sépia, aparecem; a exceção poderá ser uma pessoa ou uma peça de roupa que mereça destaque e seja vermelha, por exemplo.

Abaixo, estão descritos os principais atributos das cores que figuram em seus sonhos (se você precisar de uma orientação mais detalhada, meu livro *Creative Visualization with Color* poderá lhe ser útil):

Verde – Vigoroso, fértil, fecundo. Esta é uma cor de cura, ligada à fertilidade e às riquezas naturais. Os pisos dos templos no delta do Nilo eram pintados de verde para assegurar o sucesso da semeadura e da colheita das plantações.

Vermelho – Paixão, perigo, calor e poder.

Azul – Eternidade, lealdade, pureza e infinitude. Assim como o mar e o céu, ele também simboliza questões celestiais.

Amarelo – O calor do sol, o poder da luz, a primavera e suas flores. Esta cor, no aspecto negativo, está relacionada com a covardia e a deslealdade.

Branco – Associado à pureza, à inocência e à virtude, a cor branca também se relaciona com a palidez mortal e com mortalhas. Em muitas tradições religiosas, incluindo o sikhismo, branco é a cor do luto. Acredita-se que flores vermelhas e brancas juntas, sem qualquer cor adicional, deem azar porque representam sangue e ataduras. Na liturgia católica, o branco está associado às festas de Cristo, de Maria e de santos que não foram martirizados.

Índigo – Relaciona-se com o lado psíquico, intuitivo.

Preto – Representa a noite, o luto, a depressão e o potencial ainda não realizado.

FENÔMENOS INCOMUNS

Luzes do Norte

A AURORA BOREAL, também chamada luzes do norte, é uma cortina de luz colorida, que ondula pelo céu, e tem como causa fenômenos atmosféricos encontrados no hemisfério norte. Às vezes conhecidas como "véu entre mundos", as luzes do norte existem entre a Terra e as esferas celestiais, como um glorioso e tremeluzente agrupamento de cor. (As luzes do sul aparecem no hemisfério sul e são conhecidas como *aurora austral*.)

Na época em que não se sabia que elas eram causadas por cargas elétricas, dizia-se que essas luzes pressagiavam batalhas e pestilência. Atualmente, viajantes visitam locais remotos com o objetivo de observar sua beleza. Se elas aparecerem em seu sonho, talvez indiquem que um acontecimento completamente inesperado está próximo – algo que irá surpreendê-lo e maravilhá-lo. Como ocorre com todos os aspectos da luz, as luzes do norte estão relacionadas com iluminação e intuição; por isso, pense sobre qualquer novo conhecimento que obteve ultimamente ou que gostaria de obter.

FENÔMENOS INCOMUNS

Eclipse

QUANDO CORPOS CELESTES SE COMPORTAM DE MANEIRA INUSITADA, esse acontecimento pode refletir uma mudança na ordem natural das coisas e indicar que um período caótico dominará as circunstâncias. Os gregos e romanos antigos consideravam os eclipses de mau agouro. Nicias, um general ateniense, ficou tão atemorizado com um eclipse da lua que decidiu não lutar contra o povo de Siracusa. Isso resultou na dizimação de seu exército e em sua morte nas mãos dos inimigos.

Em muitas *cosmologias* – maneiras de compreender a natureza do universo – os homens culpavam monstros do céu de comerem o sol ou a lua, provocando, assim, um eclipse solar ou lunar. Num nível simbólico, esses monstros podem representar os nossos próprios "monstros" interiores que minam a nossa capacidade de brilhar.

Os povos antigos do México acreditavam que os eclipses eram causados por brigas entre o sol e a lua. Esses corpos celestes se agrediam até se tornar negros e azuis, de modo que nenhuma luz conseguisse brilhar.

CORRELAÇÕES
- *Você se sente obscurecido ou acredita que sua luz está mais fraca?*
- *Após um eclipse, nova luz emerge. Você passou por um período de escuridão e está ressurgindo do outro lado iluminado da vida?*

CAPÍTULO SETE

NA GRÉCIA ANTIGA, O LIVRO SOBRE A INTERPRETAÇÃO DOS SONHOS DE ARTEMIDORO traz registrado um significado específico para cada flor usada em coroas e guirlandas. Encarava-se a linguagem da *floriografia*, ou significado das flores com muita seriedade. Flores eram incluídas em todas as cerimônias; as pessoas compreendiam seu significado simbólico. Quando flores apareciam em sonhos, seu sentido era sempre importante. Da mesma forma, nos sonhos, hoje, as árvores, flores e plantas carregam muitos significados simbólicos.

Árvores decíduas perdem suas folhas no outono e nos lembram do ciclo interminável de nascimento, morte e renascimento. Árvores sempre-vivas representam as nossas raízes mais profundas e aspirações mais elevadas. Árvores frutíferas são simbólicas da generosidade da natureza, que vem a nós quando o momento é propício.

As flores trazem cores para a nossa vida e estão associadas à beleza e à graça. Flores cultivadas simbolizam a nossa capacidade de influenciar e de controlar o crescimento natural, enquanto flores silvestres e ervas daninhas nos mostram como a abundância da natureza se reveste de muitas formas e variedades. O florescimento de qualquer planta representa o auge de seu desempenho.

Plantas trepadeiras, com sua capacidade de se propagar para cima e para fora, podem indicar uma ampliação de nossos horizontes, enquanto plantas com espinhos às vezes representam períodos difíceis em nossa vida.

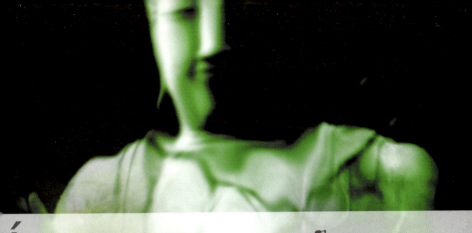

Árvores, Flores e Plantas

Árvores, Flores e Plantas

Muitas plantas foram usadas na ilustração de manuscritos da Idade Média, em desenhos de tapetes do Irã e da Turquia e em tecidos da França e da China.

No manuscrito dos celtas, conhecido como *O Livro de Kells*, os padrões formados pelas videiras inspiraram os entrelaçados celtas, nos quais imagens de pássaros, plantas e animais são trançados juntos, formando motivos altamente decorativos.

Quando sonhamos com plantas e videiras, estamos reagindo a elas como uma característica essencial do nosso mundo, tanto em termos de nossa necessidade física delas, enquanto alimentos, quanto em termos de sua ligação com símbolos arquetípicos (ver p. 17).

Alquimistas e agentes de cura têm usado plantas para produzir mudanças. A alquemila (também chamada manto-de--senhora), encontrada originalmente na Europa, fazia parte do arsenal herbáceo dos alquimistas. Eles coletavam o orvalho de suas folhas para usá-lo em seus preparados, que eram aplicados na cicatrização de feridas. A alquemila foi dedicada à Virgem Maria.

Seus sonhos podem incluir ervas daninhas, assim como flores. Algumas pessoas afirmam que a erva daninha é uma flor silvestre, a qual simplesmente cresce no lugar errado. Sem dúvida, uma erva daninha é uma planta indesejável num jardim, particularmente se for invasiva, reduzindo os índices de sobrevivência de espécimes cultivados, mais delicados. Se você sonhar com ervas daninhas, pergunte-se se sente que está sendo expulso, subjugado ou ofuscado. "Erva" também é um termo que designa a maconha e pode se relacionar com o uso de drogas ou com o medo de perder o controle. "Arrancar alguma coisa como se fosse uma erva daninha" significa remover algo que não se deseja. É isto que você precisa fazer em relação a um determinado aspecto de sua vida ou aos seus amigos? Talvez seja você a pessoa que não é bem-vinda?

A Árvore da Vida é reconhecida no mundo todo como um potente símbolo, e representa a cruz para os cristãos.

A árvore de lótus muçulmana representa a fronteira entre a compreensão humana e o mistério divino. No mundo cristão a árvore é o símbolo da vida e do conhecimento. Na China, a Árvore da Vida era Kienmou, que crescia nas encostas do paraíso terrestre de Kuen-Lou. Buda alcançou a iluminação sob a árvore Bodhi. Assim, repetidas vezes observamos elos simbólicos entre árvores e espiritualidade. À medida que você for explorando o significado de árvores específicas em seus sonhos, tenha em mente o significado espiritual dessas árvores nas diferentes tradições.

Flores e plantas nos chamam a atenção para o mundo natural de beleza e de crescimento. Se as plantas de seus sonhos estiverem plantadas em vasos, talvez elas indiquem constrição ou indiferença. Se estiverem florescendo vigorosamente, podem simbolizar energia e crescimento saudável ou a ameaça de excessos desenfreados.

Rosemary, agora com 13 anos, sonhou aos 8 anos:

O sonho mais assustador de que consigo me lembrar ocorreu quando eu tive catapora. No início do sonho eu estava dormindo, mas depois acordei e ele continuou, como se fosse uma alucinação. Parecia que árvores e plantas enormes me agarravam, tentavam me segurar e me matar. Eu gritei. Fiquei realmente perturbada e com medo.

Qualquer que seja a forma assumida pelas plantas em seus sonhos, aprender mais a respeito da natureza das mesmas irá ajudá-lo a ser bem-sucedido na interpretação de suas experiências oníricas.

ACIMA *Plantas com espinhos em sonhos podem significar problemas difíceis ou "espinhosos".*

ÁRVORES DECÍDUAS

Freixo

O FREIXO REPRESENTA A SOLIDEZ, uma estabilidade que mantém as coisas unidas. Na mitologia nórdica, Yggdrasill, o poderoso freixo, é a Árvore do Mundo, que une o céu, a terra e o mundo subterrâneo. Ele é conhecido como a Árvore da Prudência.

A sorveira-brava, também chamada freixo da montanha, é reconhecida por seus poderes mágicos de proteção. Em Lancashire, na Inglaterra, galhos de sorveira-brava eram colocados sobre a cama para repelir pesadelos. Em algumas regiões, punham-se ramos de sorveira em berços de recém-nascidos para afastar bruxas e fadas malévolas. Em contos folclóricos antigos, os frutos da sorveira-brava têm a reputação de facilitar o parto.

Freixos da montanha geralmente eram plantados perto de círculos de pedras verticais dos celtas, para proteger as pedras de quaisquer infortúnios. Atualmente, as pessoas ainda plantam freixos em locais próximos às suas casas, com o propósito de guardar seus lares e famílias. Cortar um freixo da montanha é atrair o desastre.

CORRELAÇÕES

- *Entre os gregos, no tempo de Hesíodo, o freixo era um símbolo de firme solidez.*
- *Você precisa das qualidades protetoras de um freixo?*

ÁRVORES DECÍDUAS

Faia e Bétula

PARA OS ANTIGOS CELTAS, a faia era a árvore mais venerada porque detinha todo o conhecimento do mundo. Eles a relacionavam com Ogma, a poderosa figura de guerreiro dos Tuatha De Danaan, que se tornou o primitivo deus celta Ogma (Face de Sol). Afirma-se que ele inventou o alfabeto Ogham, usado pelos celtas. Em algumas tradições, a faia é o símbolo do mundo escrito. Em muitas culturas europeias, a faia é a árvore da sabedoria antiga, tendo ligação com os deuses do aprendizado e do intelecto humano.

A faia também tem ligação com muitos outros deuses, incluindo o deus grego Hermes, o Mensageiro; Thoth, o deus da matemática e da sabedoria para os egípcios antigos; e o deus nórdico Odin, a quem foi dado o dom das runas (um primitivo alfabeto germânico). Assim como o alfabeto Ogham, as runas eram usadas para adivinhação. A madeira e as folhas da faia eram carregadas como um talismã para aumentar a força criativa.

Os nativos norte-americanos usavam a casca da bétula para fazer canoas; numerosas tribos a considerava uma árvore sagrada. Na Inglaterra, castigavam-se infratores, açoitando-os com galhos de bétula. Se você sonhar com uma bétula, seu sonho estará relacionado de alguma forma com punição?

CORRELAÇÕES

- *Você gostaria de desenvolver seu potencial, aprendendo mais por meio de "livros"?*
- *Quando associada à Lua, a bétula simboliza proteção.*

ÁRVORES DECÍDUAS

Espinheiro

O ESPINHEIRO É CONSIDERADO UMA ÁRVORE MÁGICA no folclore britânico. Segundo a lenda, os cabos de vassoura das bruxas eram decorados com as pequenas flores brancas do espinheiro, que se abriam em maio. A data do Beltane, o antigo festival da morte do inverno, era determinada pelo florescimento do espinheiro, uma vez que a flor de maio é o símbolo da chegada do verão. Os mastros de maio, símbolos de fertilidade, eram tradicionalmente feitos de espinheiro ou de carvalho.

Cortar um espinheiro é visto como um ato que traz má sorte. Às vezes essa planta é associada à morte devido ao seu forte aroma; isto talvez se deva ao fato de uma de suas variedades, a *Crataegus monogyna*, conter uma substância química em suas flores, que é idêntica a outra, encontrada na carne em decomposição e em cadáveres.

A tradição de *bawning*, um termo em dialeto que quer dizer "adornar", observada na localidade de Appleton, Cheshire, Inglaterra, costumava envolver toda a comunidade. Hoje, são principalmente as crianças que decoram o espinheiro local com fitas vermelhas e guirlandas de flores. Após decorá-lo, elas dançam ao redor dele e cantam uma canção especial. Acredita-se que o espinheiro de Appleton foi plantado em 1125 d.C.; a muda foi obtida de uma árvore sagrada de Glastonbury.

O espinheiro está relacionado com fertilidade e renascimento. O poeta britânico Geoffrey Grigson afirma que seu aroma almiscarado é indicativo de sensualidade e sexo. Quando um espinheiro aparece em sonhos, ele pode indicar um novo sentido de regeneração pessoal ou maior criatividade, física ou mental.

ÁRVORES DECÍDUAS

Salgueiro chorão O ADMIRAVELMENTE GRACIOSO

SALGUEIRO-CHORÃO é apenas uma variedade da família dos salgueiros. Ele se reproduz através de sementes; se um galho se quebrar e cair num rio, este irá criar raízes em suas margens lamacentas. A propensão que o salgueiro tem de sobreviver em condições adversas, brotando novamente, o transforma num feliz presságio em sonhos.

O salgueiro-chorão tem muitas aplicações além de ser usado na construção. Essa variedade de usos é outro sinal positivo para a pessoa que sonha com ele. Folhas e arbustos de salgueiro são transformados em cordas e usadas como vimeiros na confecção de cestos; a madeira é queimada para se obter carvão.

O salgueiro-chorão também se relaciona com água e lágrimas, tristeza e um amor perdido. Pessoas, cujos companheiros haviam falecido, costumavam usar coroas feitas com folhas dessa árvore. Os hebreus no cativeiro penduravam suas harpas num salgueiro para mostrar que lamentavam a perda de sua pátria.

Imagens do deus celta Esus tradicionalmente o mostram cortando um salgueiro-chorão. Na mitologia chinesa o salgueiro-chorão é a árvore da deusa Kuan-yin, que asperge as águas da vida com um ramo dessa árvore. Para os antigos, o salgueiro, um importante símbolo de sabedoria, ligava-se aos céus através de seus ramos e com o mundo inferior através de suas raízes.

CORRELAÇÃO

Seu sonho com um salgueiro simboliza a perda de alguém ou de alguma coisa que você amava?

ÁRVORES DECÍDUAS

Carvalho

O CARVALHO FOI UM SÍMBOLO DE FORÇA E DE VIDA LONGA; no passado, ele era considerado uma árvore sagrada na Europa toda. Os povos nórdicos e os celtas também o consideravam sagrado. As folhas de carvalho simbolizam a força da fé. Na Roma Antiga o patriota ou vitorioso era homenageado, recebendo coroas de carvalho.

A palavra *druida* significa "sabedoria do carvalho"; os druidas praticavam sua religião em bosques e florestas de carvalhos. Essas florestas forneciam proteção contra os romanos, que ameaçavam aniquilá-los. O visco, uma planta parasita, que usa o carvalho como hospedeiro, também era sagrado para os druidas. O visco era valorizado por suas propriedades medicinais e usado para curar a infertilidade, talvez porque no auge do inverno, quando sua árvore hospedeira parece morta, essa parasita viceja. No Natal, é costume levar o visco para dentro de casa e pendurá-lo no alto para que as pessoas se beijem sob seus frutos brancos, altamente venenosos.

Se você sonhar com carvalhos ou com bolotas, seu sonho pode indicar que você vai iniciar uma nova fase de vida. A expressão "de pequenas bolotas crescem grandes carvalhos" representa a ideia de que empreendimentos bem-sucedidos resultam de pequenos começos.

ÁRVORES SEMPRE-VIVAS

Sempre-vivas

SEMPRE-VIVAS SIGNIFICAM força vital contínua e ininterrupta, invencível, razão pela qual elas são usadas na celebração do Natal e em funerais. Quando Jesus nasceu, os Reis Magos lhe trouxeram incenso e mirra, que são resinas perfumadas de árvores sempre-vivas. O incenso e a mirra têm propriedades medicinais e também eram empregados no passado para embalsamar os mortos. O azevinho e a hera, com os quais se decoram as casas na época do Natal, são considerados, atualmente, símbolos da eterna presença de Cristo no mundo, embora seu uso durante as festas natalinas derive de crenças pagãs muito mais antigas. Os celtas acreditavam que o azevinho possuía propriedades mágicas.

As sempre-vivas refletem a crença na vida após a morte e simbolizam a imortalidade. O loureiro, um membro da família das lauráceas, está associado à ressurreição, uma vez que consegue reviver após ter secado até a raiz. O louro é tradicionalmente usado em coroas funerárias. No folclore britânico havia a crença de que um loureiro no jardim protegia a casa de raios e mantinha afastados os maus espíritos. Na Roma Antiga, os imperadores usavam coroas de louro como um amuleto contra tempestades.

Embora venenoso, o teixo simboliza a terra e a imortalidade, sendo quase sempre encontrado nos terrenos que cercam as igrejas britânicas (e que normalmente abrigam cemitérios). O teixo tem uma vida muito longa e consegue enraizar seus galhos, produzindo novos brotos. Considera-se que danificar um teixo traz má sorte.

CORRELAÇÕES

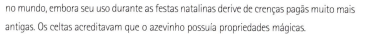 *Sonhar com um teixo indica doença e desilusão.*

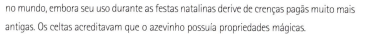 *Seu sonho com uma árvore sempre-viva representa sua crença no ciclo eterno da vida?*

ÁRVORES SEMPRE-VIVAS

Pinheiro

A PALAVRA PINHEIRO é usada para descrever toda uma variedade de coníferas – árvores com cones – que são encontradas no mundo todo.

Os abetos prateados produzem terebintina dentro de bolhas que se formam em seus troncos no verão. O pinheiro balsâmico da América do Norte produz uma terebintina conhecida como bálsamo do Canadá, usado para fazer lâminas de microscópio porque suas propriedades ópticas são semelhantes às do vidro. Se coníferas aparecerem em seu sonho, talvez o aspecto mais importante do tema seja essa clareza.

Os gregos antigos adicionavam terebintina ao vinho novo para impedir que se estragasse; por isso o pinheiro foi somado aos muitos símbolos de Baco, o deus do vinho.

Como ocorria com outras árvores, a derrubada de um nobre pinheiro era vista como um ato de desrespeito, uma vez que a alma da árvore era destruída. Entretanto, os pinheiros são tradicionalmente colocados dentro das casas e decorados no Natal, que ocorre em data próxima ao solstício de inverno. A árvore sempre-viva simboliza o renascimento e a imortalidade; por essa razão, no momento mais escuro do ano ele nos lembra que a vida continua e dias mais claros se sucederão. O pinheiro também é conhecido como *Yuletide Tree* (árvore do festival pagão de inverno); a expressão deriva do anglo-saxão *geol*, cujo significado é "roda". A roda representa o movimento do sol, a morte do ano velho e o início de um novo ano.

CORRELAÇÃO

- *Seu sonho com um pinheiro simboliza o final de uma parte de sua vida, à medida que você caminha para um novo começo?*

ÁRVORES SEMPRE-VIVAS

Cedro do Líbano

O CEDRO, UMA SEMPRE-VIVA, é a árvore sagrada do Líbano e simboliza a força, a durabilidade e a imortalidade. O Líbano, no passado, era coberto de florestas de cedros, porém sua madeira tinha tanta demanda que muitas dessas árvores foram cortadas. Mais tarde, a guerra devastou o país, que era conhecido como a "joia do Mediterrâneo".

O primeiro Templo de Jerusalém foi construído com cedro do Líbano. A madeira dessas árvores, por ser tão forte e durável, representava, na visão dos poetas e profetas bíblicos, prosperidade e vida longa. O Rei Salomão ordenou que cedro fosse usado na construção da Arca da Aliança, um baú que continha os Dez Mandamentos. O cedro do Líbano também está associado à Virgem Maria.

No Antigo Egito, o cedro era valorizado como a melhor madeira para a construção de barcos e caixões porque resiste à água e, portanto, à deterioração. O cedro é mencionado em um dos mais antigos livros na história do homem, *A Epopeia de Gilgamesh*, que registra os sonhos dos heróis em sua busca da imortalidade.

CORRELAÇÃO

Seu sonho com o cedro do Líbano indica que você conseguirá enfrentar qualquer dificuldade que encontrar?

ÁRVORES SEMPRE-VIVAS

Sequoia gigante

AS SEQUOIAS GIGANTES ESTÃO ENTRE AS MAIS ALTAS CONÍFERAS DA TERRA. Também chamadas madeira vermelha, as sequoias têm uma vida muito longa; alguns espécimes têm mais de 2000 anos. Seus cones maduros não se desprendem anualmente, permanecendo nas árvores durante duas décadas. As sequoias dominam a paisagem em certas partes da Califórnia, onde o Redwood National Park está localizado.

Se você sonhar com sequoias gigantes, seu sonho poderá se referir a uma profunda ligação com a natureza e com pessoas mortas há muito tempo, uma vez que essas árvores viveram mais do que qualquer ser humano. As sequoias testemunham a história da Terra e representam a continuidade.

Algumas tribos nativas norte-americanas consideram as sequoias sagradas e veneram sua ligação com o mundo transcendental. As copas das árvores, pelo fato de serem tão altas, deram origem à crença de que as sequoias estão imbuídas de qualidades místicas além do alcance da humanidade. A cor das árvores também é significativa, uma vez que o vermelho é a cor do sangue, do coração e da paixão.

CORRELAÇÃO

- *Seu sonho com uma sequoia se relaciona com sentimentos de longevidade? Um sonho desse tipo pode ser tranquilizador se você esteve doente, ou está aguardando resultados de exames médicos.*

Árvores frutíferas

ESTAS NOS FORNECEM ALIMENTOS E ENFEITAM A PAISAGEM. Qualquer que seja a árvore frutífera com a qual você sonhar, o estado em que ela se apresenta, seu estágio de desenvolvimento (é uma árvore nova ou madura?) e a quantidade de frutos que ostenta são elementos que o ajudarão a analisar o significado da árvore para você.

No cristianismo, as maçãs estão simbolicamente ligadas a Eva e à tentação de Adão; portanto, têm relação com o conhecimento, a sexualidade e com a perda da graça divina, o que forçou Adão e Eva a deixarem o Jardim do Éden.

Nas comemorações de Rosh Hashanah, os judeus comem maçãs que foram mergulhadas no mel, com o objetivo de desejar um ao outro um doce Ano Novo. Uma tradição do *Halloween* nos Estados Unidos e na Grã-Bretanha é pegar com a boca maçãs que estão flutuando na água.

No seu sonho com maçãs, estas estão maduras e perfeitas (um presságio positivo) ou passadas e bichadas (indicando que há algo em sua vida que você tem negligenciado)?

Sonhar com pereiras cheias de frutas presságia a expansão de oportunidades.

O amadurecimento de frutos e o desenvolvimento de sementes podem simbolizar a concepção. Dar frutos poderá ter o significado de "completar uma tarefa", assim como de "ter filhos".

CORRELAÇÃO
- *Suas esperanças devem "dar frutos" num futuro próximo?*

PALMEIRA

Palmeira NO ANTIGO EGITO, a tamareira era usada para a confecção de placas, que, por sua vez, eram empregadas na construção de importantes edifícios, como templos. O crescimento vertical e a imponência dessas árvores simbolizam honradez, fama e triunfo. A tamareira também é um símbolo fálico devido ao seu formato, mas pode igualmente representar a mulher, uma vez que seus cachos de tâmaras se assemelham a seios.

A palmeira continua a produzir frutos até uma idade avançada e, por isso, representa longevidade e fecundidade. Nas tradições árabes, ela é a Árvore da Vida; para os cristãos, simboliza a triunfal entrada de Cristo em Jerusalém, relembrada no Domingo de Ramos. Galhos de palmeira significam glória e vitória sobre a morte e costumavam ser um emblema para o católico romano que visitasse a Terra Santa.

A palmeira, que nunca perde sua folhagem, é continuamente adornada com o mesmo verde.

Esse poder da árvore é agradável aos homens que o acham adequado para representar a vitória.
PLUTARCO

Na tradição hebraica, as palmeiras representam um homem moral; elas são o símbolo da Judeia após o Êxodo.

CORRELAÇÕES

- *Sua palmeira onírica poderia representar o sucesso num empreendimento que você assumiu?*
- *Em sonhos, a palmeira é símbolo de decepção com a pessoa em que se confia.*

Oliveira

DIZ A LENDA QUE A DEUSA GREGA ATENA teve seu templo, o Partenon, construído após ter oferecido uma oliveira para o povo de Atenas. O deus grego Héracles, conhecido pelos romanos como Hércules, cortou seu cajado de madeira favorito de uma oliveira. Desde tempos ancestrais, o cultivo de azeitonas para extração do óleo de oliva tem constituído uma parte essencial da economia grega.

Imortalidade, fecundidade e paz são qualidades associadas à oliveira. Ela indica abundância porque o óleo de oliva era uma mercadoria de muito valor. A pomba e o ramo de oliveira simbolizam a paz. A folha de oliveira representa a renovação da vida; a pomba com um ramo de oliveira no bico é símbolo da alma dos mortos que descansam em paz.

Na Grécia Antiga, uma coroa de folhas de oliveira era dada aos vencedores após competições e batalhas. O vencedor dos Jogos Olímpicos naquela época era coroado com ramos de oliveira. Na iconografia cristã, algumas cenas da Anunciação à Virgem Maria retratam o arcanjo Gabriel com um ramo de oliveira nas mãos.

CORRELAÇÕES

- *Você reconheceu um recente sucesso, que pode ser "coroado" ou de alguma forma celebrado?*
- *Você precisa oferecer um símbolo de paz a alguém?*
- *Você está precisando "azeitar" uma situação que não progride?*

EUCALIPTO

Eucalipto FAZEM PARTE DA FAMÍLIA DESTA ÁRVORE AUSTRALIANA o eucalipto-da-tasmânia e o eucalipto casca-de-ferro. Ambos são cultivados devido aos óleos medicinais produzidos em suas folhas. As folhas são pontilhadas de orifícios ou poros, dos quais o óleo cor de palha emerge. Este óleo, fortemente aromático – tem cheiro de cânfora – é usado como antisséptico, bem como no tratamento de resfriados.

Emblemático da Austrália, onde suas folhas constituem a dieta principal dos coalas, o eucalipto é uma das maiores árvores do mundo e tem uma aparência muito marcante. As árvores jovens algumas vezes crescem quatro metros em um ano. O eucalipto é usado na fabricação de móveis e na construção de navios; os apicultores o apreciam pela qualidade do néctar que fornece às abelhas.

O eucalipto também é conhecido como "árvore de goma", pelo fato de uma goma pegajosa escorrer de seu tronco. Se você sonhar com um eucalipto, essa árvore poderia representar um obstáculo, uma situação desagradável em sua vida atualmente.

CORRELAÇÕES

- *Você se sente bloqueado de alguma maneira e precisa "clarear sua mente" para conseguir ir adiante?*
- *Está passando por um rápido desenvolvimento no presente?*

Não-me-esqueças

Joia delicada da esperança,
é o doce miosótis.

COLERIDGE

O DELICADO MIOSÓTIS AZUL OU "NÃO-ME-ESQUEÇAS" É UM SÍMBOLO DE AMANTES que estão separados. Numa história que data da Idade Média, um fidalgo caminhava ao lado de uma dama da corte. Esta viu algumas flores azuis que cresciam na margem do rio; o galante cavaleiro resolveu lhe oferecer um buquê daquelas flores. Ele estava colhendo a última flor quando perdeu o equilíbrio e caiu no rio. Ao ser arrastado para longe pela forte correnteza ele gritou: "Não-me-Esqueças! Não-me-Esqueças!" Foi assim que a flor recebeu seu nome.

Se você sonhar com miosótis, pense na ligação do sonho com seus atuais relacionamentos. Você poderá perceber que um namorado não está interessado ou ignora seus sentimentos.

CORRELAÇÕES

- *Você sente que um relacionamento está chegando ao fim?*
- *Você precisa se esforçar mais para que as pessoas se lembrem de você?*

FLORES

Dedaleira

SEU NOME EM INGLÊS, *FOXGLOVE*, DERIVA DO INGLÊS ANTIGO *FOXES GLOFA* OU "DEDOS DE UMA LUVA". Os antigos achavam que as marcas existentes nas flores eram as impressões digitais das fadas e associavam esta flor a elas. A elegante erva-dedal é conhecida como flor da falsidade. Por baixo de seu radiante exterior, há uma substância chamada digitalina, um cardiotônico natural que pode matar se for ingerido em quantidade excessiva. Esta é a razão pela qual a dedaleira algumas vezes é chamada de *dedos dos mortos*. A digitalina (do latim *digitae*, "dedos") é usada como medicamento no tratamento de doenças do coração e de outras doenças.

Quando você sonhar com uma dedaleira, pense no significado de uma luva, a qual pode proteger ou ocultar a mão. Talvez exista alguma coisa que você tenta manter escondida e seu sonho indica esse fato. Você também deve levar em conta a simbologia dos dedos. Polegar: força de ação; indicador: autoridade; médio: responsabilidade; anular: união; mínimo: relacionamento.

CORRELAÇÕES

- *Você está ocultando alguma coisa por baixo de um brilhante exterior?*
- *Você precisa de algum tipo de estímulo para o seu coração?*
- *Você está lidando com alguém "de dedos leves" ou ficou "chupando o dedo" em alguma situação?*

FLORES

Narciso

NARCISO É O NOME COMUM DE TODOS OS MEMBROS DO GÊNERO *NARCISSUS*, que pertence à família das amarilidáceas. Às vezes o narciso é chamado *lírio da Quaresma*, porque ele floresce durante o período cristão da Quaresma. Suas alegres flores amarelas trazem brilho à primavera (no hemisfério norte), estação na qual ele é uma das primeiras flores a aparecer, indicando que o inverno terminou. Nesse contexto, o narciso simboliza a esperança e a renovação.

Na mitologia grega, o asfódelo, uma flor com o aspecto de um lírio, semelhante ao narciso, é a mais famosa das plantas relacionadas com o mundo subterrâneo. Num dos mitos, Perséfone, filha da deusa Deméter, perambulava por uma planície da Sicília durante a primavera, colhendo flores, quando Hades, que governava o reino dos mortos, a raptou. O toque do deus grego transformou as flores brancas de Perséfone em flores amarelas; segundo a lenda, os narcisos passaram a florescer nos campos desde então. Homero descreve as flores que cobrem a grande planície como "as almas dos mortos". Uma vez que Perséfone rechaçou todos os avanços de Hades, o narciso também é um símbolo de amor não correspondido.

No Irã, o narciso recebe o nome de "dourado"; na Turquia ele é conhecido como "a taça de ouro". O narciso também é a flor nacional do País de Gales.

CORRELAÇÕES

- *Você tem necessidade de introduzir alegria em sua vida, com o objetivo de iluminá-la?*
- *Seu sonho com um narciso simboliza uma nova primavera, o brilhante início de um novo projeto?*

FLORES

Íris

AS ÍRIS PERSAS SÃO FAMOSAS POR SEU PERFUME e possuem uma gama de cores tão grande que, num buquê, podem se assemelhar a um arco-íris. Assim, a flor recebeu o nome de Íris, a deusa do arco-íris, portadora somente de boas notícias. Na mitologia grega, os deuses criavam uma ponte, ou arco-íris, entre o céu e a terra para que a deusa Íris pudesse atuar como intermediária e atenuar a discórdia quando havia um desentendimento entre os homens e os deuses.

Na *Eneida* de Virgílio, Íris é enviada para reunir as almas das mulheres; por isso, ela está associada às preocupações das mulheres e às conclusões. A íris é geralmente retratada como uma flor-de-lis, símbolo da França, e partilha o simbolismo do lírio, indicando pureza, paz e ressurreição.

O gladíolo está relacionado com a íris. A palavra *gladiolus* significa "pequena espada" em latim; a flor é assim chamada porque suas folhas se assemelham, em formato, a uma espada. Como "espada-íris" ela simboliza o sofrimento da Virgem Maria, a qual, segundo a profecia, teria seu coração trespassado por uma espada de dor.

A íris comum, amarela, é chamada bandeira amarela. Se você sonhar com uma íris amarela, seu sonho poderá significar que você quer chamar atenção para alguma coisa ou "agitar a bandeira", isto é, destacar alguma coisa que lhe causa preocupação.

CORRELAÇÕES

- *A íris de seu sonho se refere às íris de seus olhos?*
- *Você é como a deusa Íris – um pacificador?*

FLORES

Lírio

ESTA FLOR MAJESTOSA ESTÁ RELACIONADA COM A PUREZA, a paz e a ressurreição. Ele é a flor sagrada de todas as deusas virgens da mitologia. Em quase todos os países católicos, o lírio branco é dedicado à Virgem Maria. Dante o descreveu como "o lírio da fé".

O lírio também representa a fertilidade da deusa terra; ele é consagrado a Hera, a Rainha do Céu. No Ocidente, o lírio se reveste do mesmo simbolismo que o lótus no Oriente (ver p. 241). Para os hebreus, o lírio é o símbolo da tribo de Judá e representa a confiança em Deus.

Cristo chamou a atenção dos judeus para o fato de que Salomão, seu monarca, mesmo com suas roupas suntuosas, não conseguia igualar a majestade do lírio, dizendo-lhes: "olhai os lírios do campo" – belos embora sem nenhum adorno. O lírio também é conhecido como "Lírio da Páscoa", uma homenagem à deusa Eostre, de cujo nome se originou a palavra *Easter*, Páscoa em inglês. O belo copo-de-leite branco está vinculado aos funerais, sendo considerado de mau agouro se colocado dentro de casa.

O lírio-do-vale, também conhecido como *sinos de fada*, costumava ser associado às bruxas, que o usavam em sua prática de cura. O lírio-do-vale contém uma substância chamada *convalatoxina*, semelhante à digitalina, além de mais de vinte outras substâncias, usadas no tratamento de pacientes com doenças cardíacas.

CORRELAÇÕES

- *Se você sonhar com lírios numa igreja, esse sonho teria relação com um casamento ou com um funeral?*
- *Seu sonho poderia estar ligado a um tratamento para o coração que você esteja fazendo?*

FLORES

Papoula

A PAPOULA É UM SÍMBOLO DE MORTE E REGENERAÇÃO. O Dia da Lembrança, também conhecido como o *Dia da Papoula* na Grã-Bretanha, originalmente era consagrado à preservação da memória daqueles que haviam perecido durante a Primeira Guerra Mundial, nos campos de batalha da França e da Bélgica; atualmente, homenageia todas as pessoas que perderam a vida em guerras. Nos Estados Unidos, o Dia dos Veteranos tem servido tradicionalmente ao mesmo propósito; nessa data, as pessoas também usam papoulas como sinal de recordação. As papoulas floresciam nos campos onde os soldados abriam suas trincheiras, as quais mais tarde ficavam cobertas com seu sangue. Papoulas vermelhas são usadas em coroas dedicadas aos mortos de guerra como uma lembrança de seu sacrifício.

O sono e a inconsciência também têm analogia com a papoula, assim como Morfeu, o deus grego do sono. O ópio, do qual saem a morfina e a heroína, é extraído das cápsulas verdes da papoula de ópio, enfatizando essa ligação da papoula com o descanso. As sementes de papoula não têm ópio e são uma boa fonte de alimento. Uma vez que a papoula produz uma grande quantidade de sementes, a flor também se refere à fertilidade. As sementes de papoula permanecem inativas durante centenas de anos e depois germinam, se as condições forem adequadas.

A papoula também é um símbolo da Grande Mãe, sendo sagrada para todos os deuses e deusas lunares e noturnos.

CORRELAÇÕES

- *Papoula está ligada a dependência química?*
- *Precisa de um período de descanso e relaxamento? Está conseguindo ter um sono reparador?*

FLORES

Rosa

Algumas flores são encantadoras apenas para os olhos,
porém outras são encantadoras para o coração.

GOETHE

A ROSA É UNIVERSALMENTE usada para simbolizar o amor e a paixão, bem como o coração e a união. Por ser a flor de muitas deusas, ela representa a feminilidade, a fertilidade e a beleza. A rosa vermelha pode simbolizar o desejo e a consumação, assim como a paixão. Ela é também a flor nacional da Inglaterra. A rosa branca simboliza a inocência, a virgindade e o desabrochar da espiritualidade. A rosa dourada simboliza os sonhos e desejos humanos. Nos Estados Unidos, rosas amarelas são oferecidas em sinal de amizade, rosas brancas se referem a casamentos e rosas vermelhas, a funerais.

Um jardim de rosas é um símbolo do paraíso; por isso, se você sonhar que está num jardim de rosas, seu sonho pode indicar que você se sente bem-aventurado em relação à sua vida quando acordado. Na época do império romano, rosas eram cultivadas em jardins funerários como sinal de ressurreição após a morte. No festival de Rosália em Roma, na primavera, pétalas de rosa eram espalhadas sobre as Três Graças, as deusas irmãs que estavam associadas à beleza e ao poder de atração.

As rosas também têm espinhos. Em sonhos, uma rosa com espinhos pode simbolizar um problema sério que deverá ser enfrentado para que você possa ganhar a recompensa representada pela rosa. Um sonho com rosas cheias de espinhos pode ter ligação com uma dificuldade num relacionamento amoroso.

CORRELAÇÕES

- *A rosa perfumada de seu sonho esconde um espinho, ou perigo, que poderá feri-lo?*
- *Se você receber rosas num sonho, considere o significado de sua cor e de seu número. Doze rosas vermelhas são um sinal de que a pessoa que as ofereceu está apaixonada por você.*

FLORES

Galanto A PRIMEIRA FLOR DA PRIMAVERA (no hemisfério norte), essa graciosa e delicada flor branca simboliza a esperança, nova vida e novas oportunidades após um período de escuridão. Na Inglaterra vitoriana, o galanto era considerado a flor da amizade nas adversidades, porque ele brota do meio da neve a cada primavera, trazendo um sinal de que nova vida está florescendo e o fim do inverno.

O nome botânico do galanto é *Galanthus*, que significa "flor de leite", devido à sua cor. No cristianismo, o galanto é um símbolo da Virgem Maria. Ele também representa Candelária, uma celebração cristã que ocorre no dia 2 de fevereiro para marcar o dia em que Maria levou o menino Jesus ao templo e fez uma oferenda.

Para os índios da pradaria norte-americana, o galanto é um símbolo de coragem, resistência e fidelidade.

Sonhar com flores brancas representa a visita de um membro da família.

CORRELAÇÕES

- *Seu sonho com um galanto representa um vislumbre de esperança depois de tempos difíceis?*
- *Você está recuperando a saúde após uma doença?*

FLORES

tulipa

A TULIPA É UM SÍMBOLO DE FERTILIDADE. Acredita-se que ela tenha se originado no Irã, onde significava um perfeito amor ou uma declaração de amor. As tulipas foram levadas para a Holanda por volta de 1560, onde mais de 5000 variedades são cultivadas e exportadas para o mundo todo.

As maravilhosas cores das tulipas, flores tão desejadas pelos europeus, foram responsáveis pela "tulipomania" na Holanda, no século XVII. As pessoas disputavam umas com as outras a posse de bulbos raros de tulipa; o preço de um único bulbo era tão elevado que sua compra levava algumas pessoas à falência. Aparentemente, qualquer pessoa que tivesse dinheiro chegava a extremos para obter um bulbo dessa flor de pétalas extravagantes. Um marinheiro, confundindo um bulbo de tulipa com uma cebola o comeu, ficando por causa disso preso durante seis meses!

No simbolismo chinês, a tulipa representa o "homem perfeito", relacionado com harmonia e refinamento.

CORRELAÇÕES

- *Sua tulipa onírica é um sinal de que você precisa de mais cor em sua vida?*
- *As tulipas de seu sonho têm alguma ligação com a Holanda?*

FLORES

Orquídea

MAGNIFICÊNCIA, OPULÊNCIA E LUXO são as características relacionadas com as orquídeas; por isso, se você sonhar com essa flor, observe as riquezas que o cercam. *Orquídea* deriva da palavra latina *orchis*, que significa "testículo", porque seus bulbos duplos são semelhantes a testículos. Sua ligação com esses órgãos sexuais masculinos assegurou o uso de orquídeas como símbolo de potência sexual e como um amuleto para auxiliar no desempenho sexual e aumentar a fertilidade. Partes dessa planta eram utilizadas na preparação de poções do amor. Plínio, o Velho, que escreveu a enciclopédica *Historia Naturalis* (História Natural), afirmava que se um homem segurasse os bulbos de orquídea em sua mão eles iriam despertar seu desejo sexual.

Quando um homem oferecia uma orquídea a uma mulher, esse gesto representava sua intenção de seduzi-la ou indicava que ele certamente esperava favores sexuais. Hoje, essa analogia erótica não está perdida e orquídeas ainda são dadas em datas significativas, como bailes de formatura.

As orquídeas precisam de grandes cuidados para florir, o que são capazes de fazer durante meses a fio se as condições forem propícias.

CORRELAÇÕES

- *As orquídeas de seu sonho simbolizam um relacionamento baseado em sexo?*
- *Você sente que, como uma orquídea, precisa de cuidados para desenvolver seu potencial mais elevado?*

FLORES

Lótus

O LÓTUS É CONSIDERADO UM SÍMBOLO PODEROSO no mundo todo e especialmente no Oriente, onde representa todos os aspectos da criação. O lótus é visto como o produto da união do sol com as águas e representa espírito e matéria, fogo e água. Ele é um símbolo do nascimento divino, não conspurcado pelas profundezas lamacentas.

Textos hindus antigos afirmam que antes da criação o mundo todo era um lótus dourado, conhecido como *Matripdama* ou *Mãe-Lótus* – dela era o ventre da natureza. O lótus-índico se liga à deusa Lakshmi ou Patma, e o lótus vermelho é o símbolo da Índia.

A flor de lótus, um lírio aquático, é característica das imagens budistas. Com suas raízes no lodo, ela simboliza a crença de que a iluminação – a flor desabrochada – pode ser alcançada em meio ao sofrimento humano, representado pela água turva. O lótus representa o desenvolvimento da espiritualidade, à medida que a flor cresce em direção do sol.

O "lótus de mil pétalas" budista simboliza a revelação suprema e a iluminação.

CORRELAÇÕES
- *Você está usando plenamente todos os aspectos de sua capacidade criativa?*
- *O lótus de seu sonho renovou seu interesse pela espiritualidade?*

FLORES SILVESTRES

Flores silvestres

AS ANÊMONAS SÃO CONHECIDAS COMO FLOR DO VENTO e receberam o nome do deus grego do vento, Anemos. A anêmona vermelha, segundo a lenda, brotou no local onde uma gota de sangue do deus Adônis caiu; Adônis representa morte e renascimento. Os ranúnculos, com suas flores amarelas brilhantes, representam prazeres simples, dias ensolarados e a opulência resplandecente do sol dourado.

Dedicado à deusa Minerva, o Amor-Perfeito é o símbolo da glorificação do trabalho, mas também está associado ao amor romântico, duradouro, o amor eterno.

A margarida simboliza a inocência e a simplicidade infantil.

O jacinto silvestre floresce em abundância nas matas. Como todas as flores em formato de sino, ele simboliza a transmissão de notícias para o sonhador, uma vez que sinos eram tocados em toda a Europa para anunciar acontecimentos, antes dos sistemas de comunicação de massa.

CORRELAÇÕES

- *Suas flores silvestres indicam a necessidade de uma vida mais simples, na qual os atrativos singelos da natureza tenham maior significado para você?*
- *Você sente que irá florescer em breve, realizar seu potencial ou completar um empreendimento?*

Ervas

A ERVA-DE-SÃO-JOÃO, UM ANTIDEPRESSIVO MUITO EFICAZ, tem o efeito colateral benéfico de tornar a pessoa suscetível aos sonhos lúcidos quando usado no tratamento sistêmico da depressão.

Durante séculos, as ervas têm sido utilizadas com fins terapêuticos e como aromatizantes. A betônica, uma planta da família da menta, foi usada no passado para dar alívio a visões assustadoras e a pesadelos. A artemísia é empregada no tratamento da tensão e da depressão. A aloe vera ou babosa tem numerosas aplicações. Como "aloe amarga" é passada nas unhas para que a pessoa pare de roê-las. As folhas da babosa aplicadas sobre uma queimadura ajudam a eliminar a dor.

A sálvia tem propriedades medicinais que mantêm os dentes limpos e combatem a inflamação das gengivas. Ela também denota sabedoria ou sagacidade.

A camomila tem efeito calmante, sendo conhecida como "paciência nas adversidades".

A salsa em seu sonho, representa o sucesso. Suas realizações serão reconhecidas. Ela também simboliza a purificação.

Sonhar com um pé de arruda grande significa que alguém ou algo é maior do que o normal e indica que você tende a ter uma opinião exagerada de si mesmo ou de alguém.

CORRELAÇÕES

- *As ervas que aparecem em seu sonho se relacionam com ervas que você está usando em seu estado de vigília?*
- *Seu sonho com chá de camomila indica que você precisa se acalmar?*

PLANTAS

Plantas trepadeiras

A MADRESSILVA SIMBOLIZA O AMOR ERÓTICO devido ao seu aroma sedutor e à maneira como ela enlaça outras plantas.

A hera é uma trepadeira robusta, que se fixa aos suportes, sendo encontrada em todas as partes do mundo. Ela é uma planta sempre-viva e, por isso, simboliza a imortalidade e a vida eterna. Em civilizações mais antigas, a folha de hera estava associada a Dionísio, o deus grego do vinho. Acreditava-se que ela causava, assim como curava, a embriaguez. Sua capacidade de fixação às vezes representa dependência e carência.

A clematis, também conhecida como *alegria do viajante*, é semelhante às vinhas porque cresce sobre tudo que esteja em seu caminho. Às vezes é chamada de *caramanchão de senhora* ou *caramanchão de virgem*, por formar espessas abóbadas, que sombreiam e ocultam árvores em jardins.

As videiras representam a fertilidade e a reprodução. Na arte cristã, o fruto da videira e a semente de trigo representam o corpo e o sangue de Cristo, a Eucaristia. Na Grécia, a videira é o símbolo do deus Baco, famoso pelo consumo de vinho e pelos excessos.

A videira virgem ou hera americana alcança grandes alturas. Suas folhas se tornam vermelhas no outono (no hemisfério norte); normalmente, ela é plantada nessa época do ano, devido à sua cor.

CORRELAÇÕES

- *As trepadeiras de seu sonho representam esperança em relação ao seu progresso no trabalho?*
- *Você é um "alpinista social" e aspira se elevar em sua posição social?*

PLANTAS

Plantas espinhosas

O CACTO VICEJA nas condições mais inóspitas e seus espinhos o protegem durante todo o ano, atuando como um aviso para que pessoas e animais não se aproximem dele.

Espinhos são encontrados em muitas plantas, incluindo a roseira, a giesta e o espinheiro. Eles oferecem proteção para a planta, mas ferem animais e pessoas que se aproximam além de um determinado limite. Jesus Cristo foi forçado a usar uma coroa de espinhos quando foi escarnecido pelos romanos como o "Rei dos Judeus". Espinhos simbolizam ferimentos e obstáculos, aparecendo muito em mitos e contos de fadas. A urtiga pode causar uma irritação muito dolorosa. Shakespeare a inclui na guirlanda que Ofélia usa na morte, depois de rejeitada por Hamlet. Embora a urtiga "queime" ela também pode ser transformada em chá e sopa.

CORRELAÇÕES

- *Você tem um problema espinhoso para resolver?*
- *Alguém está sendo um "espinho em sua carne", constantemente lhe causando dor e aborrecimento?*
- *Você está na defensiva no que se refere a uma situação em particular, erguendo uma barreira protetora à sua volta?*
- *Você recebeu uma tarefa "espinhosa" para desempenhar?*

ANIMAIS, PÁSSAROS, INSETOS E SERES MARINHOS, assim como criaturas estranhas, provenientes de lendas e da mitologia, aparecem em nossos sonhos. Eles representam não somente suas próprias características singulares, mas também as qualidades simbólicas que lhes foram atribuídas no correr de milhares de anos. Esses seres simbolizam, ainda, a natureza animal dentro de nós. Animais têm sido venerados desde o Antigo Egito até a Grã-Bretanha celta, dos aborígenes da Austrália até as tribos inuit do Canadá. Os animais desempenham um papel central na vida da humanidade. Animais domesticados, como vacas e ovelhas, podem nos fornecer alimentos ou materiais, como couro ou lã, que servem para nos abrigar. Cães e gatos são criados como animais de estimação. Os animais selvagens são belos e misteriosos e, em alguns lugares, precisamos ser protegidos deles. O simbolismo dos peixes é uma parte importante da religião cristã; esses animais aquáticos figuram amplamente em lendas e histórias antigas.

CAPÍTULO OITO

Os pássaros são encontrados em muitas mitologias devido à sua ligação com a terra e com o céu, uma vez que circulam livremente em diferentes elementos – no ar, na terra e na água. Os pássaros também podem ser vistos como mensageiros pelo fato de poderem voar pelo céu, a grandes alturas, fora do campo de visão do homem.

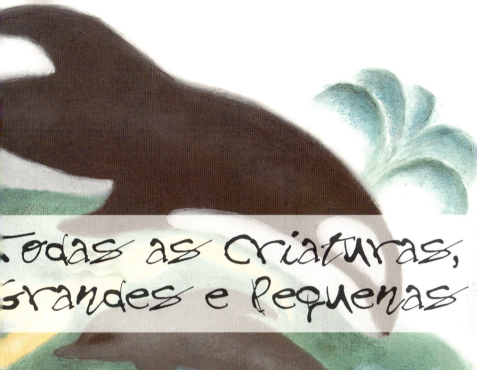

Todas as Criaturas, Grandes e Pequenas

Todas as Criaturas, Grandes e Pequenas

Sonhos que incluem criaturas vivas podem assumir proporções míticas, como ocorreu com a experiência onírica relatada por Vicki:

Estou numa biblioteca tentando alcançar um determinado livro. Há uma cobra, quase dez vezes maior do que eu, enrolada num poste, impedindo-me de pegar o livro. A cena na biblioteca muda para a minha casa, onde descubro um grande número de pequenas cobras emaranhadas em meu cabelo.

Como o lendário cabelo das Górgonas, o de Vicki se transforma numa massa de cobras que parecem estar enroscadas nele. Ela continua envolvida com alguma coisa relacionada aos estudos, uma vez que livros e uma biblioteca aparecem como elementos de seu sonho. Ela conseguiu escapar da cobra gigantesca, mas as "pequenas cobras", ainda a perturbam.

Não é surpreendente o fato de uma hoste de criaturas ser encontrada nos sonhos. Os animais simbolizam as nossas qualidades instintivas, primitivas; é por essa razão que eles nos fascinam. Nós podemos adquirir seu poder quando usamos suas peles. Os antigos guerreiros nórdicos que lutavam com furor frenético costumavam participar das batalhas vestidos com uma pele de urso.

Na Idade Média, um tipo de livro com iluminuras, conhecido como *bestiário*, era muito consultado. Nele havia ilustrações de animais, tanto reais quanto imaginários; eles eram descritos de acordo com os traços humanos que exibiam. Os bestiários também popularizaram criaturas imaginárias como o unicórnio e a fênix.

Grande parte do simbolismo explicado nesta seção do livro pode ser encontrada nos bestiários medievais. Muitos elementos de nossa linguagem se referem às características de animais e de insetos. Essa linguagem chega aos nossos cenários oníricos. Uma cliente me relatou um sonho no qual uma lesma subia por seu peito. Ela não conseguia encontrar um significado para a lesma de seu sonho até começar a analisar ligações linguísticas. Finalmente, descobriu a expressão "lento como uma lesma ou preguiçoso", que era justamente como seu sistema digestório estava se comportando naquele período. Quando compreendeu o significado simbólico do molusco, ela introduziu algumas mudanças benéficas em sua alimentação e, desde então, o sonho não se repetiu.

O manuscrito ilustrado dos celtas, conhecido como *O Livro de Kells*, retrata animais míticos, assim como outros, familiares para nós, e que aparecem nesta seção de *A Bíblia dos Sonhos*. Ao explorar a natureza desses animais, considere sua beleza, bem como sua indiferença em relação aos seres humanos, e pergunte a si mesmo: "Que parte de mim essa criatura representa? Por que essa criatura entrou nos meus sonhos agora e qual é sua mensagem para mim?"

MAMÍFEROS

Gato

A FAMÍLIA DOS GATOS, que inclui leões, tigres, panteras, guepardos e leopardos, assim como gatos domesticados, tradicionalmente está relacionada com o lado feminino, intuitivo de nós mesmos. Os gatos eram venerados no Antigo Egito porque eles mantinham sob controle a população de perigosos roedores. A deusa gata Bastet, representada com cabeça de um gato e corpo de mulher, era a deusa do amor e da fertilidade. Os gatos costumavam ser embalsamados e enterrados com seus donos ou em cemitérios especialmente designados para eles.

Os gregos associavam Bastet à deusa Ártemis, a qual, no período medieval, era conhecida como rainha das bruxas e tinha ligação com as trevas, com a noite e com coisas sinistras. Na mitologia nórdica, os gatos estavam associados ao clima; dizia-se que controlavam os ventos. Os gatos se transformavam em bruxas e voavam pelo céu noturno e tempestuoso. Sonhar com gatos pode ser uma advertência de que alguém está sendo desleal com você.

CORRELAÇÕES

- *O gato de seu sonho representa seu lado "sombrio"?*
- *Você sente que a sorte lhe sorri?*
- *Você precisa ficar atento à sua intuição?*

Cão

OS CÃES SÃO "OS MELHORES AMIGOS DO HOMEM" e foram os primeiros animais a ser domesticados. Descendentes dos lobos, certas raças têm sido treinadas para trabalhar como guardas, como guias para cegos, e como farejadores de drogas; eles são respeitados por sua lealdade e companheirismo.

Os antigos egípcios viam os cães como mensageiros entre os vivos e os mortos. Anúbis, o chacal negro (às vezes confundido com um cão), era o deus egípcio dos mortos e o inventor do embalsamamento. É esse "cão negro" que pode ter dado origem à associação dessa imagem com a depressão. Winston Churchill sofria de crises de depressão que ele chamava "cão negro".

Os cães aparecem com frequência nos sonhos. Uma mulher me relatou uma série de sonhos, nos quais cães, que rosnavam com os dentes à mostra, e tinham a boca coberta de saliva, mordiam seu braço. Mais tarde ela foi atacada por um cachorro da raça boxer e ficou muito ferida. Atualmente, ela não sonha mais com cães mordendo-a. Os sonhos revelaram seu medo e a prepararam para o ataque, que, uma vez superado, libertou-a de seus sonhos aterrorizantes.

CORRELAÇÃO

Se você sonhar que está sendo guiado ou liderado por um cão, talvez esteja tendo dificuldade para resolver uma situação.

MAMÍFEROS

Vaca

HÁ UMA FAMOSA HISTÓRIA BÍBLICA, na qual pedem que José interprete o sonho do faraó com as sete vacas gordas; José diz que elas representam sete anos de abundância para a terra do Egito. Gado gordo, saudável, pode facilmente ser visto como um símbolo positivo. José interpreta as sete vacas magras como sete anos de escassez absoluta e de fome, o que permitiu ao faraó planejar com antecedência e aumentar as reservas de alimentos da nação.

As vacas estão associadas a deusas lunares, muitas das quais são retratadas com os chifres de uma vaca em sua cabeça. Elas também são um símbolo da maternidade, pelo fato de fornecerem leite e alimentos; a vaca foi um dos primeiros animais a ser domesticado. Uma vaca leiteira era um bem muito importante no comércio de troca, antes de o dinheiro ser usado. Hoje, usamos a expressão uma *vaca de dinheiro* quando nos referimos a alguma coisa que representa abundância para nós.

CORRELAÇÕES

- *Seu sonho com uma vaca significa que você está sendo intensamente generoso no presente?*
- *Está sendo "ordenhado" ou usado de alguma forma?*

Touro

FORÇA, OBSTINAÇÃO E PODER se combinam na natureza de um touro. O touro está relacionado com o signo zodiacal de Touro e com Thor, o deus nórdico do trovão. O berro de um touro é equiparado a um trovão. Na mitologia assíria, os chifres do touro simbolizavam a lua crescente.

No sonho abaixo, a ameaça representada por touros verdadeiros na região "infestada por touros" onde a sonhadora vivia, desencadeou uma reação inesperada:

Sonhei que um touro me perseguia; ele corria atrás de mim e ia me matar quando me abaixei, ergui meus pés com as minhas mãos e voei muito alto. Fiquei realmente satisfeita por ter descoberto essa possibilidade.

Essa mulher conseguiu escapar e se sentiu fortalecida com sua capacidade de se elevar acima da ameaça.

CORRELAÇÕES

- *Se o seu sonho for com alguém que está agindo como "um touro enfurecido", agitando-se, derrubando tudo, esse sonho pode ser um aviso para que você diminua o ritmo e tome mais cuidado.*

- *Se você sonhar que está segurando um touro pelos chifres isso significa que é preciso enfrentar a vida de frente.*

- *Se, no sonho, você agir como um brutamontes, talvez esteja tentando impor sua vontade aos outros quando acordado. Se estiver sendo vítima de perseguição, talvez precise se impor à pessoa que tenta forçá-lo a fazer as coisas à maneira dela.*

MAMÍFEROS

Boi

O BOI É UM TOURO CASTRADO, às vezes chamado de boi para engorda, sendo usado como um animal doméstico de carga. Nesse estado dócil, os bois são muito mais fáceis de manejar do que os touros e trabalham durante longos períodos de tempo sem protestar. O boi também está associado ao sacrifício em algumas tradições, uma vez que sacrificou sua virilidade para trabalhar sem queixas para o seu senhor.

São Lucas, autor de um dos quatro Evangelhos cristãos, é retratado como um boi no manuscrito celta do século VII, conhecido como *O Livro de Kells*. O boi simbolizava o trabalho fatigante e contínuo.

O boi tem um lugar especial na astrologia chinesa; ele é o segundo signo do zodíaco chinês; as pessoas nascidas sob esse signo são consideradas confiáveis e atenciosas.

Em certos períodos de sua história, os bois foram protegidos por lei porque a ideia de comer a carne de um animal que trabalhava incansavelmente era tida como vergonhosa.

CORRELAÇÕES
- *Está envolvido numa tarefa que exige comprometimento e paciência?*
- *Consegue reconhecer a força do boi em si mesmo?*

MAMÍFEROS

Cervo

COMO SEUS CHIFRES RAMIFICADOS SE ASSEMELHAM A GALHOS, o cervo está relacionado com a Árvore da Vida (ver p. 217). Ele simboliza os ciclos de regeneração e crescimento, devido ao fato de sua galhada cair todos os anos e crescer novamente. Animais com chifres, especialmente os cervos, estão associados à sexualidade masculina. Os chifres são muitas vezes usados no preparo de afrodisíacos, com o objetivo de assegurar a potência sexual.

Os xamãs norte-americanos em geral usam chifres de cervos como símbolo de contato ou de busca de contato entre a terra e o céu. Nessa tradição, acredita-se que os cervos sejam mensageiros dos deuses.

Na Idade Média, o cervo estava associado a uma vida solitária e pura. Santo Huberto converteu-se ao cristianismo depois de ver um cervo com um crucifixo entre os chifres. O cervo branco era o emblema pessoal do rei Ricardo II da Inglaterra.

O cervo tinha uma particular importância para os celtas. Ele correspondia ao deus Cernunos, senhor dos animais. Cernunos usava uma galhada e era o deus da fertilidade, da regeneração e da caça. Era ainda conhecido como o deus da prosperidade.

CORRELAÇÕES

- *Você está passando por um processo de renovação ou precisa passar?*
- *Este é o momento de você diversificar, de criar novos relacionamentos?*

MAMÍFEROS

Cavalo OS CAVALOS ERAM SÍMBOLOS DE RIQUEZA E DE PODER PARA OS ANTIGOS CELTAS;

o cavalo branco, entalhado no calcário de uma colina em Uffington, Oxfordshire, Inglaterra, é uma indicação da importância desses animais. Consagrados à deusa Rhiannon, os cavalos expressavam o poder da energia primordial. Eles também estão relacionados com a sexualidade. O garanhão representa a força e a fertilidade masculina, como ilustra o sonho abaixo:

Eu cavalgava um belo cavalo numa região descampada; subitamente, o cavalo se transformou no meu namorado.

Pégaso era o cavalo alado da mitologia grega; segundo a lenda, Zeus o usava para carregar raios e trovões.

CORRELAÇÕES

- *O cavalo que aparece no sonho é selvagem ou manso? O que isso representa em termos de seu comportamento?*
- *Se você for o cavaleiro, consegue controlar o cavalo e governar sua força?*

MAMÍFEROS

Burro

PROVERBIALMENTE TEIMOSO, ESTÚPIDO E COM UM IMPULSO SEXUAL EXAGERADO, o burro é, não obstante, admirado devido à cruz estampada em suas costas. Afirma-se que essa cruz apareceu depois de o burro ter levado Jesus a Jerusalém no Domingo de Ramos; ela se transformou num sinal de que o jumento havia sido abençoado.

Burros e mulas (a mula é um cruzamento entre um burro e uma égua) carregam pesados fardos sem protestar. Eles simbolizam uma paciente aceitação de seu destino. Os burros são usados como animais de carga e por isso "trabalhar como um burro de carga" descreve um lida penosa e enfadonha ou servil.

Numa das lendas sobre o rei Midas, este desenvolveu as orelhas de burro após se atrever a afirmar ao deus Apolo que era melhor juiz de música do que ele. Apolo respondeu que Midas não merecia ter as orelhas de um ser humano e fez com que crescessem em Midas orelhas de burro; a vergonha diante da situação provocou a morte de Midas.

CORRELAÇÕES

- *Você se sente sobrecarregado?*
- *Sonhos com burros poderiam indicar algum tipo de intransigência de sua parte. Você se recusa a ceder no que se refere a uma determinada questão?*
- *O Bisonho é um personagem de desenho animado da turma do Ursinho Puff, conhecido por sua natureza depressiva. Você tem estado prostrado ou deprimido?*

MAMÍFEROS

Elefante EMBORA SILVESTRE, O ELEFANTE PODE SER DOMADO. Sua força e confiabilidade são lendárias, assim como sua boa memória. Os elefantes simbolizam a paz, a fidelidade e a felicidade. Na mitologia indiana, havia a crença de que o elefante segurava o céu, impedindo-o de cair; atualmente, elefantes entalhados são encontrados na base dos pilares que sustentam os tetos de templos.

Os elefantes eram símbolos de uma poderosa sexualidade na Índia Antiga. O deus-elefante indiano Ganesha engravidou a Deusa Virgem Maya, a qual deu à luz Buda. O deus Shiva às vezes assumia a forma de um elefante. O marfim do elefante é considerado poderosamente mágico e afrodisíaco em muitos países.

Eu dirigia um automóvel em alta velocidade. Enquanto me deslocava rapidamente, o lugar se transformou numa selva; logo depois, um elefante começou a avançar na minha direção. Eu pisquei os faróis e toquei a buzina, mas o elefante continuava atacando. No último minuto ele se desviou e fugiu.

Nesse sonho o elefante representa um forte impulso animal que poderia destruir a sonhadora. No momento crucial o elefante se desviou e a ameaça foi afastada. A sonhadora precisa descobrir que aspecto de sua vida se assemelha a uma selva e a coloca em perigo. Uma vez que, no sonho, ela ocupa o banco do motorista, terá controle do que quer que lhe aconteça, desde que suas ações sejam efetivas.

CORRELAÇÕES

◎ *Você precisa da força de um elefante para cumprir sua missão?*

◎ *Você tem cultivado uma lembrança da qual deveria se desapegar?*

Hipopótamo

O NOME DESTE ANIMAL SE ORIGINA DAS PALAVRAS GREGAS *hippos*, que significa "cavalo", e *potamos* ou "rio". Esse "cavalo do rio" também era considerado como a forma divina que vivia na água.

No Antigo Egito, o hipopótamo macho era encarado como um aborrecimento, uma vez que pisoteava e comia as plantações; caçadas eram organizadas para matá-lo. Os hipopótamos passaram depois a simbolizar a derrota do mal e foram incluídos nas pinturas dos templos. Hoje, sua reputação de animais agressivos e territoriais permanece inalterada.

A fêmea do hipopótamo representa a Grande Mãe egípcia, Amenti, "a que gera água", deusa dos partos. Ela estava relacionada com *ankh* ou chave da vida. Amenti foi uma deusa especialmente reverenciada nos lares egípcios. Muitas fêmeas de hipopótamo, lavradas em vidro azul, foram encontradas em câmaras mortuárias; acredita-se que representem o poder regenerador do rio Nilo, assim como o renascimento.

Os hipopótamos são animais gregários que chafurdam na lama e parecem levar uma vida calma e sem preocupações. Se você sonhar com um grupo desses animais, esse sonho poderá representar seu desejo de se reunir com amigos, longe dos problemas diários.

CORRELAÇÃO

Seu hipopótamo onírico representa uma preocupação com a fertilidade e com partos?

MAMÍFEROS

Raposa

NA IDADE MÉDIA, a raposa era o símbolo do demônio. Na Europa, Reynard é a raposa ardilosa e corresponde ao coiote ardiloso dos nativos norte-americanos. As raposas são respeitadas por sua inteligência e astúcia. Reynard parecia ser uma raposa comum, exceto por suas fugas miraculosas, de caráter quase divino, e sua capacidade de falar com voz humana, partilhada por muitos animais mágicos que aparecem em sonhos.

As raposas são caçadas por sua pele e por "esporte" na Inglaterra; ali, a caçada é combinada com o uso ritual de trajes especiais. A determinação da raposa fêmea de escapar e conduzir os caçadores para uma região onde a caça é proibida, com o objetivo de proteger os filhotes, deu origem à sua reputação de mãe devotada.

A raposa é furtiva e esperta em seus ataques a galinheiros nas áreas rurais. Entretanto, como um número cada vez maior de raposas, assim como de coiotes, pode ser encontrado atualmente em áreas urbanas à procura de alimentos, é possível que elas se tornem mais dependentes dos seres humanos. O instinto de sobrevivência da raposa, responsável por sua grande adaptabilidade, poderá, em última análise, prejudicar sua capacidade de sobreviver como animal silvestre.

Na Escandinávia, a *aurora boreal*, ou luzes do norte, às vezes é chamada de "fogos de raposa".

CORRELAÇÕES

- *Você precisa ser "tão astuto quanto uma raposa" neste momento?*
- *A raposa de seu sonho precisa de proteção? Essa necessidade corresponde a uma situação específica em sua vida?*

MAMÍFEROS

CORRELAÇÃO

Se você sonhar que está sendo perseguido por um lobo e for salvo, seu sonho indica um relacionamento positivo com seu salvador.

Lobo

FEROZ E PREDATÓRIO, o lobo simboliza a sobrevivência animal. Os lobos são geralmente retratados como companheiros dos deuses dos mortos. Para os romanos e egípcios, os lobos representavam a bravura e eram muitas vezes retratados como guardiões.

Nos contos de fadas e nos mitos, o lobo normalmente é uma força negativa, que devora suas vítimas. Entretanto, segundo a mitologia romana, foi uma loba que amamentou Rômulo e seu irmão gêmeo Remo. Depois de adultos, eles fundaram a cidade de Roma.

Os lobos também são animais muito sociais e possuem um complexo sistema de papéis e de *status* dentro da matilha. Seus membros lambem a boca dos líderes e se envolvem em lutas rituais simuladas, com o propósito de reforçar as hierarquias de poder.

Em mitos celtas, afirma-se que o lobo engole o sol, O Pai do Céu, à noite, para que a lua possa brilhar. O uivo lúgubre dos lobos para a lua reforça essa ligação lunar. Para o cristianismo, o lobo representa o mal, a crueldade e o caráter sorrateiro, mas também é o emblema de São Francisco de Assis; segundo a crença, o santo domou o lobo de Gubbio, que aterrorizava a população da cidade. Lobos domesticados evoluíram, transformando-se nos mansos cães, os melhores amigos do homem.

MAMÍFEROS

Ovelha

EM ALGUNS LUGARES, as ovelhas são consideradas animais de pouca inteligência e tediosos, devido à sua docilidade. Como animais domesticados, as ovelhas fornecem alimento e lã, constituindo grande parte da economia de locais como a Nova Zelândia.

Em alguns países, uma ovelha negra é um bom presságio, porém, normalmente seu significado é de alguém que causa tristeza ou vergonha à família. A ovelha negra se destaca do restante do rebanho. Quem ou o quê sua ovelha negra representa?

O cordeiro é símbolo de pureza e de honestidade, sendo facilmente enganado. Ele pode ser o cordeiro sacrifical da Páscoa, que vai para a morte silenciosamente, "como o cordeiro para o abate", sem nenhuma resistência. No Novo Testamento, Cristo é chamado o Cordeiro de Deus.

Para cuidar de animais em pastos desertos de zonas montanhosas, os pastores ficam ou ficavam isolados durante longos períodos de tempo; por essa razão, eles se tornaram autossuficientes. Os pastores simbolizam um estilo de vida simples e natural.

CORRELAÇÕES

- *"Separar as ovelhas das cabras" significa selecionar qualquer membro de um grupo que é superior aos outros.*
- *"Fazer cara de cordeiro," significa a pessoa parecer constrangida ou envergonhada, como resultado de ter agido mal, ou dar a impressão de ser tola.*

Bode

O BODE TEM UM LUGAR NA TRADIÇÃO PAGÃ E TAMBÉM NA CRISTÃ. Em Israel, havia um ritual de reparação ou redenção no Yom Kippur, durante o qual os pecados das tribos eram simbolicamente empilhados sobre o "bode expiatório", o qual era apartado do rebanho através de um cerimonial de expulsão. Ainda usamos o termo *bode expiatório* com o sentido de que uma pessoa inocente é levada a assumir a culpa por atos alheios. O bode, na tradição esotérica, está associado à sexualidade desmedida e à luxúria, além de ser considerado símbolo da fecundidade e da libido. No sonho abaixo, a sonhadora se sentiu ameaçada por bodes:

Eu estava num campo com alguns bodes. Um deles tinha chifres enormes e eu tive medo que me golpeasse. Acordei antes de ser atacada.

Os bodes também estão relacionados com a sabedoria. Moisés e Alexandre, o Grande, são ocasionalmente representados usando chifres, como sinal de sabedoria. Chifres muitas vezes aparecem nas imagens de xamãs, homens sábios, dedicados a práticas médicas.

O deus romano Pã era metade homem e metade bode. Ele estava intimamente associado ao mundo natural, sendo a mais forte ligação pagã com o bode.

Quimera, nome do monstro mítico, significa "fêmea do bode ou cabra".

MAMÍFEROS

Rato

RATOS SÃO CRIATURAS DAS TREVAS; na mitologia antiga, eles eram símbolos da noite. De olhos brilhantes e inteligentes, são vorazes e destrutivos quando comem, além de transmitir a peste e a leptospirose. Os ratos simbolizam a morte, a decomposição, a doença e a sujeira. Na Grã-Bretanha, de acordo com uma superstição, se ratos mordiscarem móveis, isto será um sinal de morte.

Afirma-se que ratos têm conhecimento prévio do que vai acontecer. Por exemplo, eles sabem quando abandonar um navio, antes que este naufrague. Na tradição indiana, os ratos eram vistos como animais prudentes; o deus Ganesha, aquele que vence todos os obstáculos, diz a lenda, tinha como veículo divino um rato.

Um pesadelo da infância, o qual ainda se repete quando estou doente, envolve ratos enormes. Eles estão à minha volta e fazem um barulho intimidador, guinchando para mim.

Para esta sonhadora, os ratos são uma fonte de terror, devido ao seu tamanho e ao ruído que fazem. Eles representam alguma coisa que surge das sombras, do desconhecido.

CORRELAÇÕES

- *O sonho, no qual ratos o atacam, revela que você se sente vítima de um ataque de amigos ou de colegas?*
- *Seu rato onírico pode simbolizar um "rato" – um amigo que o abandonou ou traiu sua confiança.*

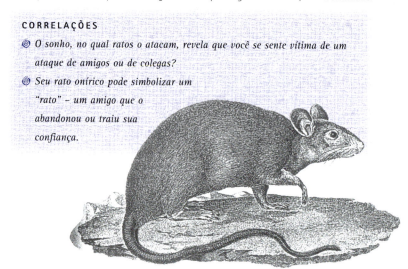

MAMÍFEROS

Camundongo

OS CAMUNDONGOS PODEM REPRESENTAR UMA DILIGÊNCIA SILENCIOSA, observada nos ratos-do-mato, ou podem simbolizar animais daninhos, como quando um prédio é infestado de camundongos que comem alimentos destinados ao consumo humano. Claramente, o cenário do sonho é importante; se os camundongos estiverem num lugar impróprio, alguma coisa foi deslocada, ficou fora do lugar. Um camundongo onírico pode até mesmo representar seu "mouse" de computador e uma ligação com o lugar de trabalho.

Na Europa medieval, as pessoas acreditavam que a alma dos mortos era levada na boca de um camundongo; por isso, eles se tornaram símbolos da alma. Alguns contos de fada dizem que no momento da morte a alma sai pela boca, sob a forma de um camundongo.

CORRELAÇÕES
- *Sonhar que você é um camundongo pode significar que se sente insípido e não consegue se distinguir, preferindo ficar em segundo plano.*
- *O camundongo de seu sonho revela falta de confiança? Você se sente pequeno e insignificante?*

MAMÍFEROS

Lebre

A LEBRE OU COELHO É UM DOS PRINCIPAIS SÍMBOLOS DA LUA – muitas culturas veem uma lebre e não um homem na lua. Usada amplamente como símbolo de sacrifício no cristianismo, a lebre está associada à Páscoa. Existe uma lenda, de acordo com a qual um criador de coelhos tem somente que pedir a um coelho que se mate e ele o fará, mostrando assim que é capaz de autossacrifício. As lebres eram consagradas à deusa dos anglo-saxões Eostre e deram origem ao *ovo de Páscoa*. O festival de primavera pagão incluía o conceito de que a Lebre da Lua iria pôr ovos para que crianças bem comportadas os comessem. A Lebre da Lua continua conosco, sob a forma de Coelho da Páscoa.

A lebre é um arquétipo – a repetição do símbolo da lebre na mitologia mundial não pode ser explicada em termos de coincidência. A lebre era considerada em alguns meios como animal de mau agouro, devido à sua proximidade com as bruxas, ou pelo fato de ela ser uma bruxa que tinha se transformado. Em algumas partes da Grã-Bretanha, os marinheiros se recusavam a embarcar num navio se uma lebre cruzasse seu caminho. Nos retratos de Maria, a lebre é uma alusão à fertilidade abençoada. Em março, as lebres ficam agitadas porque seu comportamento muda nessa época de acasalamento (na Europa); temos os ditos populares "louco como uma lebre em março" e "esquemas criados pelo cérebro de uma lebre".

CORRELAÇÕES

◎ *Você está fazendo sacrifícios no momento?*

◎ *Você está pensando com clareza ou está envolvido em empreendimentos pouco confiáveis?*

MAMÍFEROS

Porco

OS PORCOS ERAM CONSIDERADOS SAGRADOS PARA AS CULTURAS GERMÂNICA E CELTA. O deus celta Dagda possuía um porco mágico que podia ser morto e comido todos os dias; no dia seguinte ele iria ressuscitar e estaria pronto para servir de refeição novamente. Assim, ninguém jamais passaria fome. Na Escandinávia, as pessoas também acreditavam no porco ou no javali sobrenatural; o costume de comer um porco assado no Natal, com uma maçã na boca, se originou do sacrifício do porco natalino dos nórdicos; este era oferecido aos deuses na virada do ano.

Embora os porcos sejam muito limpos, eles geralmente são mantidos em condições que deram origem à sua reputação de animais que vivem na imundície. A palavra "porco" é algumas vezes usada para descrever uma pessoa suja, gulosa ou de maus modos. Nas tradições judaica e muçulmana, o porco era um animal discriminado ou "impuro"; isto significava que ele não podia ser comido.

A expressão "é mais fácil um porco voar..." expressa a ideia de que alguma coisa nunca irá acontecer.

CORRELAÇÕES

- *Você se defronta com um empreendimento impossível de ser realizado?*
- *Um "cofre de porquinho" é um local para se colocar dinheiro e economizar para o futuro. O porco de seu sonho se refere a economias?*

MAMÍFEROS

Urso SÍMBOLO DO PODER E DA INDEPENDÊNCIA INSTINTIVA DOS ANIMAIS, o urso pode ser sombrio e ameaçador. Nas línguas nórdicas a palavra que designa o "deus do trovão" e o "urso" é a mesma. Existem numerosas superstições em relação aos ursos. Alguns acreditavam que dormir sobre uma pele de urso curava a dor nas costas. Outros, que a pele do urso constitui um talismã contra a cegueira. Na tradição da tribo dos índios sioux norte-americanos os curandeiros se vestiam como ursos, devido à crença de que esses animais proporcionavam a cura.

Em outras tradições, uma capa de pele de urso supostamente transmitia aos guerreiros a força e a coragem da ursa, que é implacável na defesa de seus filhotes. A deusa-urso Artio protegia as florestas e os ursos, e era a padroeira da caça.

Como os ursos hibernam no inverno e reaparecem na primavera, eles simbolizam a morte e o renascimento. O urso negro é um espírito animal que representa coragem e introspecção. Na tradição dos nativos norte-americanos, o urso é o símbolo da energia feminina, receptiva. Entrar em sua caverna é curar os pontos escuros em si mesmo, é sintonizar-se com as energias da Grande Mãe e receber seu sustento. Em outras palavras, ir para a caverna do urso é ir para dentro de si mesmo e reconhecer aquilo que você sabe.

CORRELAÇÕES

◉ *Seu sonho com um urso significa que você precisa adquirir o poder do urso?*

◉ *Urso dançando é sinal de sorte nas especulações; brigar ou matá-lo indica vitória contra adversários.*

MAMÍFEROS

Macaco

EM GERAL, OS MACACOS representam os instintos inferiores dos seres humanos e o inconsciente. Contudo, o aspecto positivo dessa questão é que o inconsciente muitas vezes nos surpreende com súbitas percepções e lampejos intuitivos de inspiração. Isso é reconhecido na China, onde se considera que o macaco tem o poder de conceder boa saúde e felicidade. Em Hong Kong, há um festival anual do Rei Macaco, durante o qual se anda sobre brasas para celebrar a proteção oferecida pelo Rei Macaco ao peregrino chinês.

Os macacos eram muito valorizados no Antigo Egito, devido à sua grande semelhança com os seres humanos e à sua inteligência. Eles eram embalsamados e enterrados com especial cuidado.

Os macacos são reverenciados na Índia, onde o deus-macaco hindu é conhecido como Hanuman.

CORRELAÇÕES

- *Seu macaco onírico revela um lado mais selvagem de sua personalidade?*
- *Os Três Macacos Místicos cobrem seus olhos, ouvidos e boca, mostrando que "não veem o mal, não ouvem o mal e não enunciam o mal". Você precisa defender sua própria opinião?*

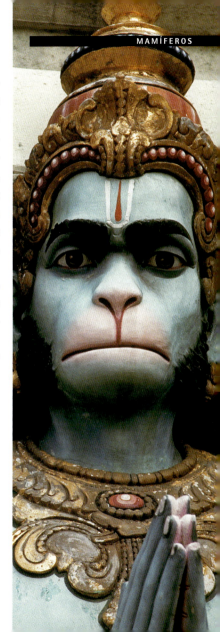

MAMÍFEROS

Leão

ESTE MAJESTOSO SOBERANO DO REINO ANIMAL simboliza a força e o sol, devido à sua cor dourada. Após matar o terrível leão de Nemeia com as próprias mãos, Hércules vestiu a pele do animal, como sinal de sua força. Em mitos do mundo todo, os leões são fortes e inteligentes; dinastias reais frequentemente usam o leão como símbolo de sua grandeza.

Muitas tradições religiosas incluem imagens de leões. A deusa Hathor, como esfinge, é retratada com a cabeça de um leão e, às vezes, aparece montada num desses animais. A cabeça de um leão, cercada de raios, era símbolo do sol no culto mitraico. O Trono do Leão ou *simhasana* é sagrado para os budistas. Sikhs que estavam preparados para morrer pela fé eram batizados com água benta e recebiam o nome de *Singh*, que significa "leão".

O nome *Singapura* se traduz como a "cidade do leão".

Numerosos amuletos de cura eram esculpidos com o formato de um leão. Na história de São Jerônimo e o leão, o santo tira um espinho da pata do animal e o leão se torna, depois disso, seu fiel companheiro. No âmago dessa história se encontra o conceito do poder da compaixão sobre a força.

MAMÍFEROS

Morcego

NA TRADIÇÃO CRISTÃ, o morcego é conhecido como o "pássaro do demônio". Satã é mostrado com asas de morcego. No budismo, o morcego representa a "compreensão obscurecida". Existem muitas superstições envolvendo morcegos. Por exemplo, se morcegos entrarem numa casa ou baterem as asas de encontro a uma janela, isto será encarado como um prenúncio de morte.

Em algumas tradições nativas norte-americanas, os morcegos são vistos como portadores de chuva e, por isso, considerados bons presságios.

Na China, eles simbolizam a riqueza, a sorte e uma vida longa. De acordo com o folclore chinês, se cinco morcegos aparecerem juntos, eles representarão as cinco graças divinas tradicionais da saúde, riqueza, vida longa, paz e felicidade.

Um morcego é uma criatura das trevas e usa um sistema de navegação chamado ecolocalização, semelhante ao sonar; nesse sistema, sinais sonoros são emitidos e seu eco recebido. Isto significa que os morcegos não necessitam ter uma boa visão. Como um sonho com morcegos se relaciona com sua vida no presente? Um ou mais de seus sentidos foi intensificado, devido à debilitação de um de seus outros sentidos? Você desenvolveu uma nova sensibilidade para aquilo que está ocorrendo à sua volta?

CORRELAÇÕES

- *Se você sonhar com morcegos talvez esteja sendo "cego como um morcego", incapaz ou sem disposição para ver o curso correto de ação.*
- *Os morcegos também podem representar a necessidade de você abandonar hábitos antigos e procurar hábitos novos, que se adaptem ao seu novo estilo de vida.*

RÃ

Rã POR SER UM ANFÍBIO, a rã se sente à vontade na terra ou na água e simboliza a união de ambos os elementos. Ela também representa a ressurreição pelo fato de nascer na água e desaparecer no inverno, para reaparecer no início da primavera. A rã também está relacionada com a fertilidade, talvez porque produza uma grande quantidade de ovas. A presença de rãs indica a saúde de um determinado ambiente, porque sua pele é permeável a poluentes.

Há um mito australiano no qual uma rã engoliu toda a água do mundo, causando uma grande seca. A questão era extremamente séria porque significava que a Terra poderia morrer. A única maneira de corrigir a situação era fazer a rã rir, o que uma enguia conseguiu fazer, porém a força da água que jorrou da boca enorme da rã inundou o mundo. Este é outro exemplo de inundação presente em mitos da criação.

Na China, uma rã num poço representa uma pessoa com uma visão estreita das coisas e uma perspectiva limitada.

CORRELAÇÕES

- *Sonhar com uma rã significa novidades no campo afetivo, bem como melhoria de posição econômica.*
- *Um sonho com o Príncipe Rã – o príncipe encantado que assumiu a forma de uma rã e só pôde voltar ao seu eu original depois de ter sido beijado por uma donzela – simboliza o processo de transformação.*

RÉPTEIS

Crocodilo

OS CROCODILOS ERAM VENERADOS NO ANTIGO EGITO. Representados com a boca aberta, movendo-se contra a correnteza, eles simbolizavam a liberdade em relação às limitações do mundo mortal e também a vida, encontrada através da morte. Isso pode explicar porque milhares de corpos de crocodilos mumificados foram achados em sítios arqueológicos do Egito. Uma vez que esse animal pode viver em terra e na água, ele representa a natureza dual do homem.

O deus Sebek, com cabeça de crocodilo, em seu aspecto positivo simbolizava a razão por que esse réptil consegue enxergar claramente mesmo quando seus olhos estão velados por uma membrana. Em seu aspecto negativo, Sebek representava a brutalidade, o mal e a deslealdade. Da mesma forma que o jacaré, o crocodilo se relaciona com a agressão furtiva e súbita. Os crocodilos também estão associados à força e ao poder oculto.

Os antigos egípcios acreditavam que os crocodilos eram os guardiões do mundo subterrâneo; nos sonhos, esse conceito pode representar o inconsciente; por isso, experiências oníricas com crocodilos talvez indiquem que a pessoa se encontra no limiar de uma nova percepção de seus impulsos subconscientes.

CORRELAÇÃO

Há um mito, segundo o qual um crocodilo havia engolido a lua e, em seguida, derramado lágrimas insinceras. Portanto, "lágrimas de crocodilo" são derramadas por aqueles que meramente fingem se importar. Um sonho com um crocodilo poderia significar que você está sendo enganado por seus amigos.

Serpente

AS SERPENTES SÃO SÍMBOLOS ANTIGOS de cura física e espiritual. Asclépio, o deus grego da medicina e da cura, é retratado com uma serpente; isso deu origem ao *caduceu*, o bastão ao redor do qual duas serpentes estão entrelaçadas. Este símbolo é ainda usado no mundo todo para representar a medicina.

Como as serpentes trocam de pele, elas simbolizam a renovação e a regeneração. Na Bíblia (Salmo 58:4) afirma-se que as víboras são surdas. Seguindo-se o princípio de que semelhante cura semelhante, o óleo de víbora era usado no passado como remédio para a surdez e a dor de ouvido. Víboras fêmeas adultas engolem os filhotes quando algo os ameaça, vomitando-os depois de o perigo ter passado.

No Talmude, as serpentes representam a riqueza e a prosperidade; matar uma serpente num sonho significa perder todos os seus bens.

A serpente convenceu Eva a comer o fruto da Árvore do Conhecimento do Bem e do Mal, o que levou Adão e Eva a serem expulsos do Jardim do Éden. Sua inocência foi perdida e, pela primeira vez, eles conheceram a vergonha e a culpa. A serpente simboliza as consequências da desobediência.

Às vezes, vemos águias com serpentes presas em suas garras. Isto representa o poder da espiritualidade sobre o poder inferior, maléfico da serpente, ou o conflito arquetípico entre o bem e o mal. A energia sexual está associada às serpentes.

CORRELAÇÃO

Sonhar com víbora adverte contra amigos falsos ou a perda de prestígio por enganos.

RÉPTEIS

Tartaruga Marinha

ASSIM COMO OS QUELÔNIOS TERRESTRES, A TARTARUGA MARINHA TEM UMA CARAPAÇA, dentro da qual se recolhe. A tartaruga é rija por fora e tenra por dentro. Seu formato deu origem a correlações cósmicas no Extremo Oriente – a carapaça arredondada passou a representar o céu, enquanto a parte inferior, plana, representa a terra. A tartaruga sempre simbolizou a solidez da terra e não qualquer aspecto transcendental.

A tartaruga é um anfíbio, tem vida longa e está associada à sabedoria. Seu caminhar lento e tranquilo representa uma abordagem imperturbável da vida e da evolução natural. Fidelidade e lealdade são atributos da tartaruga, a qual permanece fiel ao companheiro.

Na religião hindu, uma das encarnações de Vishnu é Kurma, a tartaruga que carregava o mundo em suas costas.

Na China Antiga, os taoistas usavam carapaças de tartaruga para predizer o futuro. Como resultado da colocação de um objeto extremamente quente sobre a carapaça, fendas se formavam na superfície e estas eram lidas pelo vidente. Os taoistas posteriormente desenvolveram o *I Ching* como sistema divinatório.

A tartaruga leva um dia imenso
em seu puro passeio solidário;
sustenta a carapaça do universo
no silêncio das presas vagarosas.
LÊDO, MAGIAS: "A TARTARUGA".

CORRELAÇÃO

* *Você precisa desenvolver uma carapaça protetora ao seu redor?*

RÉPTEIS

Tartaruga terrestre, jabuti

NO ORIENTE, um conceito universal era o de que a terra se apoiava sobre o casco de um jabuti. Este simbolizava a vida eterna. Nos mitos hindus, o criador de todas as criaturas é às vezes mencionado como o "Velho Homem Tartaruga", enquanto na mitologia chinesa, P'an-ku, o primeiro ser que irrompeu do Ovo Cósmico, estava acompanhado por um dragão, um unicórnio, uma fênix e uma tartaruga terrestre.

Na mitologia grega, a primeira lira foi feita com a carapaça de um jabuti. O deus Hermes limpou a carapaça, abriu orifícios nas bordas, fixando sete cordas de tripa de vaca transversalmente. Ele também fez o primeiro plectro ou palheta.

Na fábula *A Lebre e a Tartaruga*, é a lenta tartaruga que vence a corrida devido à sua determinação e concentração – ao contrário da lebre, ela não se sentia excessivamente confiante e venceu no final.

CORRELAÇÃO

Sua tartaruga onírica indica que você necessita progredir de maneira lenta e constante, em vez de se precipitar?

Besouro

NAS ILHAS BRITÂNICAS HAVIA UM REMÉDIO POPULAR para a tosse infantil: um besouro era capturado e pendurado em volta do pescoço da criança. Acreditava-se que à medida que o besouro definhava, o mesmo ocorria com a tosse.

Pise num besouro preto e vai chover.
Pegue-o e o enterre,
O sol vai brilhar outra vez.

PROVÉRBIO INGLÊS

O escaravelho, também conhecido como besouro estercorário, era venerado no Egito. Ele é o símbolo do sol, da criação da matéria e da ressurreição. Representa a imortalidade, a sabedoria divina e os poderes produtivos da natureza. O selo de escaravelho era confeccionado no formato do escaravelho sagrado; na parte inferior, se entalhavam inscrições e ele servia para selar ou assinar documentos. Amuletos com formato de escaravelhos eram usados para dar sorte e colocados nos túmulos para assegurar a vida eterna.

No Congo africano o escaravelho é um símbolo lunar e representa a renovação eterna.

CORRELAÇÕES

- *A expressão "por todos os lados como um besouro" significa apressar-se ou agitar-se. Em alguns sonhos, um enxame de besouros cobre a pessoa que está sonhando, a qual acorda tentando removê-los. Isto pode representar um grande número de pequenas questões que o estão perturbando.*
- *Uma vez que os besouros mordem, talvez algo esteja mordendo você para chamar sua atenção.*

INSETOS

Abelha NA IDADE MÉDIA, as abelhas eram consideradas inteligentes e misteriosas, sendo conhecidas como "os pássaros de Deus". As velas queimadas nas igrejas eram feitas de cera de abelha e o mel é o símbolo da graça de Deus na Bíblia.

Em séculos anteriores, como uma maneira de agradecer às abelhas por seu trabalho infatigável, as pessoas na Inglaterra as incluíam em datas familiares importantes e decoravam as colmeias nos momentos de celebração. Quando uma morte ocorria na família, a colmeia era coberta com um pano preto. Segundo a crença, se não contassem às abelhas que uma pessoa tinha morrido, o enxame deixaria o lugar e não produziria mais mel para a família.

Dizia-se que Maomé permitiu a entrada das abelhas no paraíso porque elas representavam almas.

A natureza laboriosa das abelhas na fabricação do mel é frequentemente relacionada com a criação de riquezas. Como as formigas, as abelhas demonstram o poder da união, trabalhando juntas para o bem comum. Em muitas cidades britânicas, abelhas são incluídas na decoração de edifícios comerciais, como sinal de esforço e de sucesso.

CORRELAÇÕES

- *Como uma abelha, você está traçando uma linha reta – a menor distância entre pontos – para conseguir aquilo que quer? Você se dirige diretamente para o seu objetivo sem considerar outras possibilidades?*
- *Suas abelhas oníricas refletem seu trabalho incansável?*
- *Sonhar com uma abelha é sinal de prosperidade. Ver uma abelha ou uma colmeia é sinônimo de lucros nos negócios, de boa sorte e saúde financeira.*
- *Ser picado por abelha no sonho prenuncia muita sorte nos negócios.*

Borboleta

Certa vez eu, Chuang-Tzu, sonhei que era uma borboleta; esvoaçava para lá e para cá. Eu estava consciente de apenas seguir a minha imaginação de borboleta e não percebia a minha individualidade humana. Subitamente, acordei e permaneci lá, deitado, eu mesmo outra vez. Agora não sei se naquele momento eu era um homem sonhando que era uma borboleta ou se sou agora uma borboleta sonhando que é um homem.

CHUANG-TZU, FILÓSOFO CHINÊS DO SÉCULO IV

O QUE É A REALIDADE, SONHAR OU ESTAR ACORDADO? Ambos os estados são partes intrínsecas, essenciais de nossa natureza.

Na China, uma borboleta representa alegria e prazer sexual no casamento; uma borboleta de jade representa o amor. É considerado de bom augúrio um noivo chinês oferecer à sua noiva um símbolo como esse no dia do casamento.

A palavra grega *psyche* (*psique*) significa tanto "alma" quanto "borboleta", e se origina do conceito de que a alma assumiu a forma de uma borboleta ao buscar uma nova encarnação. Os celtas acreditavam que "almas-volantes" ou almas-borboleta voavam em todas as direções à procura de uma nova mãe.

A delicada borboleta é a culminação de um processo de metamorfose, passando de larva (lagarta) para pupa, até atingir seu estado final como borboleta. Este inseto simboliza a morte e o renascimento, uma vez que no estágio latente da pupa a borboleta parece morta, porém, mais tarde, emerge numa nova forma.

CORRELAÇÃO

Um sonho com uma borboleta pode significar que você está vivendo um período de transição. Mudanças estão ocorrendo.

Escorpião

OS ESCORPIÕES PERTENCEM À FAMÍLIA DOS ARACNÍDEOS, sendo, portanto, aparentados com as aranhas. Tradicionalmente, os escorpiões são conhecidos pelo "ferrão fatal na cauda", que usam se forem provocados ou acuados; entretanto, alguns têm glândulas de veneno nos maxilares e na cauda. Durante o dia, eles se escondem embaixo de pedras, saindo à noite para caçar e atacar suas presas.

Os escorpiões estão tradicionalmente associados à morte. Os nativos da América Central e do Sul acreditam que a Mãe Escorpião recebe a alma dos mortos em sua morada na extremidade da Via Láctea. O signo astrológico de Escorpião tem relação com o mundo subterrâneo, com a morte e com segredos sombrios. Ele também está ligado à tenacidade, à sexualidade e à fertilidade.

Em áreas desertas do Irã, escorpiões são apanhados e colocados em vasilhas com óleo de oliva. Mais tarde, quando o óleo de oliva já absorveu os humores curativos do inseto, o óleo é coado e aplicado em cortes e feridas para acelerar o processo de cicatrização.

CORRELAÇÕES
- *O escorpião de seu sonho representa uma ferroada que você está pronto para infligir?*
- *Você foi aguilhoado ou atormentado por alguém?*

Aranha

A ARANHA É UM ARQUÉTIPO da Grande Mãe, em seu aspecto de tecelã do destino. Aranhas com frequência aparecem em sonhos quando precisamos tomar uma decisão importante a respeito do nosso destino pessoal e os fios de nossa vida necessitam ser renovados ou mudados de posição.

Histórias a respeito de aranhas sempre reconhecem a aguda inteligência dessa criatura. No mito da criação das tribos cherokee da América do Norte, uma aranha recupera o sol que estava no fundo de um buraco. A aranha o apanha numa rede, puxando-o para cima, para que o sol possa assumir seu lugar no céu e iluminar o mundo. A esperta aranha conservou uma minúscula parte do sol em sua teia, de modo que as pessoas pudessem dispor do fogo. As aranhas são protegidas pelas tribos navajo norte-americanas; teias de aranha são passadas nos braços de bebês do sexo feminino para assegurar que estas irão crescer e se tornar incansáveis fiandeiras e tecelãs.

Pequenas aranhas, conhecidas como aranhas do dinheiro ou fiandeiras do dinheiro, representam uma nova prosperidade.

As teias de aranha têm sido ingredientes tradicionais nos caldeirões de bruxas para o preparo de feitiços. Em algumas tradições, teias de aranha eram colocadas sobre feridas para estancar o fluxo de sangue. Atualmente, o aspecto de cura das teias é reconhecido pela medicina ocidental, onde elas estão sendo usadas para auxiliar nos enxertos de pele.

CORRELAÇÃO

- *Sonhar com aranhas – exceto a tarântula – é sinal de boa sorte.*

PÁSSAROS

Pássaros Coloridos

PÁSSAROS DE CORES BRILHANTES, como os alcedinídeos, os periquitos, as aves do paraíso, os pavões e os beija-flores difundem luminosidade com suas cores gloriosas. Eles simbolizam calor e alegria.

O beija-flor usa sua longa língua para chegar ao néctar ou apanhar pequenos insetos. Esses pássaros precisam consumir néctar numa quantidade equivalente ao peso de seu corpo diariamente, pelo fato de gastarem muita energia ao voar.

Os beija-flores também são intensamente atraídos pela cor vermelha e os únicos pássaros capazes de voar para trás. Esta última característica se aplica à sua vida no presente? Você está andando sobre um objeto cilíndrico, sobre um rolo, e não pode parar ou irá cair? Você gostaria de voltar atrás em relação a alguma coisa?

Quando guerreiros astecas morriam, acreditava-se que eles passavam quatro anos na companhia do deus sol, antes de voltar para a terra como beija-flores.

CORRELAÇÃO

Se você sonhar com esses pássaros, pense a respeito do país nativo deles ou de lugares onde você pôde observá-los.

Pássaros Pretos

PÁSSAROS DE COR ESCURA COM FREQUÊNCIA, mas não sempre, estão associados à morte e à infelicidade. Corvos, gralhas e abutres são aves necrófagas, que reviram o lixo e se alimentam de carniça; por isso, se relacionam com a morte. Costumava-se dizer que o grasnido dos corvos prenunciava a morte.

O corvo negro necrófago, conhecido como o "pássaro dos campos de batalha", era um disfarce da deusa celta Morrigan. Ela era a deusa da morte e da guerra, assim como da sexualidade e da fertilidade.

Na mitologia nórdica, penas de corvo eram usadas pelas Valquírias (jovens guerreiras) quando recolhiam guerreiros mortos; também na literatura nórdica os mortos nos campos de batalha eram chamados de "alimentadores de corvos".

A Mãe Corvo, reverenciada pelas tribos nativas norte-americanas dos hopi e dos auni, era considerada a mãe de todos os *kachinas* (espíritos da chuva), sendo também uma manifestação da Virgem Negra.

Sonhei com a minha morte. O Pássaro Negro da Morte
me prendeu em suas garras, carregando-me para a Casa do Pó,
o palácio de Erkalla, Rainha das Trevas.
ENKIDU NA EPOPEIA DE GILGAMESH

CORRELAÇÃO

- *Sonhar com pássaros pretos significa tormento e pensamentos negativos, fantasiosos e destruidores, que podem causar tristezas e até uma possível solidão.*

PÁSSAROS

Pássaros Migratórios

EXISTEM MUITOS TIPOS DE AVES MIGRATÓRIAS que se deslocam entre diferentes *habitats* em épocas específicas do ano. Normalmente, elas migram em bando, como os gansos, que voam em formação de V, para que cada ganso, atrás de outro na fila, possa descansar na corrente de ar criada por aqueles que estão na frente e consiga voar longas distâncias sem parar.

Uma maneira pela qual os druidas praticavam a adivinhação – viam o futuro – era o exame atento dos padrões criados pelos pássaros durante o voo. Os gregos e os romanos observavam o voo das andorinhas para prever condições atmosféricas.

A andorinha era um pássaro consagrado às deusas Ísis e Vênus. Ela é símbolo da primavera e do tempo infinito. É considerado um bom augúrio uma andorinha fazer seu ninho no beiral da casa de uma pessoa.

A deusa egípcia Hathor era chamada "Ganso do Nilo, mãe do Ovo de Ouro". O ganso era sagrado para os celtas e não deveria ser comido.

CORRELAÇÃO

Os gansos são usados como "cães de guarda" em partes do mundo. Está sendo advertido? Precisa advertir alguém para que não ultrapasse limites?

Galo

O GALO É O PÁSSARO MACHO RELACIONADO COM O SOL E COM OS DEUSES SOLARES, exceto na mitologia nórdica e celta. O galo representa a masculinidade e a coragem. Ele está associado à vigilância, razão pela qual geralmente é usado em cata-ventos; ele gira em todas as direções, com o objetivo de vigiar simbolicamente e detectar qualquer perigo que possa se aproximar. O galo acorda as pessoas de madrugada com seu canto alto.

No budismo, o galo simboliza a paixão carnal e o orgulho. Ele é também o símbolo da França, com associações semelhantes. Um galo de desenho animado foi usado como mascote na Copa do Mundo, o campeonato mundial de futebol, disputada na França em 1998. Para os chineses, o galo simboliza bravura e fidelidade. O galo vermelho protege contra o fogo, enquanto o galo branco protege contra fantasmas. Um galo e uma galinha num quintal simbolizam as alegrias da vida rural. Em alguns rituais de iniciação chineses, um galo branco é morto, como sinal de que a vida antiga terminou e uma vida nova e pura se iniciou.

Na tradição hebraica, o galo e a galinha representam o casal no dia de seu casamento e simbolizam a proteção masculina, uma vez que o galo irá lutar até a morte para proteger suas galinhas. No simbolismo xintoísta japonês, um galo sobre um tambor convoca as pessoas para a oração. No mitraísmo, uma antiga religião persa, o galo é consagrado a Mitra, o deus sol (ver p. 374).

O galo é muitas vezes comparado à serpente, no caso de Hermes e Asclépio. Nos sonhos, a serpente e o galo são interpretados como símbolos do tempo.

PÁSSAROS

Pomba

A POMBA SIMBOLIZA A PAZ, por ter sido ela que levou o ramo de oliveira de volta à Arca de Noé depois do dilúvio. As pombas são símbolos de simplicidade, de bondade, de confiança e de afeição.

Como todas as criaturas aladas, a pomba representa inspiração e espiritualidade. Em alguns países do Leste Europeu, há uma crença de que as almas voam sob a forma de pombas.

Depois de Jesus Cristo ter sido batizado, o Espírito Santo desceu dos céus na forma de uma pomba. A revoada de pombas no final da cerimônia de abertura dos Jogos Olímpicos simboliza o espírito dos jogos.

As pombas estão relacionadas com a deusa grega do amor, Afrodite. Na mitologia grega, foram as pombas dessa deusa que trouxeram ambrosia para o deus Zeus, com o propósito de torná-lo imortal.

"Beijos e arrulhos" é uma expressão inglesa que indica troca de gestos entre namorados, e se originou dos rituais de acasalamento das pombas. Estas também são conhecidas por sua lealdade e fidelidade ao companheiro, além de serem pássaros que têm o instinto de retornar ao lugar onde vivem; as pombas são capazes de encontrar o caminho de volta, percorrendo longas distâncias. Durante as duas guerras mundiais, pombos-correio levavam mensagens por centenas de quilômetros, quando outras formas de comunicação eram impossíveis.

CORRELAÇÕES

- *Precisa de mais calma colombina em sua vida no presente?*
- *Precisa oferecer a alguém o ramo de oliveira da paz?*

PÁSSAROS

Pavão

AS CORES IRIDESCENTES E AS PLUMAS ELABORADAS DO PAVÃO MACHO lhe asseguram um lugar em muitas tradições. Na China, o pavão é atribuído à deusa Kwan-yin e a pena de pavão era concedida como um sinal de honra imperial. No cristianismo, esse pássaro simboliza a ressurreição e a imortalidade, pelo fato de conseguir renovar suas penas; os "cem olhos" em suas penas representam a Igreja, que tudo vê. Para os hindus, o pavão é um emblema de Sarasvati, deusa da sabedoria, da música e da poesia. Na mitologia indiana, os padrões presentes nas asas de um pavão, semelhantes a olhos, são tomados como representativos das estrelas em suas constelações.

O pavão é um símbolo solar, sendo encontrado no culto do sol e da árvore. Ele simboliza o amor, uma vida longa e a imortalidade. No mundo moderno, o pavão passou a representar orgulho e vaidade, uma vez que parece exibir sua cauda com grande cerimônia.

Em *O Livro de Kells*, o pavão simboliza a incorruptibilidade de Cristo.

O Trono do Pavão era símbolo do poder Mughal na Índia e dos Xás do Irã.

O pavão se torna irrequieto antes da chuva, sendo, por isso, associado a tempestades.

CORRELAÇÃO

Seu sonho revela sentimentos de orgulho em relação a uma vitória recente?

Cuco e Tordo

O CANTO DO CUCO é um sinal da chegada da primavera (no hemisfério norte); por esta razão ele se relaciona com novos começos. O cuco tem o hábito de pôr seus ovos no ninho de outros pássaros; isto gerou uma asso-

ciação com o adultério; os romanos costumavam usar uma palavra latina, equivalente a "cuco," com o significado de adúltero.

"Ninho de cuco", no folclore, se refere aos genitais de uma mulher.

Os tordos, com seus peitos de um vermelho brilhante, têm ligação, na Inglaterra, com o inverno e com o Natal. Nos Estados Unidos, o tordo é tradicionalmente um sinal de primavera. Segundo a lenda, o tordo ficou com o peito vermelho porque, ao tentar tirar espinhos da coroa de Cristo, um dos espinhos espetou seu peito e o sangue que correu manchou-o para sempre de vermelho. Na canção de ninar "Who Killed Cock Robin?", o pássaro foi morto por uma flecha; esta forma de sacrifício era usada para matar heróis pagãos.

O folclore de Cambridgeshire, na Inglaterra, incluía a crença de que se um tordo entrasse numa casa haveria uma morte na família.

Sonhei que estava andando na neve quando, de repente, me transformei num tordo.

No sonho acima a sonhadora estava preocupada com a aproximação do Natal e com as tarefas que a esperavam. Sua transformação num tordo a libertou de todas as responsabilidades humanas.

CORRELAÇÃO

Seu cuco onírico representa alguém que está tentando tirá-lo do lugar que lhe pertence?

AVES DE RAPINA

Coruja COMO AVE DE RAPINA NOTURNA, a coruja é conhecida por sua sabedoria e por seus sentidos de visão e audição aguçados. Seu voo silencioso não alerta sua presa do ataque. Hieróglifos egípcios usam o sinal da coruja para simbolizar a morte, a noite e o frio; ela está associada ao "sol morto" – o sol que se pôs e se encontra abaixo da linha do horizonte.

Há uma superstição, segundo a qual o pio da coruja se relaciona com a morte ou com um acontecimento calamitoso; ela é um arauto da morte. Em *Macbeth*, Shakespeare chama a coruja de "sentinela fatal," como Lady Macbeth a descreve antes do assassinato de Duncan. Na peça *Júlio César*, os presságios de desgraça incluem uma "ave da noite". Na China, a coruja é entalhada em urnas funerárias. A "pequena coruja" era o símbolo de sabedoria dos gregos antigos e o pássaro da deusa Atena.

CORRELAÇÃO

◎ *A coruja de seu sonho lhe traz sabedoria e uma nova percepção?*

AVES DE RAPINA

Águia

AVES DE RAPINA, COMO ÁGUIAS E FALCÕES, têm o sentido da visão muito aguçado, bicos poderosos e garras afiadas, o que faz delas formidáveis caçadores. A águia dourada consegue enxergar um coelho de uma distância de cerca de dois quilômetros. Muitas aves de rapina têm enormes envergaduras. Pelo fato de voarem a grandes altitudes e com pouco esforço, essas aves estão relacionadas com a inspiração, o ar e a autoridade. Elas também representam os elementos espirituais em nosso interior. A águia careca é a ave nacional dos Estados Unidos. No cristianismo, a águia é o símbolo do quarto evangelista, João. Águias são gravadas em porta-bíblias de igrejas e em pias batismais porque simbolizam a renovação. Segundo a lenda, essa ave rejuvenesceu ao voar para perto do sol e depois mergulhar na água. A águia também simboliza a ascensão de Cristo ao céu e o caminho espiritual da humanidade, assim como o triunfo em batalhas externas.

Mitos dos antigos egípcios afirmavam que os falcões conseguiam voar até o sol e voltar sem se ferir; por essa razão os deuses solares geralmente são representados na companhia de águias ou falcões. Estes representam os céus, o poder e a autoridade. O deus Hórus era retratado como um homem com cabeça de falcão.

CORRELAÇÕES

◎ *Se você sonhou com uma águia, finalmente está encontrando coragem para tornar suas metas mais elevadas e realizar seus sonhos?*

◎ *Se sonhar com ave de rapina, considere o aspecto de você mesmo que está "servindo de presa". Por outro lado, o sonho poderia significar que está caçando algo?*

AVES DE RAPINA

Abutre

O ABUTRE SE ALIMENTA DE CARNE PUTREFATA, o que é positivo para o ciclo da vida, uma vez que ele limpa o meio ambiente de animais em lenta decomposição. Como animal que se alimenta de carniça, o abutre remove restos indesejáveis. Entretanto, ao pairar sobre um determinado local, esperando pela morte, ele representa o oportunismo insensível.

No Antigo Egito, o abutre era o símbolo do Egito Superior. Tradicionalmente, os abutres eram considerados aves fêmeas; por outro lado, as águias eram vistas como aves masculinas. O abutre simbolizava cuidados maternais e proteção. A deusa mãe Ísis assumia a forma de um abutre, enquanto outras deusas usavam ornamentos para a cabeça representando abutres.

Na mitologia greco-romana, o abutre era consagrado a Apolo. Os parses, antigos persas zoroastristas, principalmente encontrados no oeste da Índia, colocam seus mortos em torres especialmente construídas, conhecidas como torres do silêncio, para que os abutres possam se alimentar dos cadáveres. Eles acreditam que isso assegurará o renascimento da pessoa morta.

Entre os budistas tibetanos, os abutres são considerados extremamente auspiciosos, porque comem os restos de animais que morreram, reduzindo, assim, o risco de doenças.

Metaforicamente, quando definimos uma pessoa como um "abutre", queremos dizer que ela ataca outras pessoas, normalmente indefesas. Em geral, os cafetões são descritos como abutres, por serem vorazes e impiedosos.

CORRELAÇÕES

- *Você sente que alguém o rodeia, esperando que você cometa um erro?*
- *Alguém o vê como uma presa?*

AVES AQUÁTICAS

Cisne GRACIOSO E BONITO, o cisne é um símbolo de sagrada pureza. Ele conecta a terra, o ar e a água porque consegue se mover em cada um desses elementos. No conto irlandês *As Crianças de Lir*, a rainha ciumenta transforma seus enteados em cisnes. Eles conservam o dom da palavra e a capacidade musical; as pessoas sentam-se para ouvi-los em seu novo lar, no lago.

Cisne é o nome dado à constelação Cruz do Norte. Os gregos afirmavam que ela representava o deus Zeus, disfarçado como cisne, a caminho de uma de suas muitas conquistas amorosas, nesse caso Leda, a quem Zeus havia violentado. Leda mais tarde deu à luz uma menina, que iria se tornar a mulher mais bela do mundo, Helena de Troia.

A tribo dos inuit dunne-za do Canadá têm um mito da criação, segundo o qual um cisne se transforma num herói que pode criar vida.

Uma mulher, levada ao pronto-socorro após um acidente, teve um sonho com cisnes que se transformaram em anjos e cuidaram dela enquanto esteve doente. Esse sonho lhe deu a certeza de que ela iria se recuperar.

CORRELAÇÕES

- *Em seu sonho, é você ou outra pessoa que "está se comportando como um cisne" – exibindo uma aparência bonita e altiva?*
- *Seu "canto do cisne" está próximo, isto é, você fará uma apresentação ou um pronunciamento de despedida?*

AVES AQUÁTICAS

Aves Marinhas

TODAS AS AVES MARINHAS SIMBOLIZAM VIAGENS, os vastos mares e os céus. Elas estão relacionadas com o paraíso e a divindade, além da força, uma vez que cobrem muitos quilômetros durante seu voo. Andorinhas-do-mar, gaivotas e biguás estão entre numerosas aves marinhas que aparecem em sonhos.

O albatroz é capaz de realizar longos voos sobre oceanos distantes, devido à sua grande envergadura. Isto lhe permite planar, mas faz com que lhe seja difícil levantar voo. Ele é conhecido por sua resistência. O fato de voar sobre o mar é um prenúncio de mau tempo e de tempestade. Afirma-se que o albatroz encarna a alma de um marinheiro morto. No poema *A Balada do Velho Marinheiro*, de Samuel Taylor Coleridge, um marinheiro mata um albatroz, sendo, por isso, forçado a vagar para sempre pelo mar, como punição. O poema representa a santidade da ave e o pesado fardo que resultou de matá-lo.

Na costa da Inglaterra há uma lenda, segundo a qual as gaivotas são as almas de marinheiros e pescadores que se afogam.

CORRELAÇÃO
Seu sonho com aves marinhas, que voam livremente pelo céu, indica um desejo de "alçar voo", de se afastar de tudo?

AVES AQUÁTICAS

Cegonha

EM ALGUMAS TRA- DIÇÕES, SONHOS COM CEGONHAS prenunciam o nascimento de uma criança ou significam que a sonhadora ficará grávida.

Na Holanda as cegonhas constroem seus ninhos nos telhados das casas; no passado, costumava-se acreditar que a mulher que morava na casa, debaixo do ninho, teria muitos filhos e partos fáceis. A cegonha geralmente é mostrada carregando uma trouxa, dentro da qual se encontra um bebê, que é deixado na casa dos novos pais. Quando as crianças perguntam de onde vêm os bebês, ocasionalmente lhes explicam que eles são trazidos pela cegonha.

A cegonha é uma ave pescadora, estando, portanto, também relacionada com a água e a criatividade. Ela é uma ave de bom agouro, simbolizando a chegada da primavera e de uma nova vida.

Segundo a mitologia clássica, as cegonhas voavam para a ilha dos bem-aventurados, onde morriam e se transformavam em seres humanos. A cegonha simboliza fidelidade à família, devoção às crianças e cuidados com os idosos. Ela também está associada aos "clisteres" ou às seringas usadas em enemas e duchas vaginais, pelo fato de a cegonha ter um comportamento de autolimpeza.

CORRELAÇÃO
Você espera um acréscimo à sua família?

AVES AQUÁTICAS

Pelicano
COM FREQUÊNCIA, A FÊMEA É RETRATADA ALIMENTANDO OS FILHOTES com sangue de seu próprio peito; por essa razão, o pelicano representa o poder do cuidado materno, assim como o sacrifício e a caridade. Essa ave também está simbolicamente ligada a Cristo e aos sacrifícios de sangue, uma vez que Cristo deu seu sangue para salvar a humanidade, como o pelicano parece arrancar um pedaço do próprio peito, extrair seu sangue e salvar seus filhotes. Dante escreveu: "Cristo, nosso Pelicano."

O pelicano adulto usa a grande bolsa de seu bico para macerar ou amassar pequenos peixes e depois a pressiona contra o peito, transferindo a mistura sangrenta para a boca das jovens aves. As pessoas que observam esse ritual concluem que o pelicano está alimentando seus filhotes com o próprio sangue.

CORRELAÇÕES
- *O pelicano representa o cuidado com as pessoas, particularmente crianças?*
- *Você sente que está fazendo muitos sacrifícios?*

ANIMAIS MARINHOS

Peixe

OS PEIXES SÃO TEMA DA VIDA ETERNA, principalmente após a história de Jonas no Antigo Testamento. Jonas foi engolido por um grande peixe, ficando em seu estômago durante três dias; depois, ele foi depositado vivo na praia. Esta história é um paralelo ao sepultamento de Cristo, seguindo-se à crucificação, e simboliza a morte e o renascimento.

O peixe é o símbolo do cristianismo porque Cristo disse aos apóstolos que eles seriam "pescadores de homens". A palavra grega que corresponde a peixe, *ichtus*, constitui um acróstico, cujo significado é Jesus Cristo, Filho de Deus.

O herói irlandês Finn mac Cumhaill tocou num salmão que havia comido avelãs de uma árvore pertencente à deusa Boinn; imediatamente lhe foram concedidos conhecimento e sabedoria ilimitados. O salmão, que sobe o rio no qual nasceu, lutando contra a corrente, para desovar, representa força e determinação.

Metade mulher, metade peixe, a sereia se move na região limítrofe entre a praia e o mar. Em muitos mitos ela atrai marinheiros para as águas profundas das emoções, provocando uma tempestade em suas vidas.

CORRELAÇÃO

- *O peixe está ligado à sexualidade; por isso, se uma criatura dessa natureza aparecer em seus sonhos, considere quaisquer questões emocionais ou sexuais que o estejam afetando.*

ANIMAIS MARINHOS

tubarão

O TUBARÃO NUNCA ADORMECE COMPLETAMENTE. Ele interrompe o funcionamento de metade de seu cérebro por um curto período de repouso e continua em atividade, usando a outra metade; a seguir, o processo é invertido. Isso significa que o tubarão está sempre vigilante em sua patrulha predatória dos mares. Como predador, ele é temido, devido à natureza feroz de seus ataques; por outro lado, ele comerá qualquer coisa. O tubarão é também um tipo de fóssil vivo, uma vez que seus ancestrais nadaram em nossos oceanos há mais de cem milhões de anos.

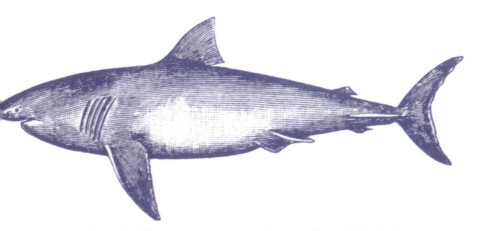

CORRELAÇÕES

- *A expressão "tubarão dos empréstimos" descreve um agiota, uma pessoa que empresta dinheiro, cobrando taxas de juros exorbitantes.*
- *Sino de tubarão – Na Austrália, esse sino é tocado para avisar nadadores e surfistas que há tubarões nas imediações.*
- *O tubarão de seu sonho representa vigilância e ameaça potencial?*
- *Você está preocupado com a possibilidade de alguém destruí-lo?*

ANIMAIS MARINHOS

Golfinho

A PALAVRA GOLFINHO SE ORIGINOU do grego *delphis*, através do latim *delphinu*, e significa "útero" (ver p. 59). Em urnas funerárias gregas, os golfinhos simbolizavam a alma que passava para outro mundo e nascia novamente. Na tradição celta, os golfinhos estavam associados ao culto do bem e ao poder das águas.

A força, a velocidade, a beleza, a graça, a inteligência e a sociabilidade dos golfinhos os tornaram estimados pelo ser humano. Quando acompanham barcos, saltando e brincando diante das proas, sua natureza social se torna evidente. Atualmente, os golfinhos são respeitados por sua capacidade de ajudar pessoas afetadas por problemas físicos ou emocionais; "nadar com golfinhos" é saudado como um processo de cura. Há numerosas histórias de pessoas que foram guiadas para um lugar seguro por golfinhos após um acidente no mar, e relatos de golfinhos que mantiveram nadadores na superfície da água quando estes se encontravam em dificuldade no oceano.

Dois golfinhos olhando em direções opostas representam a dualidade da natureza. Se esse tema aparecer em seu sonho, ele talvez indique sua necessidade de aceitar que você não é unidimensional e que a parte "negativa" de seu caráter contribui para sua totalidade como ser humano.

CORRELAÇÃO

- *O golfinho de seu sonho o ajuda a sobreviver em mares agitados?*

ANIMAIS MARINHOS

Baleia

AS BALEIAS ESTÃO ENTRE OS MAIORES MAMÍFEROS QUE VIVEM NA TERRA. Em sonhos, seu tamanho pode estar ligado a sentimentos que a pessoa alimenta de estar sendo diminuída ou subjugada. A vasta extensão dos oceanos, o lar das baleias, representa o reino das emoções.

O ventre da baleia simboliza tanto a morte quanto o renascimento. Isso ocorre porque o grande peixe que engoliu Jonas na história do Antigo Testamento (ver p. 296), era frequentemente mencionado pela sabedoria popular como sendo uma baleia. De acordo com a lenda, os muçulmanos acreditavam, no passado, que a baleia era um dos animais, entre apenas dez, que seriam admitidos no reino do céu. O romance *Moby Dick*, de Herman Melville, conta a história de uma grande luta entre o capitão Ahab e uma baleia branca gigante. Num certo nível, a história representa o orgulho humano e o desejo de controlar a natureza, mesmo que isto signifique a morte.

A baleia tem sido o alimento básico da tribo inuit por gerações. Esses nativos também utilizam o óleo de baleia para acender lamparinas e fazer velas. Entretanto, em algumas áreas, devido à pesca industrial de baleias, algumas espécies se tornaram ameaçadas.

CORRELAÇÕES

- *Seu sonho com baleias significa que terá uma força redobrada para enfrentar os problemas da vida.*
- *Sua baleia onírica indica preocupação com questões ecológicas?*

CAPÍTULO NOVE

O DESEJO E A CAPACIDADE de criar estão profundamente arraigados no cérebro humano. A criatividade é mostrada em pinturas de cavernas, nas esculturas e entalhes escavados em sítios arqueológicos, e nas atuais manifestações artísticas e projetos baseados na praticidade, que mudaram a maneira como vivemos. Olhe à sua volta, onde quer que esteja, e provavelmente você poderá ver lâmpadas elétricas e abajures, um telefone, uma mesa de trabalho, uma cadeira, uma almofada e, talvez, uma jarra e um copo. Qualquer que seja o objeto – de uma tigela, modelada durante um curso de cerâmica, até um *Notebook*, fabricado a 1.500 quilômetros de distância – eles representam a capacidade que a raça humana tem de construir e criar.

Especialmente nas áreas urbanas, somos cercados por provas do nosso mundo tecnológico. Nos sonhos, a nossa criatividade inata entra em operação e transforma objetos, com o propósito de simbolizar alguma coisa significativa para a nossa vida. Os sonhos utilizam objetos para transmitir uma mensagem que possamos compreender. Seus sonhos com objetos feitos pelo homem o ajudam a analisar o simbolismo que eles próprios contêm para você.

Coisas Criadas pelo Homem

Sonhei que estava tendo uma relação sexual com um desconhecido numa ilha de trânsito, que separava as mãos de direção numa avenida muito movimentada. O aspecto estranho era que a ilha, na verdade, se apresentava como uma enorme torta de amora e maçã, da qual uma fatia havia sido cortada. Nós realizávamos o nosso "ato" no espaço vazio da torta, no local onde a fatia tinha sido cortada; depois, como estivéssemos com fome, comemos parte da torta-ilha de trânsito, à vista de todos.

Quer este sonho represente exibicionismo ou não, ele é um maravilhoso exemplo de como atender a todas as necessidades de um saudável apetite. A ilha de trânsito simboliza um local à parte, em meio à agitação do mundo; ela é um lugar de descanso, um ponto de parada entre as pistas; a sonhadora, em sua experiência onírica, faz uso do "espaço vazio" para satisfazer seu desejo sexual e de alimentos.

Seus sonhos lhe dão prazer e informações a respeito de suas necessidades. Preste atenção a eles e aprenda sua rica linguagem; desse modo, aprofundará não só sua compreensão de si mesmo, mas também do mundo complexo no qual vive.

A psicanalista britânica Ella Freeman Sharpe escreveu em seu livro *Dream Analysis* a respeito de como o conteúdo dos sonhos revela atividades físicas e mentais. Uma de suas pacientes, que tinha estado indisposta durante alguns meses, teve um sonho; nele, a sonhadora olhou para seu relógio de pulso, mas o mostrador estava completamente coberto por tiras de papel e ela não conseguia ver as horas. Algum tempo depois ela teve que tirar uma licença no trabalho, após um período de insônia e de grande perturbação emocional. O relógio de pulso simbolizou sua necessidade de "estar atenta" e a incapacidade de lidar com o tempo. Ela não sabia que horas eram; havia perdido contato com o ritmo da vida e acabou sofrendo um colapso nervoso. Mais tarde, ao se recuperar, ela teve outro sonho com um relógio, no qual conseguia ver claramente as horas.

DIREITA *Em sonhos, sua visão e experiência do mundo podem mudar completamente.*

EDIFICAÇÕES

Casas

CASAS, NOS SONHOS, FORNECEM METÁFORAS do corpo humano. Considere os seguintes elementos como símbolos:

Telhado e Sótão – A parte superior da casa e os quartos do sótão representam a cabeça, a mente, o cérebro e os aspectos intelectual e cognitivo do eu. Se você se vir num cômodo no alto de uma construção, pergunte a si mesmo qual é a questão sobre a qual você deveria refletir.

Cozinha – A cozinha representa alimentação, o coração da casa, o lugar da deusa dos laços familiares, Héstia. Ela também pode representar a digestão. Analise a relevância das expressões "muitos cozinheiros estragam a sopa", "se você não suporta o calor, saia da cozinha", e "cozinhando uma tempestade".

Porão (*Basement* em inglês) – É onde se encontram as fundações. O porão fica abaixo do chão e simboliza o subconsciente, aquilo que está abaixo do conhecimento e da percepção conscientes. Sonhar que você está num porão simboliza seu subconsciente e sua intuição, mas também pode indicar sentimentos de humilhação ou de rejeição. Sonhar que o porão está em desordem e sujo significa que você precisa pôr ordem nas coisas.

Corredores – Corredores e saguões representam transição, locais de passagem que levam a diferentes portas de entrada ou oportunidades. Os "corredores do poder" podem simbolizar o governo.

Fiação elétrica – A fiação pode representar o sistema nervoso ou as veias e artérias – qualquer coisa que transporte alguma forma de energia.

Quarto de dormir – Este representa a sexualidade, a reprodução, o teatro dos sonhos e a meditação.

Escola

ESTE É UM LUGAR ONDE APRENDEMOS. Ele pode estar vinculado ao passado, às experiências da infância, ou pode se referir aos estudos e à necessidade de um maior desenvolvimento educacional no presente. Se o seu sonho se relacionar com vivências passadas desagradáveis, numa época em que você frequentava a escola, seu sonho talvez reflita uma situação em relação à qual você tem pouco controle, ficando sujeito ao julgamento de outras pessoas.

Logo que cheguei ao colégio interno, tive um sonho recorrente. Eu estava caminhando na companhia de minha mãe, meu pai e meu irmão quando fomos separados por um rio. Eles ficaram numa margem do rio, sorrindo, e eu fiquei sozinha na outra margem, sentindo-me muito triste.

Embora a escola não apareça diretamente, a base do sonho é a separação que ocorreu quando a menina foi mandada para a escola. Seu irmão mais novo ficou em casa com os pais. Mesmo sendo adulta agora, essa jovem descobriu que o sonho se repete quando ela se sente solitária ou isolada.

Alguns grupos acreditam que durante o sono a alma se desloca para uma escola num plano espiritual; a sala de aula onírica é interpretada como o cenário de um aprendizado espiritual.

Hotel

NUM HOTEL ENCONTRAMOS ACOMODAÇÃO TEMPORÁRIA; este é um local de reunião e de transição. O caráter passageiro e o anonimato dos hotéis podem refletir um desejo de mudança, de ir de um ponto para outro, sem que ninguém o conheça ou interfira nos seus planos. Um hotel também é um lugar onde cuidam de nós, atendem às nossas necessidades; ele pode estar livre da responsabilidade doméstica.

A palavra *hotel* deriva da palavra latina *hospitalis* que designa um "hospício" ou "hospital". Se você sonhar com um hotel talvez esteja precisando de uma mudança de cenário, de um lugar onde possa descansar e ser tratado com cuidado especial num ambiente luxuoso.

Os albergues, da mesma forma que os hotéis, oferecem acomodação, mas, normalmente, são mais simples e menos dispendiosos. Amplamente usados por mochileiros e pessoas de baixa renda, os albergues representam viagens de exploração e a oportunidade de se conhecer e conviver com outras pessoas. Eles também indicam que o sonhador está disposto a "enfrentar condições de vida mais difíceis" – isto tem algum significado para você no presente?

CORRELAÇÃO

Seu hotel onírico lhe traz recordações de outro, no qual você já se hospedou? Se este for o caso, pense sobre o que ocorreu lá e como você se sentiu. Você consegue descobrir o significado que ele tem para a sua vida atualmente?

EDIFICAÇÕES

Igreja

UMA IGREJA, COMO UM TEMPLO OU UMA MESQUITA, é um lugar de veneração, onde as pessoas se reúnem com outras que partilham da mesma fé. Ela está associada a normas, a códigos rígidos de comportamento e à prática religiosa, os quais podem confortar ou restringir, de acordo com a experiência pessoal. Quando você sonhar com uma igreja, se esta não for a que você frequenta ou se você não tiver crenças religiosas, reflita sobre o que a igreja simboliza para você. Ela representa rituais elaborados que estão ultrapassados e, se este for o caso, o sonho seria um reflexo de outra área de sua vida?

A igreja se relaciona com a transcendência e o sagrado. Ela é um lugar santificado, onde tem segurança e proteção. Seu sonho lhe dá oportunidade de se sentir seguro?

As dimensões e o tipo de igreja indicam diferentes níveis, tanto de simplicidade quanto de riqueza, assim como de formalidade. Uma abadia ou catedral traduzem magnificência, enquanto uma capela, uma igreja metodista, simples e sem adornos ou, ainda, as casas onde os quakers se encontram, simbolizam simplicidade e ausência do aspecto cerimonial.

Quando esta é vista do lado de fora, sonhar com uma igreja é um bom presságio; se ela for vista por dentro, no entanto, prepare-se para iminentes apuros, mas não desanime: provavelmente serão bênçãos disfarçadas.

CORRELAÇÃO

Seu sonho com igreja se liga à sua necessidade de conhecer melhor a espiritualidade ou de levá-la a um nível mais profundo?

EDIFICAÇÕES

Terminais

AEROPORTOS, ESTAÇÕES DE TREM E ESTAÇÕES DE ÔNIBUS são todos pontos de chegada e partida. Eles podem representar lugares reais, conhecidos pelo sonhador, e significar viagens, que já foram feitas ou deverão ser realizadas num futuro próximo. Se este não for o caso, considere seu significado simbólico. Você está deixando para trás um relacionamento ou velhas amizades? Você está buscando novos destinos em sua vida espiritual ou emocional?

Uma vez que os terminais são públicos, eles representam a posição do sonhador no mundo. Se você for bem tratado no sonho ou na vida, os terminais talvez reflitam um sentido de valor pessoal positivo; contudo, se você for ignorado ou maltratado, eles podem indicar sentimentos de inadequação ou de rejeição.

Problemas relacionados com terminais incluem perda de bilhetes ou de bagagem, perda de conexões aéreas ou rodoviárias, impossibilidade de compreender a língua falada ou não dispor da moeda correta. Estes são sonhos típicos de frustração ou de ansiedade; você poderia refletir sobre uma frustração em sua vida que o está incomodando.

CORRELAÇÕES

- *Terminais são locais de trânsito. Você sente que está atravessando um período de transição atualmente?*
- *Se você sonhar com um terminal, este poderá indicar ansiedade em relação à sua saúde ou à saúde de alguém próximo, ou medo da morte.*

EDIFICAÇÕES

Hospital

Percebo que a doença é para a saúde aquilo que os sonhos são para o estado de vigília – algo que nos lembra do que foi esquecido, o panorama mais amplo, atuando no sentido de uma solução.

KAT DUFF: THE ALCHEMY OF ILLNESS

OS SONHOS GERALMENTE REFLETEM uma ansiedade do sonhador, embora isso possa não ser aparente no estado de vigília. Uma mulher inglesa não conseguia encontrar sentido em seu sonho sobre ir ao teatro para participar de uma peça. Ela ficou aborrecida porque não a deixaram atuar. Quando analisamos o sonho, ela compreendeu que o "teatro" se referia à sala de operações, na qual iria se submeter a uma pequena cirurgia. Seus sonhos expressavam sua preocupação com o fato de que não teria qualquer controle sobre o que iria acontecer com ela e com o fato de que "ninguém a deixaria atuar".

Uma paciente que estava fazendo quimioterapia num importante hospital especializado em oncologia, teve muitos sonhos perturbadores, especialmente porque ela tinha sido, antes da doença, uma pessoa em boa forma física, na plenitude da vida aos 34 anos. Ela me relatou um sonho que a tinha horrorizado; nele, ela se arrastava de gatinhas e vomitava fezes. O sonho simbolizava sua necessidade de se livrar da "sujeira" que contaminava seu corpo, tanto o tumor quanto a "sujeira" tóxica da quimioterapia. O tratamento a deixara incapacitada; as funções corporais ainda estavam presentes, mas ela sentia uma enorme indisposição, que a impedia de fazer qualquer outra coisa.

EDIFICAÇÕES

Castelo

OS CASTELOS ESTÃO RELACIONADOS COM MAGNIFICÊNCIA, FORÇA E PROTEÇÃO. Essas construções fortificadas possuíam uma área interna chamada torre, cujo propósito era proteger as pessoas, que se recolhiam à segurança do castelo quando atacadas por inimigos. Seu sonho com uma torre pode indicar que você deseja se retirar para um lugar protegido, onde se sentiria mais seguro e correria menos riscos.

Castelos também constituem material de contos de fadas. A Bela Adormecida dormia num castelo cercado de arbustos espinhentos, os quais seu herói teve que atravessar para salvá-la. Você tem sonhos românticos, nos quais é levada para um castelo?

As muralhas com ameias dos castelos em geral têm uma passagem na parte interna, de onde se pode olhar para fora e ainda se manter protegido. Se você sonhar que está nessa posição elevada de observação, seu sonho talvez simbolize uma necessidade de proteção, enquanto você obtém uma visão mais clara de uma situação, ou a necessidade de perceber mais claramente aquilo que "seu inimigo" está fazendo.

CORRELAÇÕES

- *"Castelos no ar" são esperanças ou devaneios, não se tornarão realidade.*
- *"O lar de um homem é seu castelo" – Seu castelo onírico representa sua casa?*

PARTES DE CONSTRUÇÕES

Porta

PORTAS NOS PERMITEM ENTRAR EM LUGARES e deixar outras pessoas do lado de fora. Elas são os portais através dos quais acessamos novos espaços; por isso, simbolicamente, correspondem ao ponto onde iniciamos novas experiências. Nos sonhos em que elas aparecem, pense sobre se estão abertas ou fechadas, se são frágeis ou fortes, se têm chaves ou trancas e de que lado delas você está: do lado de dentro ou de fora.

Carole achava seus sonhos realmente frustrantes:

Tento encontrar alguma privacidade, mas todas as portas estão entreabertas; eu não consigo fechá-las. Não existe um lugar de recolhimento para mim.

No estado de vigília, sua vida era igualmente frustrante, porque ela percebia que não tinha privacidade.

As portas representam aberturas e encerramentos em sua vida. Elas também são o limiar, um local que assinala o ponto de transição de dentro para fora e vice-versa. O deus romano Jano, protetor das entradas ou começos, marcou o limiar; com duas faces, ele podia olhar para fora e para dentro ao mesmo tempo. Atualmente, os limiares são guardados por guardas, vigias, seguranças ou interfones. Quando o limiar está claramente identificado, podemos escolher entre prosseguir ou voltar para trás.

Portas são também eufemismos para vagina, "a porta da frente", e para ânus, "a porta de trás".

As portas eram tradicionalmente deixadas abertas quando alguém estava para morrer, de modo que o espírito da pessoa falecida pudesse passar por ela e chegar ao espaço exterior.

Eu usava um vestido rosa pálido. Tentava encontrar portas que não estavam lá. Era como estar sendo caçada.

Neste sonho, a sonhadora se sentia presa numa situação da qual não tinha como escapar.

PARTES DE CONSTRUÇÕES

Capítulo Nove 312

Escadas

QUANDO VOCÊ SONHAR COM ESCADAS, observe se está subindo ou descendo as escadas. Se você estiver subindo, seu sonho pode significar que você está conseguindo ter sucesso ou está se tornando mais perceptivo mentalmente. Se estiver descendo, ele pode refletir a falta de sucesso ou uma necessidade de voltar até seus fundamentos, de se firmar no chão. Freud teorizava que o ato de subir e descer por uma escada é uma representação simbólica do ato sexual.

Escadas de qualquer tipo podem se relacionar com questões espirituais, com o fato de uma pessoa se tornar menos secular e mais sagrada. No cristianismo, a ascensão é o acontecimento durante o qual Jesus Cristo subiu da terra ao céu.

Estou num elevador e sei que ele não vai parar; vai se chocar diretamente contra o teto. Ele sempre consegue parar e o espaço através do qual saio dele é bastante estreito; sinto que vou sufocar.

Elevadores podem simbolizar algum tipo de elevação, o fato de uma pessoa ser apoiada e exaltada ou, ao contrário, ser humilhada e rebaixada em termos de *status*. O movimento do elevador para cima, ou a falta dele, pode se referir à sua vida ou à sua carreira no momento.

CORRELAÇÃO

◉ *O sonho no qual você está descendo escadas reflete falta de confiança ou um revés que você tenha tido?*

PARTES DE CONSTRUÇÕES

CORRELAÇÕES

- *"Subir o sangue à cabeça" significa ficar furioso. Há sentimentos de raiva à sua volta neste momento?*
- *"Ter uma telha a menos" significa não ser muito inteligente ou totalmente equilibrado. Você não está conseguindo captar o sentido de alguma coisa?*

Telhado O TELHADO representa aquilo que nos cobre. Ele mantém afastados os elementos; se subirmos num telhado, obteremos uma visão mais elevada (ver também a página 304). Analise o estado de seu telhado onírico – ele está em boas condições, é à prova de intempéries e se apresenta perfeito, ou precisa de reparos? Neste caso, você precisa prestar atenção ao seu cérebro ou resolver um assunto mentalmente e não confiar em seu instinto ou em seu coração? Um telhado com goteiras pode representar uma percepção inconsciente que, aos poucos, está se tornando disponível para você.

Em arquitetura, particularmente de templos e igrejas, o telhado é importante porque ele simboliza o domo do céu.

PARTES DE CONSTRUÇÕES

Janela

AS JANELAS NOS PROTEGEM DOS ELEMENTOS e, ao mesmo tempo, deixam a luz entrar e permitem a visão do interior para o exterior (e vice-versa) de um edifício ou veículo. As janelas podem ser abertas ou fechadas, podem ser cobertas por cortinas ou venezianas, proporcionando privacidade. Se você sonhar com janelas, pense a respeito de onde elas estão situadas e do tipo de edificação em que se encontram. As janelas de uma casa podem se relacionar com uma situação doméstica, enquanto as de um arranha-céu podem indicar trabalho ou relações oficiais.

As vidraças são feitas de vidro, que pode ser transparente – e oferecer uma visão clara – ou opaco; neste caso, a visão ficará obscurecida. Você pode relacionar isso com sua própria maneira de ver uma situação no presente?

Olhar para dentro, através de uma janela, simboliza uma percepção intuitiva, embora também possa indicar a sensação de ser deixado do lado de fora, no frio, enquanto outras pessoas desfrutam da luz e do calor que há do lado de dentro.

Olhar para fora através de uma janela pode representar sua perspectiva pessoal, o modo como você se sente em relação à vida.

Os olhos às vezes são chamados "janelas da alma".

CORRELAÇÕES

- *Abrir a janela é êxito fácil; fechar evitará o perigo.*
- *Precisa de luz na vida?*

PARTES DE CONSTRUÇÕES

Paredes

PAREDES NORMALMENTE REPRESENTAM LIMITES. Elas encerram aquilo que está dentro e deixam fora tanto pessoas quanto os elementos. Quando mantidas em boas condições, as paredes oferecem proteção e privacidade. Entretanto, se estiverem danificadas, poderão ser violadas e qualquer pessoa ou qualquer coisa as atravessará.

O Muro Ocidental ou Muro das Lamentações, em Jerusalém, é o local mais sagrado para os judeus do mundo todo. Ele é a única relíquia do último Templo. Ali, os judeus fazem suas orações em voz alta ou as escrevem em tiras de papel, que colocam nas fendas das pedras. Ele é chamado Muro das Lamentações devido ao fato de os judeus prantearem a destruição de seu Templo em 70 d.C.

Uma parede pode simbolizar um obstáculo ou barreira em sua vida. Do mesmo modo, "uma parede do silêncio" impede o progresso na comunicação, particularmente se algum tipo de investigação estiver em andamento.

Há um provérbio que diz: "paredes têm ouvidos" – em outras palavras, segredos podem ser ouvidos e transmitidos. Esse conceito está relacionado com informações que você possui e que foram passadas para outras pessoas de maneira imprópria?

CORRELAÇÕES

- *Você deparou com uma barreira e sente que não consegue mais progredir?*
- *Sente como se batesse a cabeça numa parede de tijolos, não conseguindo chegar a lugar nenhum?*

ESTRUTURAS

Labirinto ou Dédalo

AS PASSAGENS, TÚNEIS OU CÂMARAS que compõem um labirinto, sempre conduzem ao centro. Algumas pessoas afirmam que labirintos eram percorridos para substituir uma peregrinação e usados como auxiliares na meditação. Em épocas passadas, monges e freiras se dirigiam ao centro de um labirinto, às vezes chamado Jerusalém, de joelhos, como um ato de expiação de seus pecados.

Na mitologia grega, Dédalo construiu um labirinto na ilha de Creta, no qual aprisionou o Minotauro; este tinha o corpo de um homem e a cabeça de um touro. Ele se alimentava de carne humana; finalmente, Teseu foi mandado ao labirinto, com a intenção de matá-lo. Na história, Teseu recebeu de Ariadne um novelo dourado para ajudá-lo a refazer o caminho de volta e conseguir sair do labirinto.

O labirinto é um símbolo de confusão porque há numerosas aberturas enganosas e curvas falsas. Ele pode simbolizar o fato de alguém estar perdido, de ter perdido o "fio" ou plano de vida. Tanto na tradição cristã como na pagã, o labirinto simbolizava também o mundo subterrâneo, o lugar dos mortos ou o inferno.

CORRELAÇÕES

 Quando você sonhar com um labirinto, reflita sobre a possibilidade de estar preso a uma situação para a qual você sente que não há saída.

 Você se sente "confuso" a respeito de um acontecimento atual em sua vida?

 Você quer chegar ao coração ou ao centro de uma questão que o perturba?

ESTRUTURAS

Ponte

UMA PONTE PODE SER UM LOCAL DE TRAVESSIA sobre um rio ou uma estrada e potencialmente simboliza um ponto de transição emocional ou espiritual.

No zoroastrismo, o caminho para o outro lado da vida passa por uma ponte. Todos são julgados ao morrer. Se as boas ações preponderarem sobre as más ações, será permitido à alma atravessar a ponte e chegar ao céu; se as más ações sobrepujarem as boas, a ponte se tornará estreita como o fio de uma espada e a alma escorregará por ela, caindo no inferno.

Nós também usamos o termo *ponte* para nos referir a uma pessoa que atua como um elo de ligação. Um negociador ou arbitrador pode ser uma "ponte" entre grupos que estão em desacordo, enquanto um conselheiro ou terapeuta pode ser um elo, que ajuda você a compreender a si mesmo e à sua situação; ele integra e reconcilia diferentes aspectos de seu ser.

CORRELAÇÕES

- *A estrutura da ponte bem conservada e você pôde atravessá-la, o significado é de mudanças melhores e de prosperidade.*
- *Se a ponte estava danificada, o sonho é uma advertência para que você não faça mudança.*

OBJETOS DO COTIDIANO

Móveis

O TIPO DE MÓVEL QUE APARECE EM SEU SONHO reflete a cultura na qual você vive e seus gostos – que podem ser minimalistas ou ostentosos – além dos principais usos desses móveis. Muito depende do cenário. Os móveis de um hotel são completamente diferentes daqueles encontrados num recanto de uma casa ou numa clínica de massagens, embora possa haver uma superposição. Ao interpretar seu sonho, leve em consideração quaisquer móveis que desempenhem um papel proeminente ou que, por alguma razão, despertem seu interesse.

Cadeira – Alguma coisa na qual se descansa ou, por outro lado, alguma coisa sobre a qual se senta. Cadeira vazia é sinal de que você receberá notícias que não esperava; cadeira de balanço indica lucros inesperados provenientes de esforços de outras pessoas.

Mesa – Um lugar para se compartilhar alimentos, onde nós, literal e simbolicamente, "partimos o pão". Mesa de cozinha indica que trabalhos penosos se aproximam.

Sofá – Um sofá ou divã é onde nos sentamos em companhia de outras pessoas. Quando ele é chamado de divã, indica que você corre perigo de se deixar embalar por um falso senso de segurança se viu em seu sonho um divã ocupado ou vazio.

Os móveis presentes em sua casa onírica lhe darão indícios quanto ao significado de seu sonho. Armários e *closets* são receptáculos; eles contêm coisas que podem ser escondidas. Quando guardamos segredos, um armário num sonho poderá estar fechado, indicando, assim, que o segredo está trancado em lugar seguro. Se o segredo tiver sido revelado, o armário poderá estar aberto. Este simbolismo do armário/*closet* se reflete na expressão popular "sair do armário", isto é, declarar sua homossexualidade.

CORRELAÇÃO

Se você tiver um excesso de móveis no cômodo de seu sonho, isto poderá simbolizar uma sobrecarga em seu estilo de vida.

OBJETOS DO COTIDIANO

Chave

UMA CHAVE SIMBOLIZA A RESPOSTA A UMA PERGUNTA ou fornece um meio de destrancar alguma coisa que está trancada. O objeto trancado poderia ser uma casa, uma caixa, um cofre ou, simbolicamente, qualquer coisa que tenha sido fechada à chave. Por exemplo, a chave para o coração de alguém pode representar alguma coisa que permite ao amor desabrochar.

Um buraco de fechadura também pode lhe proporcionar a oportunidade de examinar um espaço particular. Ele permite que você veja aquilo que, de outra forma, permaneceria oculto; do mesmo modo, você também poderá ser observado furtivamente. Se isso ocorrer num sonho, pergunte a si mesmo se sua privacidade está sendo invadida ou se você está se intrometendo nos assuntos de outras pessoas.

Meu marido tentava abrir a porta, mas quando colocou sua chave na fechadura, esta entortou. Eu usei a minha chave para abrir a porta. Disse a ele que precisaria de uma nova chave se quisesse entrar.

O marido da sonhadora tinha falecido algum tempo antes de ela sonhar; a chave torta mostrou que o marido não conseguia mais entrar na casa que os dois partilhavam. Afirmou: "Ele está num lugar diferente agora e por isso sua chave não serve".

CORRELAÇÃO
Uma chave quebrada indica uma oportunidade perdida.

OBJETOS DO COTIDIANO

Escada de mão

UMA ESCADA DE MÃO EM SONHOS PODE SE RELACIONAR COM ALGUM TRABALHO OU REPARO NUMA CASA, como pintura ou a troca de uma lâmpada, mas se você não conseguir descobrir uma correspondência prática, pense a respeito do propósito de sua escada onírica. Como ela está sendo usada? Assim como escadarias e elevadores, as escadas de mão têm ligação com a ação de subir ou descer e, portanto, com o progresso ou a ausência dele.

Uma pessoa que limpa janelas utiliza uma escada de mão para limpar as vidraças, o que pode simbolizar o esclarecimento de um problema, a obtenção de uma visão mais clara. Você precisa esclarecer uma situação? Precisa de uma visão mais elevada ou de uma opinião especializada?

No aspecto mítico, as escadas de mão ligam a terra e o céu, e seus degraus representam diferentes estágios de uma jornada espiritual. Foi registrado no Antigo Testamento que Jacó sonhou com uma escada de mão que conectava a terra ao céu e pela qual uma procissão de anjos subia e descia. Do alto da escada, Deus disse a Jacó que seus descendentes iriam se propagar pelo mundo todo.

"Galgar os degraus de uma escada" indica uma promoção no trabalho ou na posição social. Passar por baixo de uma escada supostamente traz má sorte.

OBJETOS DO COTIDIANO

Barraca ou tenda

EM GERAL, UMA BARRACA É UMA ESTRUTURA TEMPORÁRIA, uma habitação móvel, associada ao campismo e às atividades ao ar livre. Para você, isto indica férias que já terminaram ou férias que você planeja tirar? Você gostaria de se reaproximar da natureza, de ficar mais perto do chão, de dormir ao ar livre sob a proteção de uma barraca?

Yurts são barracas feitas de feltro que se originaram na Mongólia, onde os nômades as utilizam como moradia. Elas ainda são feitas à mão e oferecem calor e beleza numa paisagem inóspita.

Cidades de tendas árabes são exóticas e muito bem elaboradas. O interior das tendas é altamente decorado com tecidos e tapetes. Elas são tradicionalmente associadas aos beduínos, uma tribo de nômades, que se desloca de um lugar para outro, pastoreando seus animais.

CORRELAÇÕES

- *Você se sente oprimido pelo peso da rotina em sua vida? Gostaria de tentar viver a vida de um nômade para variar?*
- *Se você estiver numa barraca em seu sonho, isto significa proteção contra sérias dificuldades.*

OBJETOS DO COTIDIANO

Bagagem

Quando uma viagem de férias ou uma ocasião especial, como um casamento, se aproxima, sempre sonho que estou indo no último minuto; jogo coisas numa mala e, então, perco o avião. Às vezes a minha bagagem se extravia ou não consigo me vestir a tempo e chego atrasada para o compromisso.

Esse tipo de sonho, em que há frustração, reflete a pressão que sofremos para nos organizar numa vida cheia de ocupações. As penalidades decorrentes de perder um voo fazem com que nos preocupemos ainda mais e os nossos sonhos refletem essa ansiedade. O que mais o sonho poderia significar? Talvez um excesso de objetos, que exigem a nossa atenção? Uma necessidade de simplificar? Uma necessidade de planejar, para não deixar tudo para a última hora?

A bagagem pode simbolizar não somente o que precisamos para as nossas férias ou para uma viagem longe de casa, mas também "negócios inacabados", questões emocionais não resolvidas que representam obstáculos em nossa vida. Quando as pessoas se referem à sua "bagagem emocional", normalmente elas querem dizer que se sentem paralisadas por padrões negativos e são incapazes de progredir em sua vida emocional.

CORRELAÇÕES

- *Se você sonhar que perdeu sua bagagem, isso é bom ou mau? Isso lhe oferece a oportunidade de recomeçar e recriar sua identidade diferentemente?*
- *Se a sua bagagem onírica for requintada e os itens combinarem, isso representa uma necessidade de causar boa impressão onde quer que esteja?*

OBJETOS DO COTIDIANO

Roda

A RODA INDICA MOVIMENTO, embora também possa simbolizar o ciclo da vida. Uma roda também é potencialmente indicativa de progresso, mas isto depende muito da natureza da roda – por exemplo, o volante de um veículo talvez esteja lhe mostrando uma oportunidade de controlar sua direção, enquanto uma roda d'água pode representar o domínio sobre elementos naturais. Uma roda de oleiro simboliza criatividade e a transformação da argila em objetos úteis e belos. A "roda da fortuna" representa sorte ou acaso.

Os ensinamentos de Buda são em geral simbolizados por uma roda. Durante seu primeiro sermão, em Benares, Buda afirmou que estava pondo em movimento a *roda do dharma*, ou sistema budista de pensamento, meditação e exercícios espirituais, baseados em seus ensinamentos.

A bandeira da Índia exibe a imagem de uma roda, que representa as leis terrenas e a realeza.

CORRELAÇÕES

- *Você está progredindo ou andando em círculos?*
- *Sonho com uma roda da fortuna pode indicar excesso de confiança no acaso ou na sorte.*

OBJETOS DO COTIDIANO

Bolsa COISAS, COMO CARTEIRAS OU BOLSAS, representam identidade. Nelas você carrega seu passaporte, cartões de créditos, carteira de motorista, objetos pessoais, como fotografias, chaves de sua casa, carteiras de sócio etc. Todos esses itens fornecem indícios a respeito de quem você é e do tipo de interesses que tem.

Se você sonhar com uma bolsa de marca famosa, muito cara, talvez tenha necessidade de apresentar uma imagem mais glamorosa. A marca visível na bolsa simboliza prosperidade e posição social, assim como a necessidade de ostentar seu *status* em público.

Uma bolsa usada pode simbolizar sentimentos de desgaste, de que você se sente com os "cantos danificados pelo uso," de que está roto. Você teria que renovar sua identidade, dar a si mesmo um polimento, de modo que possa parecer – e ter a convicção interior de ser mais brilhante? Se a bolsa de seu sonho precisar de um conserto, pergunte a si mesmo o que poderia perder se não realizar alguns reparos ou algumas mudanças necessárias em sua vida.

Sua bolsa pode simbolizar pensamentos e desejos íntimos, que estão ocultos dos olhos do público. Se você a perder, outras pessoas poderão obter informações sobre você e torná-lo vulnerável.

CORRELAÇÃO

Sua carteira onírica está cheia ou vazia? Isto se relaciona com a sua atual situação financeira?

OBJETOS DO COTIDIANO

Espelho

COMO UM SÍMBOLO DA MENTE, o espelho indica o ato de reflexão, de observar a verdade de quem você é ou de ver a si mesmo de maneira diferente, sob uma nova luz. De acordo com a superstição, quebrar um espelho significa sete anos de azar.

Nos tempos medievais, os espelhos simbolizavam a transitoriedade dos prazeres terrenos.

Tive um sonho terrível – um daqueles sonhos em que sinto que estou acordada enquanto sonho. Estou olhando para dentro de uma grande caixa de espelhos, mas enquanto observo, vejo uma garota sendo assassinada. Era como ver a tela de um cinema. A jovem tinha a aparência que eu imagino que minha filha terá aos 20 anos. Eu me impedi de continuar sonhando.

Um espelho nos oferece certo distanciamento; no sonho acima, a sonhadora se defronta com alguma coisa que não conseguiria suportar a não ser indiretamente. Nele, ela testemunha seu pior pesadelo, a morte da filha. O sonho expressa medos ocultos a respeito da segurança de sua filha.

CORRELAÇÕES

- *Você precisa refletir sobre alguma coisa que o perturba?*
- *Se você se visse no espelho de seu sonho, ficaria contente com o seu reflexo ou precisaria realizar mudanças?*

OBJETOS DO COTIDIANO

Artigos para Iluminação

A ILUMINAÇÃO É VITAL para o desenvolvimento pessoal e espiritual. Ela simboliza a intuição, uma luz interior que nos guia. Se você sonhar com luzes, considere seu formato. Elas são como luzes de velas, com a chama ascendente, ou estão contidas, como numa lâmpada? A luz é como uma chama, que os viajantes carregavam, semelhante às tochas usadas nos Jogos Olímpicos? Ou ela é mais como uma vela tremeluzente, que oscila quando está quase extinta? O que isto representa em sua vida neste momento?

A luz em geral simboliza orientação. Você sente que precisa de um mentor ou de um mestre? Antes de uma mudança significativa em sua perspectiva ou estilo de vida, as pessoas com frequência se referem ao fato de ter tido sonhos nos quais a luz é mais brilhante e intensa, e durante os quais uma voz lhes ofereceu orientação.

CORRELAÇÃO

Sonhar com uma lâmpada a gás, a óleo ou elétrica, quando acesa, significa êxito. Lâmpada apagada indica uma decepção. Lâmpada bruxuleante ou de pouca luz prenuncia notícia de doenças.

OBJETOS DO COTIDIANO

Fotografias

FOTOGRAFIAS CAPTURAM MOMENTOS no tempo. Elas refletem sua história e seus relacionamentos; por isso, se você sonhar com uma fotografia, a pessoa ou o lugar mostrado nela terá um significado especial para você.

Em seu sonho, se você estiver olhando fotografias de pessoas que já morreram, talvez isso indique que essas pessoas têm alguma informação ou palavras de sabedoria para você. Pense a respeito das qualidades dessas pessoas ou dos conselhos que elas lhe deram no passado, e analise como esses conselhos poderiam ser úteis para você agora.

Se estiver olhando fotografias de você mesmo quando mais jovem, reflita sobre como era sua vida naquela época. Há algum assunto inacabado que precisa elaborar ou, então, você possuía qualidades que precisa reintroduzir em sua vida atual?

Em algumas culturas, acredita-se que a câmara fotográfica captura a alma da pessoa fotografada.

Costumava-se dizer que a câmara nunca mente. Entretanto, com o advento da fotografia digital e com o avanço tecnológico na área dos computadores, pessoas podem ser removidas de fotografias e outras inseridas em seu lugar. Se isto ocorrer num sonho, pergunte a si mesmo qual o motivo disso ou o que existe a respeito de uma pessoa em particular que não lhe agrada.

CORRELAÇÃO

Você sente necessidade de documentar um acontecimento especial em sua vida?

OBJETOS DO COTIDIANO

Livro LIVROS CONTÊM CONHECIMENTO; eles educam, entretêm e transmitem informações, falando-nos de tempos, há muito idos, ou ainda por vir. Em histórias, lemos sobre lugares longínquos e acontecimentos misteriosos. No livro *The House of Doctor Dee*, de Peter Ackroyd, o autor relata a vida de um alquimista, o dr. Dee; este tem uma série de sonhos sobre livros, que culminam no quinto sonho; em relação ao último sonho, Dee comenta: "Olho para baixo, para mim mesmo, e vejo que há letras e palavras no meu corpo todo; sei que me transformei num livro...." Sua busca de conhecimento o consome. Por outro lado, ele é "um livro aberto" ou uma fonte de grande conhecimento e se sente como uma pessoa erudita e importante?

Um caderno contém numerosas informações, ideias e lembretes. Como um receptáculo, ele pode simbolizar assuntos que você precisa anotar ou ter em mente. Se você estiver folheando um caderno num sonho, considere seu conteúdo – ele representa emoções com as quais você precisa manter contato? Suas anotações chamam sua atenção para questões que você evita durante as horas em que está acordado? Um caderno está sempre disponível para ajudá-lo a lidar com detalhes e a registrá-los. Até que ponto as anotações são importantes para você? Se num sonho você descobrir um caderno que estava escondido na gaveta de uma escrivaninha ou numa caixa, isso pode significar informações que finalmente lhe estão sendo reveladas em sua vida desperta.

OBJETOS DO COTIDIANO

Instrumentos Musicais

QUER SE TRATE DE UM PIANO, de um violão, de um violino ou de um instrumento de percussão, um instrumento musical representa comunicação e manifestação artística. Se você toca um instrumento, seu sonho provavelmente significa que você continua a desenvolver sua técnica enquanto dorme ou está praticando para aprimorar seu desempenho. Se você não toca um instrumento no estado de vigília, analise o significado do instrumento para você.

A música simboliza as emoções e a alma, e pode nos afetar profundamente. A natureza da música que aparece em seu sonho e a qualidade dos instrumentos, além de seu som, lhe darão informações que o ajudarão a interpretar seu sonho. Instrumentos estridentes, desafinados, podem indicar discórdia e falta de harmonia em relação a você mesmo ou aos seus relacionamentos. O tambor de seu sonho é africano, de corda ou um *bodhran* irlandês? O tipo e a origem do tambor indicam um ponto focal que você poderia usar ao analisar seu sonho. Se você sonhar que está tocando piano, terá êxito em todos os seus planos e esperanças; caso o piano esteja danificado, pode contar com dificuldades e adiamentos.

Sir Paul McCartney (quando ele fazia parte do grupo dos Beatles), ao acordar uma manhã, notou que uma canção ocupava sua mente. Esta lhe parecia tão familiar que ele pensou tê-la ouvido antes. McCartney a tocou para os amigos e lhes perguntou o nome da música, mas nenhum deles conseguiu reconhecê-la. Em seguida, ele compreendeu que tinha sonhado com a canção; esta, mais tarde, se tornaria a premiada *Yesterday*.

OBJETOS DO COTIDIANO

Televisão

O APARELHO DE TV REPRESENTA COMUNICAÇÃO; ele nos oferece informações e entretenimento. Graças à comunicação instantânea via satélite, podemos saber o que está acontecendo do outro lado do globo em tempo real. Seus sonhos às vezes serão desencadeados por aquilo que você assistiu pela televisão. Se você sonhar que está vendo televisão, analise o programa que está assistindo e sua reação a ele. Se você parecer distante e desinteressado em relação ao que está ocorrendo, isso poderá significar sentimentos de indiferença por um determinado tópico. Novelas nos falam das vidas fictícias de outras pessoas e refletem interesses da comunidade na qual o drama é ambientado. Se o tema de seu sonho for uma série de televisão, talvez você se identifique com um dos personagens ou, ainda, a narrativa ecoe experiências de sua própria vida.

Se, em seu sonho, você apareceu na televisão, talvez queira chamar a atenção ou se tornar mais conhecido. O que estiver fazendo ou dizendo, e a maneira como se sentir durante a apresentação, lhe fornecerão indícios quanto à natureza de seu desejo.

CORRELAÇÕES

- *Existe um drama sendo representado em sua vida, em relação ao qual você sente que é o observador?*
- *Há alguma coisa que você deseja divulgar para o mundo todo?*

OBJETOS DO COTIDIANO

Computador

USAMOS COMPUTADORES NO TRABALHO E EM CASA; nós nos comunicamos por e-mail e através de salas de *chat* na internet. Essa comunicação instantânea pode aparecer em nossos sonhos, em geral refletindo o uso pessoal que fazemos dos computadores.

Os computadores nos dão oportunidade de jogar; por isso, se você sonhar com jogos de computador, observe se os jogos oníricos são repousantes, divertidos, estimulantes ou competitivos.

Qual foi o resultado – você perdeu, empatou ou ganhou? Os jogos em geral refletem uma determinada situação, existente no estado de vigília; portanto, considere o que o jogo do sonho representa para você agora.

"O jogo terminou" pode se referir ao fato de se ter sido descoberto, indicando que qualquer simulação deve parar.

CORRELAÇÃO

◎ *Se você sonhar que seu computador está com problemas, isto poderia refletir uma ansiedade quanto à comunicação ou a mudanças tecnológicas?*

OBJETOS DO COTIDIANO

Números

OS NÚMEROS DESEMPENHAM UM IMPORTANTE PAPEL NOS MITOS, lendas e contos de fadas; essas associações antigas, que Carl Jung chamava de "símbolos arcaicos," são expressos em sonhos. Os números representam horas, dias, semanas, anos e números importantes para o sonhador; eles podem representar a sua idade, o número de sua casa, o número de filhos que você tem e a ordem de nascimento dos mesmos. Quando você sonhar com um número, em primeiro lugar analise as analogias que consegue descobrir em relação a esse número onírico.

Observe as repetições. Você tem muitos sonhos com números duplos (grupos de dois)? Os celtas acreditavam que gêmeos possuíam poderes sobrenaturais.

Números pares têm sido tradicionalmente considerados femininos, enquanto os números ímpares têm características masculinas. A arte da numerologia representa a linguagem dos números. O um pode representar tanto um número quanto o "si mesmo"; portanto, se você sonhar com o número um, este está simbolizando você? O dois pode representar você e seu companheiro ou uma dupla da qual você faz parte. "Três é demais" significa que há um intruso, que um elemento está sobrando.

CORRELAÇÃO

O número um em seu sonho reflete preocupações a respeito de você mesmo ou da pessoa que é a número um em sua vida?

OBJETOS DO COTIDIANO

Brinquedos

TODAS AS VARIEDADES DE BRINQUEDOS PODEM SER ENCONTRA-DAS – desde trens de madeira feitos à mão, até carrinhos de brinquedo computadorizados e que se baseiam em tecnologias de última geração. O tipo de brinquedo, a idade dele e a ligação que ele tem com sua vida irão revelar o significado desse brinquedo onírico para você.

Bonecas representam brinquedos da infância sobre os quais uma criança tem controle. A expressão "boneca" descreve literalmente uma boneca, mas também é usada para caracterizar uma mulher que se veste e se comporta como um objeto sexual, gracioso e complacente. O tipo de boneca que aparece num sonho oferece importantes indícios a respeito de seu significado. A Barbie, o Ken (o namorado da Barbie) ou um boneco GI Joe simbolizam diferentes características, enquanto uma boneca anatomicamente correta em seu sonho pode estar ligada a uma investigação de abuso sexual infantil. As características da boneca e o que está ocorrendo com ela o ajudarão a descobrir seu significado. Bonecos recobertos por miçangas eram usados como fetiches pela tribo africana Xhosa.

Uma bola pode simbolizar o sol ou a lua, e jogos de bola estão ligados aos festivais solares e lunares. "Jogar bola" significa participar, fazer a coisa certa. Bolas, como testículos, estão associadas à força ou à coragem; a expressão "Ele não tem colhões", significa que a pessoa é medrosa. Em mitos antigos, os deuses demonstravam seu poder arremessando globos através dos céus – talvez isso se relacione com o fato de se idolatrar jogadores de futebol de classe internacional.

CORRELAÇÃO

◎ *Seu sonho com brinquedos indica que você precisa encontrar mais tempo em sua vida para se divertir?*

OBJETOS DO COTIDIANO

Alimentos

QUANDO VOCÊ SONHA COM ALIMENTOS, talvez esteja com fome ou o sonho seja uma compensação para a falta de comida devido a uma dieta. Diferentes tipos de alimentos evocam associações distintas.

O pão é o alimento básico da vida, conhecido por todas as sociedades. O pão é, evidentemente, símbolo do alimento essencial. Embora "nem só de pão vive o homem" seja a expressão que usamos para nos referir à sua alimentação espiritual. A massa de pão cresce; portanto, você precisa ficar à altura de um desafio, elevar-se acima de alguma coisa para conseguir desenredar suas emoções ou obter uma visão geral do que está ocorrendo? Se o pão estiver sendo colocado no forno para crescer, haverá uma correspondência com a concepção e a gravidez. Esta poderá ser a concepção de uma criança ou o desenvolvimento de um novo modo de viver.

O bolo é um alimento relacionado com celebrações, sendo frequentemente usado em rituais ou ritos de passagem – pense em bolos de aniversário, bolos de casamento, bolos usados como oferendas para deuses ou para os espíritos dos mortos. Sonhar com bolo indica que a pessoa terá grandes êxitos na vida social e amorosa. Se o bolo for muito doce, ele indica um legado e, para quem estiver empregado, uma promoção.

Se você sonhar com sal num ambiente relacionado com medicina, por exemplo, num consultório médico, pode ocorrer que o sal, de algum modo, está influenciando sua saúde física. "Sal da terra" descreve uma pessoa humilde e despretensiosa. O sal também é usado para preservar os alimentos.

CORRELAÇÃO

◉ *Derramar sal num sonho é presságio de que suas dificuldades terão curta duração.*

OBJETOS DO COTIDIANO

Bebidas Alcoólicas O ÁLCOOL PODE SER ESTIMULAN-

TE OU DESTRUTIVO PARA A VIDA. Ele é não apenas uma pedra angular em muitas tradições culturais, mas também aparece de forma proeminente nos rituais religiosos. Por exemplo, quando cristãos pertencentes à maior parte das tradições comungam durante as cerimônias religiosas, o vinho simboliza o sangue de Jesus Cristo, que se sacrificou por seu povo.

O álcool pode dar mais brilho à vida durante celebrações e ser benéfico para a saúde cardiovascular. Alguns médicos recomendam tomar um cálice de vinho diariamente. Por outro lado, ele pode ter um papel destrutivo, prejudicando o raciocínio, a mobilidade, o tempo de reação e a visão, até limites desastrosos; dirigir embriagado, por exemplo, é um dos principais responsáveis por mortes em vários países. O alcoolismo, uma doença caracterizada pela dependência do álcool, pode destruir relacionamentos e carreiras, arruinando a vida das pessoas afetadas por ele.

Observe o contexto de seu sonho. Você está preocupado com a bebida em seu sonho, achando que poderia estar se tornando dependente dela ou a bebida está aumentando o prazer social do evento? De que maneira o sonho reflete sua atitude, quando acordado, em relação ao álcool? Algumas pessoas descobrem que o álcool as descontrai e lhes permite se expressar livremente. Este é o significado simbólico de seu sonho?

CORRELAÇÃO

Sonhar com vinho é prognóstico de saúde e felicidade. Se for bebido diretamente da garrafa, o sonho será uma advertência que se deve tomar precauções especiais para evitar que um segredo seja revelado.

OBJETOS DO COTIDIANO

Arma

CLAVAS SÃO SÍMBOLOS DE AGRESSÃO E DE PODER. O deus dos celtas, Dagda, gigante de Cerne Abbas, na Inglaterra, carrega uma clava para mostrar seu poder como deus da vida e da morte. Para os celtas, armas finamente decoradas eram seus bens mais preciosos; membros desses povos eram enterrados com elas e as carregavam para a vida após a morte.

Facas podem ser usadas como armas, mas também têm aplicações pacíficas e práticas, como o corte de galhos ou a preparação de alimentos.

Se você sonhar com uma faca, considere como ela está sendo usada. Caso você seja um sikh, o *kirpan* ou adaga terá correspondências religiosas para você.

Existe uma superstição, segundo a qual dar uma faca de presente irá "cortar a amizade;" se você mexer alguma coisa com uma faca estará "incitando uma briga".

A espada do rei Artur, Excalibur, tinha o poder de impedir a perda de sangue durante uma batalha. Uma espada também é usada ao se conceder o título de cavaleiro na Grã-Bretanha; para isso, o monarca toca o ombro da pessoa que está recebendo a honraria com uma espada.

CORRELAÇÕES

◉ *Sonhar com armas é ser um guerreiro?*

◉ *Sente que é vítima de ataque físico? Quem está manejando a arma e quem ou o quê é o alvo.*

OBJETOS DO COTIDIANO

Dinheiro

O DINHEIRO NOS PERMITE COMPRAR AQUILO DE QUE PRECISAMOS – nós o trocamos por mercadorias. Se você estiver comprando alguma coisa em seu sonho, pense em quanto gastou e se a transação o deixou satisfeito. Sonhos nos quais você gasta em excesso podem refletir preocupações com a sua conta bancária.

Se o dinheiro de seu sonho for de metal e não de papel ou plástico, observe o tipo de metal de que ele é feito. O ouro tem um valor elevado; a prata simboliza intuição ou poderes psíquicos; o cobre se relaciona com a cura; por essa razão, muitas pessoas mais velhas usam braceletes de cobre, com o objetivo de aliviar o reumatismo.

Moedas com orifícios ou deformadas, de acordo com algumas crenças, trazem sorte. *Moeda do reino* significa a moeda legal. Se você sonhar com moedas, isto significa que está "acumulando moedas," ganhando muito dinheiro?

Um banco é um depositário; ali o dinheiro é recolhido para ser novamente posto em circulação. Isso pode simbolizar o acúmulo e a circulação de energia ou o sistema circulatório do organismo. Um banco é um símbolo de confiabilidade e a expressão "você pode investir seu dinheiro e contar com os lucros" reflete essa ideia.

CORRELAÇÃO
- *O banco de seu sonho reflete o lado confiável de seu caráter?*

OBJETOS DO COTIDIANO

Calendário

UM CALENDÁRIO REPRESENTA A PASSAGEM DO TEMPO, a mudança das estações e os dias do ano. Se você sonhar com um calendário, talvez uma data importante esteja próxima, como um aniversário de nascimento ou de casamento. Se você vir um calendário em seu sonho, será que ele está mostrando uma data significativa para você? O que ele lhe diz a respeito da passagem do tempo e de como você está vivendo sua vida?

Houve muitos tipos diferentes de calendários no decorrer da história de nossa civilização, incluindo o Calendário Juliano, o Calendário Gregoriano ou Estilo Novo, usado na Grã-Bretanha, e o Calendário Islâmico, que data de 16 de julho de 622, o dia da Hégira, início da era muçulmana.

O *Hilal*, a lua crescente e a estrela, é o símbolo do Islã. A lua é um lembrete de que um calendário lunar governa o ano islâmico e a estrela nos faz recordar que Alá, como afirma o Alcorão, criou as estrelas para guiar as pessoas ao seu destino.

CORRELAÇÃO

- *Seu sonho está trazendo à sua memória um aniversário de casamento ou um acontecimento especial que você deixou passar?*

TRANSPORTE

Navio ou Barco

NAVIOS E BARCOS SIGNIFICAM VIAGENS e podem ser uma metáfora da jornada da vida. Onde houver perigo de naufrágio para a embarcação, o sonho talvez indique uma crise que o sonhador esteja enfrentando. Se você despachar alguma coisa "por via marítima", isto quer dizer que está abandonando seu lugar atual ou posição, em troca de um novo território, de modo que poderá haver mudanças à frente.

A Arca construída por Noé assegurou a sobrevivência após a inundação devastadora. Ela representa o renascimento, a proteção ou a segurança. Remos simbolizam uma viagem através da água ou, em termos da psique, uma viagem através do inconsciente. Ao mergulharem na água, os remos atravessam sua superfície, representando a penetração nos aspectos emocionais do nosso ser. Se apenas um remo estiver presente, o "barco" poderá girar em círculos ou ser incapaz de se mover para a frente. Isso talvez signifique que você precisa de um parceiro para completar o par.

CORRELAÇÕES
- *"Deixar o barco correr" é permitir que os fatos prossigam no seu curso natural; não intervir.*
- *"Tocar o barco para a frente" se refere a prosseguir nas atividades normais, apesar dos contratempos e das dificuldades.*

TRANSPORTE

Canal

OS CANAIS FORNECEM UMA REDE DE TRANSPORTE em muitas áreas do mundo. Eles contêm quantidades restritas de água; como a água pode representar as emoções, sonhar com um canal indica, potencialmente, sentimentos de repressão emocional. O canal também pode representar uma abordagem muito convencional da vida ou da espiritualidade.

Chatas ou barcaças, usadas em canais, são especialmente construídas para circular nesses leitos construídos pelo homem, quer como barcos de carga ou como moradias. Na Inglaterra, eles são normalmente pintados de cores brilhantes. Se você sonhar com essas barcaças, seu sonho talvez reflita uma disposição alegre ou uma atitude de animação. Barcaças também são alugadas para férias e, por isso, a embarcação de seu sonho pode significar que você precisa fazer uma pausa em suas atividades e viajar em algo que se move lentamente, diminuindo, com isso, seu ritmo de vida.

Eu andava ao longo da margem de um canal com minha mãe e minha irmã; quando nos aproximamos de uma curva, vimos que o canal estava em chamas. Nesse momento, nós três voamos sobre ele.

No sonho acima a sonhadora superou o obstáculo do fogo "elevando-se no ar" (ver a página oposta).

CORRELAÇÃO

Seu sonho com uma barcaça representa uma necessidade de se sentir mais contido ou definido?

TRANSPORTE

Avião

OS AVIÕES NOS PERMITEM COBRIR GRANDES DISTÂNCIAS, nos permitem cruzar o mundo em todas as direções. Eles podem simbolizar a necessidade de "decolar", de iniciar novas atividades e abandonar a rotina, de deixar a antiga vida para trás e começar uma nova vida.

Estou num avião. Ele vai cair. Pela janela, vejo a escuridão lá fora. Sei que vou morrer e tenho medo. Depois, não sei o que aconteceu; sei apenas que continuo viva.

Este sonho indica que a sonhadora receia ter que enfrentar um desastre de proporções esmagadoras. Na verdade, ela sobreviveu no sonho, mas este foi uma advertência de que precisa descobrir o que a "escuridão" significa, precisa "descer à terra" e encarar a realidade, em vez de se refugiar num avião para escapar aos problemas.

Paraquedas num sonho geralmente simbolizam a necessidade de precauções de segurança no momento em que você se lançar numa nova situação. Um paraquedas reduz a velocidade de uma queda e suaviza uma aterrissagem; por isso, ele talvez indique que você precisa diminuir o ritmo para evitar maus resultados.

Aviões que evoluem no céu revelam forças espirituais, potências cósmicas percebidas em nosso espaço psíquico e que são liberadas.

CORRELAÇÃO

Aviões que deixam cair bombas prenunciam notícias perturbadoras; se voam em formação e com tempo bom, pressagiam ganhos financeiros.

TRANSPORTE

Veículo

VEÍCULOS PODEM SER COMPARTILHADOS por outros membros do público ou podem se destinar ao uso particular de uma pessoa. Se você sonhar com um ônibus, este pode refletir seu eu público, enquanto um automóvel normalmente indica seu eu privado. Todos os veículos representam movimento e progresso, embora, de algum modo, possa haver empecilhos. Analise o estado do veículo, quaisquer qualidades incomuns que ele possua, e seu desempenho.

Eu estava sentada num carro conversível em frente de um clube noturno que costumava frequentar. Era a manhã seguinte a uma festa que durara a noite toda; meus amigos entraram no carro e este começou a voar sobre a cidade, comigo ao volante.

Se você sonhar com um automóvel, será útil pensar a respeito de quem está no "banco do motorista" – o motorista geralmente representa a pessoa que tem o controle de uma situação ou de um relacionamento. Veículos em movimento representam ação e o desejo de progredir; a velocidade e a qualidade da jornada são bons indícios de como você está se saindo. Os sonhos também podem conter advertências:

Cerca de duas semanas antes de nosso amado filho ser tragicamente morto num acidente rodoviário, ele me disse: "Mamãe, tive um sonho muito claro na noite passada. Eu estava andando de motocicleta e alguma coisa bateu em mim; eu não me lembro de mais nada. Você acha que meu sonho foi um aviso?"

TRANSPORTE

Estrada

AS ESTRADAS GERALMENTE SIMBOLIZAM O CAMINHO DA VIDA. Dirigir por uma estrada e avançar ao longo dela indica sucesso na realização de suas metas e a chegada ao destino. O sonho abaixo, que teve como cenário um lugar ligado à espiritualidade, transmitiu à sonhadora a segurança de ter escolhido o caminho certo:

Em meu sonho, notei uma colina, como Glastonbury Tor, com um caminho em espiral, que levava ao cume. Pessoas podiam ser vistas em todos os pontos do caminho e a colina se apresentava marrom avermelhada, com um aspecto de queimada. O local por onde eu deveria passar nunca tinha sido pisado, estava verde e viçoso.

Pode ocorrer que, em vez de uma rodovia comum, você veja uma autoestrada em seus sonhos. Isso pode representar seu caminho na vida, um caminho "elevado", o caminho mais alto. Encruzilhadas em sonhos são um símbolo comum de tomada de decisões e podem indicar uma mudança de direção. Elas talvez tenham relação com uma "cruz a ser carregada" ou com uma sobrecarga. Até o ano de 1823 a lei inglesa insistia que qualquer pessoa que tivesse se suicidado fosse enterrada numa estrada, em geral numa encruzilhada. Em épocas mais antigas, pessoas executadas por terem sido acusadas de bruxaria, além de criminosos, também eram enterradas nesses locais porque se acreditava que a cruz, o sinal de Cristo, as impediria de assombrar a região.

CORRELAÇÃO
* *Você sente que sua vida chegou a uma encruzilhada atualmente?*

ARTIGOS DE USO PESSOAL

Roupas

AS ROUPAS REPRESENTAM A *PERSONA* EXTERIOR do sonhador ou sua aparência, aquilo que é visível para as outras pessoas. As roupas são a camada protetora que mantém você aquecido e também uma maneira de expressar a que grupo ou grupos você pertence. Um uniforme, como o de um marinheiro, de um policial, de um cirurgião ou de um comissário de bordo simboliza a respectiva profissão. Se você sonhar com um soldado, talvez sinta que a batalha deve continuar ou então que há necessidade de uma força de paz.

Roupas novas representam novos começos e renovação. Se você estiver consertando roupas, talvez queira corrigir alguma coisa ou reparar algum dano à sua imagem. Roupas sujas significam que você tem a sensação de estar sujo ou maculado de alguma maneira e indicam sua necessidade de passar por um processo de limpeza ou "de ser claro e dizer a verdade". Se você aparecer sujo em seu sonho, este talvez reflita sua preocupação a respeito de como outras pessoas o veem.

Se você estiver num local público usando roupas íntimas, isto pode indicar exibicionismo ou vulnerabilidade – tudo depende da maneira como você se sente no sonho. Se estiver tentando cobrir sua nudez, sua intenção, na verdade, é ocultar uma questão existente em seu estado de vigília?

CORRELAÇÃO

◉ *Homem sonhar com uniforme, conta com elevação de status no futuro; para a mulher, prenuncia felicidade no amor e na vida doméstica.*

ARTIGOS DE USO PESSOAL

Luvas

LUVAS DE LÃ E DE COURO, além de adereços, protegem as mãos do frio; o material de que são feitas, sua cor e modelo também indicam algo a respeito da personalidade de quem as usa.

Sonhos com luvas à prova d'água em geral se relacionam com um trabalho difícil que precisa ser feito, assim como com a lavagem de roupa, de louça, com limpeza e trabalho doméstico em geral. Luvas de proteção, sem divisão para os quatro dedos, são usadas para remover recipientes quentes do forno ou do fogão. Luvas de jardinagem podem refletir um interesse por plantas, enquanto luvas de boxe estão ligadas ao pugilismo ou a lutas fora do ringue. Luvas que acompanham vestidos de festa cobrem o braço até o cotovelo e normalmente são feitas de seda ou de um material semelhante ao cetim. Luvas de látex são usadas por cirurgiões ou por outros profissionais da área médica, bem como por cientistas em laboratórios. Luvas funerárias de ouro, altamente decoradas, foram encontradas entre relíquias incas. Elas significavam que a pessoa morta poderia prosseguir em sua jornada no mundo subterrâneo com as mãos bem protegidas.

CORRELAÇÃO

◎ *Uma luva rústica, de punho largo e comprido, era atirada ao chão, com o objetivo de desafiar uma pessoa a um duelo. Se você sonhar que está "jogando a luva" isto talvez queira dizer que você sente necessidade de desafiar alguém em relação a alguma coisa.*

ARTIGOS DE USO PESSOAL

Capítulo Nove 346

Chapéu

OS CHAPÉUS SÃO, AO MESMO TEMPO, DECORATIVOS E ÚTEIS. Em sonhos, eles podem ter relação com o que usamos na cabeça, bem como simbolizar nossa perspectiva ou atitude mental. Se você trocar de chapéu durante o sonho, talvez isso indique diferentes pensamentos ou opiniões ou, ainda, uma mudança no nível de consciência. O sonho também pode ser o símbolo de uma mudança de papéis, como a que ocorre no caso dos uniformes.

O tipo de chapéu que você usar num sonho representa as qualidades de que talvez necessite. Por exemplo, se você sonhar que está usando um chapéu-coco, este tema talvez tenha relação com formalidade, enquanto um boné de beisebol representa momentos de descontração ou esporte.

Antes de ser associado ao traje de casamento, o véu representava um sinal de humildade, de aceitação da escuridão e de um guia espiritual que iria conduzi-lo através do mundo oculto, talvez numa jornada de desenvolvimento da autoconsciência. O véu é um tipo de máscara, protegendo quem o usa do reconhecimento. Turbantes podem ser considerados como um tipo de chapéu e simbolizar afiliação religiosa. Os homens sikhs usam turbantes para cobrir seu cabelo sem cortar.

A franja das roupas nativas norte--americanas e coberturas para a cabeça simbolizam a chuva que cai, um recurso vital em áreas desérticas.

CORRELAÇÃO

◉ *Seu chapéu onírico representa status ou ocupação há muito desejada?*

ARTIGOS DE USO PESSOAL

joias

ADORNOS PESSOAIS, em forma de broches, colares e pulseiras, sempre estiveram ligados ao *status*. Arqueólogos descobriram joias em locais distantes um do outro, como Egito e Irlanda, Peru e França.

Pérolas simbolizam as lágrimas da deusa da lua ou a tristeza, mas elas também são, tradicionalmente, uma escolha clássica e elegante de adorno na sociedade ocidental. Seus sentimentos em relação às pérolas de seu sonho serão o melhor indício para a sua interpretação pessoal da experiência onírica. Um fio de pérolas pode simbolizar conformidade, enquanto "jogar pérolas aos porcos" indica uma ação inútil.

Braceletes ou pulseiras normalmente têm o sentido de enfeites. Entretanto, se você sonhar com *kara*, a pulseira de aço que os sikhs usam como símbolo de sua fé, ela poderá ter um significado espiritual.

Um anel num sonho simboliza, potencialmente, uma necessidade de totalidade e de continuidade, uma vez que o círculo é um símbolo profundo dessas qualidades em todas as culturas.

CORRELAÇÃO

◉ *O anel do sonho está com ligações emocionais ou com o casamento?*

ARTIGOS DE USO PESSOAL

Cosméticos

O USO DE COSMÉTICOS PARA MELHORAR a aparência e neutralizar o odor corporal, já foi perfeitamente estabelecido. No Antigo Egito, os cosméticos eram guardados em vasilhas ornamentais, de vidro, com formato de peixe. Existem muitas pinturas desse período que mostram pessoas durante o ato de aplicar cosméticos; assim, podemos ver que a preocupação com a imagem data de um passado longínquo. Homens e mulheres usavam cosméticos em suas rotinas diárias; estes incluíam óleos, perfumes e maquiagem para os olhos. Cosméticos também eram colocados entre os objetos funerários que seriam enterrados com os mortos.

A presença de *blush* no sonho pode indicar que você se sente constrangida, ficando corada diante de uma indiscrição. Se você sonhar que está usando cosméticos ou tintura de cabelo para realçar ou mudar sua aparência, pense naquilo que gostaria de mudar exteriormente.

CORRELAÇÕES
- *Você sente que precisa somar alguma coisa ao que já tem?*
- *O que você está tentando mudar num nível superficial? Você conseguiria se aprofundar para descobrir seu verdadeiro eu?*

ARTIGOS DE USO PESSOAL

Amuleto

MUITOS TIPOS DE AMULETOS ESTÃO DISPONÍVEIS, desde um berloque ou uma concha, até uma pedra preciosa. Qualquer que seja a forma assumida pelo amuleto ou pelo talismã, seu propósito é proteger quem o possui da ameaça do mal.

Os amuletos dos celtas incluíam pedras espirais com entalhes pré-históricos. Estes são conhecidos como *glifos* e muitos foram encontrados em locais sagrados.

Pedras da águia – Estas, supostamente, são os melhores amuletos para o período de gravidez e durante o parto. Também conhecidas como *aetites*, as pedras da águia são ocas, normalmente marrons e com o formato de um ovo; nelas areia ou pequenas pedras se acumulam. Lendariamente encontradas em ninhos de águias, acreditava-se que sem elas uma águia não poderia ter filhotes. As pedras da águia, segundo a crença, impediam abortos espontâneos e ofereciam ajuda durante o parto.

Encantamentos – Derivada do latim *carmen*, "canto," esta palavra revela que encantamentos ou remédios eram entoados em voz alta, provavelmente como uma fórmula mágica de repetição. Entretanto, encantamentos também podem ser objetos, tais como um amuleto, ou mascote. Alguns objetos são considerados amuletos de cura. Por exemplo, costumava-se dizer que pedras com buracos no centro ajudavam qualquer pessoa que tivesse problemas nos olhos.

CORRELAÇÃO
Se você sonhar que alguém lhe deu um amuleto, pense a respeito de alguma coisa da qual precisa ser protegido.

OBJETOS INCOMUNS

Âncora

PARA UM MARINHEIRO, A ÂNCORA É O SÍMBOLO DO LAR. A âncora simboliza ligação, estabilidade e o fato de uma pessoa se manter firme nos mares agitados da vida. A palavra âncora talvez tenha se originado do egípcio antigo *ankh*, um dos símbolos da vida. Quando um navio está ancorado ele consegue sobreviver a uma tempestade. A âncora mestra é a maior de todas, sendo usada somente em condições difíceis; perdê-la pode trazer consequências catastróficas. Na época dos antigos gregos e romanos, a âncora mestra de um navio era considerada sagrada e recebia um nome, que homenageava uma das divindades reverenciadas por esses povos. Simbolicamente, uma âncora mestra representa sua última esperança, seu último refúgio.

"Levantar âncora" é zarpar, é iniciar sua viagem.

São Nicolau de Bari, ao ser martirizado, foi amarrado a uma âncora e lançado ao mar. Ele é o padroeiro dos marinheiros.

CORRELAÇÕES

- *Você se sente jogado de um lado para outro por suas emoções?*
- *A âncora de seu sonho indica uma necessidade de estabilidade?*

OBJETOS INCOMUNS

Sino

SINOS SÃO USADOS EM IGREJAS, com o objetivo de assinalar os horários de orações e convocar as pessoas para as cerimônias religiosas, ou para indicar um casamento ou um funeral; assim, os sinos estão relacionados com informação e rituais. O sino do Angelus toca três vezes durante o dia para lembrar aos católicos a necessidade de rezar. O nome provém da frase latina *angelus domini nuntiavit Mariae*, "o anjo do Senhor anunciou à Maria (Anunciação)". Os sinos podem indicar novas notícias para o sonhador.

Se o sino de seu sonho for uma campainha, usada por visitantes ao chegarem à sua casa, talvez você esteja pensando em alguém que virá visitá-lo ou deseja companhia.

No Ano Novo os sinos repicam para "se despedir do velho e anunciar a chegada do novo", simbolizando, dessa forma, o final de um aspecto da vida e o início de outro.

No budismo, o sino representa o vazio ou a sabedoria. Ouvir um único sino prenuncia más notícias. Mas ouvir muitos sinos é sinal de boas-novas.

Em muitas áreas montanhosas da Europa, sinos são colocados em volta do pescoço das cabras e do gado para que seus proprietários possam saber onde encontrá-los. Guizos algumas vezes são amarrados em gatos domésticos para que os passarinhos tenham a chance de escapar antes que o gato ataque. "Amarrar um guizo em um gato" significa tomar uma iniciativa arrojada.

CORRELAÇÃO

◉ *Há notícias sendo anunciadas para você ou notícias que você deverá transmitir em breve?*

OBJETOS INCOMUNS

Foice

A FOICE É UM IMPLEMENTO COM UMA LÂMINA CURVA, usado para ceifar plantações. Entretanto, é a sua associação com a morte que a maioria das pessoas conhece melhor. O Anjo da Morte é aquele que vem ceifar a vida das pessoas; em ilustrações ele sempre carrega uma foice. O Anjo da Morte "colhe" pessoas quando sua estação está terminada, ceifando-as.

Se você sonhar com uma foice, talvez seu sonho tenha relação com o medo da morte ou com um sentimento de ter sido "cortado" de alguma maneira. Esses sonhos o ajudam a identificar aquilo que está chegando ao fim para você, um estágio da vida que você está deixando para trás ou laços que precisa romper para poder seguir em frente.

Nas peças teatrais medievais, o Anjo da Morte vestia uma roupa em que estava estampado um esqueleto e uma máscara ou "sinistro" e carregava uma ampulheta para transmitir a mensagem de que o tempo estava se esgotando. O Anjo da Morte lembrava às pessoas que assistiam ao espetáculo de sua condição de seres mortais e da necessidade de refletirem sobre a alma e sobre a piedade porque a morte poderia se abater sobre elas a qualquer momento.

CORRELAÇÃO

- *Sente-se isolado ou cortado do convívio com outras pessoas?*

OBJETOS INCOMUNS

Caixão UM SONHO COM UM CAIXÃO pode ser motivado pela morte de alguém que você conhece. O caixão é um recipiente para um corpo, o qual depois é enterrado ou cremado; por essa razão, os caixões estão relacionados com conclusões e com a ideia de enterrar ou dispor daquilo que parou de funcionar. Nem sempre se trata de uma pessoa; esse tema onírico pode simbolizar ideias ou valores que não servem mais.

Quando era criança, eu sonhei que meus pais tinham morrido. Mandei empalhá-los e colocar seus caixões na posição vertical, um de cada lado da porta.

Muitas crianças confrontam o medo da morte nos sonhos; no sonho relatado, a sonhadora mantém a ligação afetiva, mantém seus pais presentes em sua vida após a morte destes, de uma maneira que nos remete às múmias egípcias. Essas múmias guardam o limiar, continuando a oferecer proteção.

Mortalha é grande pedaço de tecido branco usado para cobrir o caixão quando este chega à igreja para o último serviço religioso. Lembra-nos a veste batismal cristã.

Sonhos com túmulos revelam a existência de um cemitério interior, desejos insatisfeitos, amores perdidos, ambições frustradas, dias felizes que se foram etc. Mas essa morte aparente não é, psicologicamente, uma morte total: uma obscura existência se mantém no túmulo do subconsciente.

Acredita-se que andar sobre um túmulo, bem como colher flores que ali crescem, traz má sorte.

CAPÍTULO DEZ

PESSOAS QUE INTERPRETAM SONHOS são encontradas no mundo há tanto tempo quanto pessoas que sonham: xamãs na Sibéria, adivinhos nos templos na Grécia Antiga, sacerdotes baru babilônicos, curandeiros, homens e mulheres, na África e nas Américas, e bruxas (mulheres sábias) no mundo inteiro. Em todos os continentes, esses intérpretes de sonhos descobriram que a espiritualidade desempenha um papel fundamental em nossa vida onírica. Quando sonhamos, temos um vislumbre de tudo que podemos ser, de todo o nosso potencial emocional e espiritual. Sem o nosso lado crítico para interferir e censurar, estamos abertos para novas possibilidades e percepções e também para correlações espirituais. A nossa criatividade é expandida, alcançando dimensões surpreendentes, e nós nos tornamos capazes de integrar a nossa vida interior à nossa vida exterior.

Alguns sonhos parecem especialmente significativos, como aqueles "grandes" sonhos que permanecem conosco e que Jung descreveu como "numinosos", ou sagrados. Esses sonhos, potencialmente transformadores, nos conectam com alguma coisa superior a nós mesmos. Eles podem se tornar as gemas mais preciosas do nosso coração e da nossa alma. Às vezes, símbolos espirituais envolvem o aparecimento de uma figura iluminada, de um ser radiante – uma forma angélica ou uma figura de túnica, por exemplo. Essas imagens tipicamente oferecem orientação ou revelam verdades para o sonhador. Em muitas tradições religiosas, incluindo o cristianismo, o islamismo e o budismo, os sonhos reafirmam os princípios da fé.

Correlações Espirituais

Quando eu atingir essa suprema, essa perfeita sabedoria, libertarei todos os seres viventes, para que possam desfrutar da paz eterna do nirvana.

PALAVRAS DE BUDA NO MAIS ANTIGO LIVRO IMPRESSO DO MUNDO, O SUTRA DO DIAMANTE

Foi devido a um sonho que o imperador chinês Ming-Ti enviou representantes à Ásia central para que estes trouxessem textos budistas sagrados de volta à China. De acordo com o sonho, seria através desses textos que ele poderia aprofundar sua espiritualidade.

Os budistas eram, em geral, encorajados a registrar os próprios sonhos e a estar atentos a visitas feitas por espíritos que lhes traziam mensagens. Eles também acreditavam em sonhos precognitivos, assim como em sonhos que tinham o potencial de resolver problemas espirituais.

Em muitas culturas, como a das tribos inuit do Canadá, que viveram como caçadores e coletores durante gerações, sonhar é visto como uma maneira de cruzar a fronteira entre este e outros mundos. O sonhador viaja até lugares distantes, enquanto seu corpo dorme na segurança de seu lar. Ele atravessa o mundo dos humanos e dos animais e faz contato com a presa que espera apanhar; move-se entre as fronteiras do tempo, voltando ao passado e se conectando com o futuro. Como o escritor Hugh Brody afirmou em seu livro *The Other Side of Eden*, "Além de outras formas de percepção e de intuição, os caçadores usam sonhos para ajudá-los a decidir onde caçar, quando se dirigir para esse lugar e o que caçar".

O Antigo Testamento apresenta numerosas histórias, como a do sonho do faraó com as vacas (ver p. 252), que ilustram a importância atribuída aos sonhos pelas tradições do Antigo Egito e dos hebreus.

O aspecto religioso de sonhar com deuses e demônios, com a vida após a morte, e para conseguir orientação espiritual, é simplesmente tão relevante para nós no século XXI como o foi para os nossos ancestrais. Quer você pratique ou não uma religião, seus sonhos poderão aproximá-lo da teia que mantém unida toda a humanidade, de forma que você possa apreciar a dimensão espiritual e inspiradora da vida.

ABAIXO *Sonhos espirituais são encontrados no mundo inteiro, independentemente da cultura.*

Correlações Cristãs

NA BÍBLIA, como ocorre com outros textos religiosos, encontramos numerosas referências a sonhos.

Dizendo eu: Consolar-me-á o meu leito, a minha cama aliviará a minha queixa, então me espantas com sonhos e com visões me assombras; pelo que a minha alma escolheria, antes, ser estrangulada; antes, a morte do que esta tortura.

JÓ 7:13-5

Como ocorreu com Jó, talvez não nos agrade ver o que nos confronta em sonhos, mas estes irão se repetir vezes seguidas, até que descubramos a correlação que nos ajudará a caminhar para a frente.

Depois da morte de Jesus, os doze discípulos estavam reunidos e falavam sobre a melhor maneira de propagar a palavra de Deus quando, subitamente, "veio do céu um som, como de um vento impetuoso (...), e apareceram, entre eles, línguas como que de fogo". Os discípulos foram envolvidos e permeados pelo Espírito Santo, que lhes possibilitou falar outras línguas, para que pudessem levar a palavra de Deus a todos os lugares. Nos sonhos, a sensação de estar dominado pelo espírito pode produzir profundas transformações no sonhador, as quais, provavelmente, irão mudar sua vida quando acordado. A pomba é o sinal tradicional do Espírito Santo; por isso, se você sonhar com uma pomba, analise o significado simbólico contido no pássaro (ver p. 286).

E eis que eu estou convosco todos os dias até a consumação do século.

PROMESSA DE JESUS NO EVANGELHO DE MATEUS (MAT. 28:20)

Correlações Hindus

OS HINDUS ACREDITAM NUM ÚNICO DEUS, que pode ser compreendido e venerado de diferentes formas. Um antigo texto hindu, o *Brahmavaivarta Purana*, é um guia para a interpretação dos sonhos. Por exemplo, ele afirma: "Se um Brahmana transporta alguém numa carruagem e lhe mostra diferentes estratos do céu num sonho, o vidente passa a ter uma vida mais elevada e mais próspera". Nessa interpretação, o "vidente" é o sonhador.

Ganesha, o deus indiano com cabeça de elefante, é o deus dos novos começos, sendo invocado no início de todas as cerimônias religiosas (com exceção dos funerais) para que um culto produtivo possa se realizar. Ganesha é universalmente conhecido como o Senhor dos Obstáculos e Aquele que Concede o Sucesso. Se você sonhar com Ganesha ou com elefantes (ver p. 258), seu sonho talvez renove sua confiança no sucesso de um empreendimento.

A cruz é altamente simbólica para muitas culturas. Seus quatro braços são encontrados na cruz cristã da crucificação e na sagrada suástica indiana do passado, que era um símbolo de boa sorte e de prosperidade até ser adotada como símbolo do partido nazista da Alemanha, na década de 1930.

Um rio que corre é um símbolo vivo para os hindus, por representar o ciclo que se inicia na nascente do rio e termina no mar, voltando depois à sua fonte original. No local de peregrinação tradicional de Varanasi, os indianos se banham no rio Ganges, como uma demonstração de sua devoção religiosa. Se você tiver um sonho em que está se banhando num rio, esse sonho talvez tenha relação com sua necessidade de encontrar uma forma de purificação ritual.

Correlações Muçulmanas

ASSIM COMO OS FUNDADORES DE OUTRAS RELIGIÕES, Maomé foi inspirado a assumir sua missão espiritual depois de ter tido um sonho, o qual também revelou a ele várias seções do Alcorão. Um texto persa medieval diz que um sonho com o Profeta Maomé indica que a pessoa terá uma vida longa e bem-aventurada.

O livro árabe sobre os sonhos, *ad-Dinawari*, inclui uma vasta lista de sonhos que refletem a vida cultural, religiosa e social do Islã medieval, na Bagdá do século X.

Minarete significa "lugar de fogo ou de luz" e tem sua origem em torres de observação, distribuídas por vastas áreas de terra. É o local usado para anunciar aos muçulmanos a hora das orações, sendo um símbolo de devoção e de obediência. Num sonho, um minarete pode simbolizar notícias de natureza espiritual ou um aumento de interesse em seu desenvolvimento espiritual.

Para os muçulmanos devotos, o jejum durante o mês do ramadã é um dever religioso e se aplica a todas as pessoas com mais de 12 anos de idade. Durante esse período, os muçulmanos que jejuam podem experimentar um aumento de sonhos com alimentos, como uma forma de compensação. Qualquer pessoa que esteja se submetendo a uma dieta restrita, seja pelo jejum, por um regime de emagrecimento ou por estar se preparando para uma cirurgia, também poderá sonhar com comida.

Correlações judaicas

O JUDAÍSMO É A MAIS ANTIGA RELIGIÃO MONOTEÍSTA. Abraão, avô de Jacó, é considerado o fundador do judaísmo. Uma noite Jacó sonhou que viu anjos subindo ao céu por uma escada de mão e ouviu a promessa de Deus de que ele e sua família iriam possuir a terra onde dormiam. Anos mais tarde, Jacó encontrou um estranho que se revelou como sendo um anjo de Deus. O anjo disse a Jacó que ele deveria mudar seu nome para *Israel*, que significa "aquele que luta na companhia de Deus". De acordo com algumas crenças, as doze tribos de Israel descendem dos doze filhos de Jacó; através delas, foi cumprida a promessa feita a Jacó em seu sonho.

O *Talmude* (código da lei judaica) apresenta mais de duzentas referências a sonhos e afirma que "um sonho que não é interpretado é como uma carta que não foi aberta"; em outras palavras, os sonhos nos trazem importantes mensagens e constituem uma forma de comunicação que exige reflexão e elaboração, até que a mensagem fique clara. Contudo, o *Talmude* enfatiza as dificuldades relacionadas com a interpretação dos sonhos, uma vez que "assim como não há trigo sem palha, não existem sonhos sem coisas inúteis". Esta é uma advertência aos intérpretes de sonhos para que tomem extremo cuidado ao analisá-los e possam separar as partes significativas e reveladoras dos aspectos distorcidos ou triviais.

Correlações Budistas

BUDA SAKYAMUNI TEVE UMA SÉRIE DE CINCO SONHOS que o guiaram no caminho da iluminação e, até hoje, os sonhos são muito respeitados pelos budistas.

O vale do Ganges é particularmente importante para os budistas, uma vez que Buda (cujo nome na vida privada era Sidarta Gautama) nasceu ali, atingiu a iluminação ali, fez seu primeiro sermão e morreu nesse vale. Sonhar com um rio pode ser uma indicação de recursos espirituais que estão disponíveis se você desejar encontrá-los.

Durante o reinado de Ashoka (c. 265-238 a.C.) os ensinamentos de Buda eram representados por símbolos. Costumava-se esculpir imagens nas entradas de edificações, que incluíam:

A roda da lei, ou ensinamento, era uma roda de oito raios e simbolizava o Caminho Óctuplo para a iluminação. Ela representava a lei terrena.

O lótus simbolizava a possibilidade de iluminação a partir da ignorância. As raízes da planta ficam mergulhadas na lama, mas suas flores são puras e brancas sobre a superfície da água parada.

O trono vazio simbolizava Buda como um líder espiritual e sua linhagem nobre, antes da iluminação.

A pegada simbolizava a presença de Buda em seus ensinamentos.

Os quatro estados mais elevados no budismo são a compaixão, a bondade amorosa, a alegria altruísta e a equanimidade. Se você estiver se comportando de uma maneira desrespeitosa quando acordado, poderá ter um sonho no qual você trata animais com crueldade; esse sonho servirá para lembrá-lo de que é seu dever se importar e demonstrar respeito por todos os seres vivos, assim como por si mesmo.

Correlações Pagãs

OS CELTAS NÃO VIVIAM NUMA NAÇÃO UNIFICADA; por isso, suas diferentes tradições e divindades assumem numerosas formas em sonhos. Os celtas buscavam a harmonia com a natureza, tinham aptidões artísticas altamente desenvolvidas e recompensavam a lealdade e a bravura de seus ferozes guerreiros. Como em muitas sociedades pagãs, o sol desempenhava um papel importante nas crenças dos celtas. Em seu romance *That They Might Face The Rising Sun*, John McGahern relata que a importância do sol continuou viva nas crenças celtas após o cristianismo ter sido imposto na Irlanda. Os "pedantes padres" tentavam fazer as pessoas enterrarem seus mortos com a cabeça voltada para a igreja, como sinal de que se curvavam diante da autoridade da Igreja, mas os irlandeses insistiam em enterrá-los "de frente para o sol nascente" em reconhecimento ao poder maior da natureza.

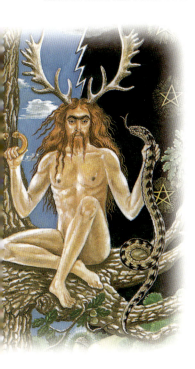

Cernuno, o "Deus Cornífero," era o deus celta dos animais e uma figura de grande importância nas lendas e no folclore. Cernuno foi um antigo deus do sol. Sonhos com criaturas de chifres ou com sacrifícios podem estar relacionados com primitivas tradições pagãs, que se transformaram nos festivais atuais como a do Dia 1º de Maio e o Halloween. Muitas cerimônias pagãs envolviam sacrifícios para apaziguar os deuses. "O Homem de Vime ou de Palha" é um exemplo. Durante a cerimônia, adotada na época dos celtas, prisioneiros eram queimados no interior da estrutura de madeira. Se você sonhar que foi preso e está sendo queimado como parte de uma punição ritual, talvez sinta que precisa de purificação.

DEUS

Deus DEUS É O DIVINO PAI. Muitas tradições religiosas reconhecem a existência de um Deus todo-poderoso, incluindo a cristã, a judaica e a muçulmana. Deus geralmente é retratado como um homem velho, sábio e poderoso – um exemplo é a imagem de Deus pintada por Michelangelo na Capela Sistina em Roma. Entretanto, a ideia de conhecer Deus ou de defini-lo, com exceção dos conceitos de que ele é infinito e eterno, está além da compreensão humana.

O Cordeiro de Deus é um poderoso símbolo de redenção no cristianismo. Ele representa o perdão dos pecados do mundo para que se possa

desfrutar do reino do céu. Muitos outros símbolos de renascimento e regeneração se apresentam sob a forma de animais, como foi descrito no Capítulo Oito. Se você sonhar com uma presença divina, observe que tipo de orientação ou de ensinamentos lhe está sendo transmitido.

A influência de ensinamentos religiosos pode ter um forte efeito no conteúdo dos sonhos. Uma mulher me relatou vários sonhos nos quais Cristo se sentou ao lado de sua cama e conversou com ela. Os sonhos ocorreram quando ela estava sob a influência de um instrutor devoto.

Tenho vários sonhos nos quais me vejo em situações realmente violentas – guerra, agitação civil, gângsters – já fui atingida por balas e morta, porém continuo viva. No momento da morte rezo freneticamente a Deus pelo perdão dos meus pecados.

O DIABO

Diabo O DIABO SIMBOLIZA QUALQUER FORÇA MALIGNA e aparece usando muitos disfarces, desde o de um monstro mascarado até o de um pequeno e travesso espírito do mal. Ele recebe muitos nomes, incluindo Satã, Belzebu, Lúcifer e "Príncipe das Trevas". O filósofo cristão Macróbio escreveu *The Commentary on the Dream of Scipio* no século IV d.C. Este livro teve uma enorme influência e se tornou a obra mais importante sobre sonhos da Europa medieval. Macróbio expôs com detalhes uma hierarquia dos sonhos que descrevia a ordem ascendente dos sonhos espirituais. As esferas oníricas inferiores eram controladas por demônios que ele chamava de *íncubos* e *súcubos*.

Um *íncubo* era um demônio do sexo masculino e, de acordo com a crença, ele mantinha relações sexuais com mulheres enquanto estas dormiam; o *súcubo*, ou demônio feminino, molestava sexualmente suas vítimas masculinas. Atualmente, muitas pessoas descrevem sonhos aterrorizantes com uma criatura malévola que se senta sobre seu peito com uma intenção sexualmente predatória. Isso pode ser causado por algumas das muitas imagens do diabo e do mal, seres sobrenaturais, que nos são familiares através de pinturas, como as de Goya, Bosch e Bruegel, e de histórias e filmes de terror, como *Drácula*.

O diabo em sonhos pode representar dificuldades e limitações, pensamentos negativos, medo e a recusa de prestar atenção à nossa própria intuição e sabedoria interior. Se você sonhar com uma presença malévola, pense a respeito daquilo que o perturba no estado de vigília, daquilo que lhe causa medo ou sobre o poder de alguém que lhe parece esmagador.

Estou num parque de diversões; tudo é vermelho, há um cheiro terrível e o diabo está ali rindo de mim.

Vermelho é a cor do perigo e da paixão; para a sonhadora, há perigo num lugar público, destinado à diversão. O mau-cheiro indica decomposição ou toxicidade.

A ALMA

Alma

O sonho é o acesso oculto aos recessos mais recônditos da alma.
CARL JUNG

OS HINDUS ACREDITAM QUE CADA SER INDIVIDUAL TEM UMA ALMA ETERNA, *atman*, a qual pode nascer inúmeras vezes em diferentes formas ou encarnações. É a lei do *karma*, a lei moral do universo, que decide quantas vezes uma alma pode renascer e de quantas formas.

Para os antigos egípcios, *ba* era a alma humana, representada por um pássaro ou por um pássaro com corpo humano. Ba simbolizava a ideia de que após a morte a alma podia voar para longe, como um pássaro, e se juntar aos seus ancestrais. Com esse propósito, estreitas passagens ligavam as tumbas ao mundo exterior; graças a elas, as almas poderiam ir e vir na vida após a morte.

Às vezes, nós nos sentimos acossados por problemas e perdemos o rumo. O místico espanhol São João da Cruz descreveu esse estado como "a noite escura da alma". Nossos sonhos revelam esse período perturbador e também nos informam que a luz da manhã se segue à escuridão quando temos fé em Deus, em nós mesmos e nas outras pessoas.

Podemos nos defrontar com experiências fora do corpo no estado onírico:

Em sonho saí do meu corpo e fui para outro lugar. Encontrei outras pessoas que, como eu, não tinham corpo; entretanto, conseguíamos nos comunicar. Foi uma bela experiência.

IMAGENS ESPIRITUAIS

Santo

GERALMENTE, OS SANTOS SÃO PESSOAS BOAS, que serviram a Deus e ajudaram outras pessoas; eles podem representar essas qualidades em sua vida. Contudo, se um determinado santo aparecer em seus sonhos, analise as virtudes dele em particular:

São Francisco de Assis era ligado à natureza e aos animais. Afirmava-se que os pássaros vinham ouvi-lo pregar.

São Bento fundou a Ordem Beneditina; os monges beneditinos se dedicavam a uma vida austera de estudos, oração e também aos trabalhos manuais.

Santa Catarina se opôs à perseguição romana e foi martirizada, tendo sido amarrada a uma roda com pregos e torturada até a morte.

Santa Bernadete: as aparições da Virgem Maria a Santa Bernadete levaram à fundação do local de peregrinação de Lourdes, na França, que é visitado por milhares de pessoas, em busca da cura.

São Sebastião: esse mártir foi amarrado a uma árvore e atingido por flechas. Ele é o santo padroeiro dos arqueiros.

São Jorge é conhecido como o guerreiro que matou um dragão, o que simboliza o triunfo do cristianismo sobre o mal. Ele é o santo padroeiro da Inglaterra.

Séculos atrás, o papa teve um sonho que não pôde ignorar. Este ocorreu depois de uma visita de Francisco de Assis, o qual lhe pedira autorização para estabelecer sua própria ordem religiosa. O papa havia recusado, mas depois teve um sonho em que uma figura, movida pelo desespero, sustentava o prédio de uma igreja prestes a desabar. Percebendo que a construção de seu sonho representava a instituição da Igreja, ele convocou Francisco e lhe deu permissão para fundar a Ordem Franciscana.

IMAGENS ESPIRITUAIS

Ministros da Religião

UMA DAS PRINCIPAIS MISSÕES DE UM MINISTRO DA RELIGIÃO é servir de intermediário entre os homens e Deus. Ele representa a Igreja e Deus. Na tradição cristã, o sacerdote administra sacramentos, tais como o batismo e o casamento. Um sacramento é definido como "um sinal exterior e visível de uma graça interior e espiritual". Em sonhos, talvez você encontre sacerdotes, durante a realização de cerimônias de batismo e casamento, nas quais está envolvido. Analise essas cerimônias religiosas em relação ao seu próprio estado de espiritualidade ou graça.

Os monges estão associados às ordens religiosas; se um monge estiver presente em seu sonho, pense a respeito de ocasiões em que os viu e o que eles representam para você. A pessoa abaixo costumava relacionar os monges com votos de castidade e benevolência; por isso, ficou surpresa ao sonhar que um monge, com um rosto cadavérico e uma atitude ameaçadora, se debruçou sobre sua cama durante o sono. Ela comentou: "Pouco tempo depois fiquei sabendo que meu marido estava se encontrando com outra mulher". O rosto do marido estava mortalmente pálido quando ele lhe deu a notícia e a mulher se lembrou imediatamente do sonho.

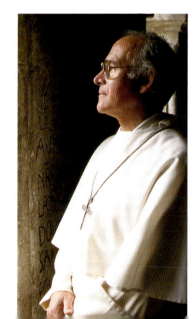

Estou amarrada a um poste e um monge negro, com um ferro incandescente, queima a minha carne. Ele diz: "Isto está destruindo 100% do mal em você". Eu saio do meu corpo e olho para baixo, onde posso vê-lo; depois, acordo.

Figuras religiosas podem representar o lado repressor da ortodoxia, observado nos horrores da Inquisição, quando milhares de pessoas pereceram devido ao poder cheio de zelo. O sonho acima recaptura o terror causado pelo fanatismo mal orientado.

IMAGENS ESPIRITUAIS

A Imagem de Nossa Senhora

MARIA, A MÃE DE CRISTO, foi venerada acima de todos os santos durante a Idade Média. O Culto à Virgem repercutiu entre religiões mais primitivas; a Mãe Terra dominava os cultos pagãos. O primeiro mês do verão (no hemisfério norte), maio, se tornou um mês dedicado a Maria. A maior parte dos acontecimentos que cercam o nascimento de Cristo envolve sonhos: José soube, através de um sonho, que Maria estava grávida; mais tarde ele recebeu o aviso, num sonho, de que ele e Maria deveriam fugir para o Egito para escapar aos soldados de Herodes.

Em muitas tradições cristãs, ícones de Maria, que geralmente a retratam com o Menino Jesus, permanecem o tempo todo em exposição. A Madona Negra de Walsingham, na Inglaterra, é um importante local de peregrinação.

No tarô, a carta que traz a imagem da Grande Sacerdotisa representa a percepção intuitiva e simboliza a mulher sábia, o amor sem desejo sexual, e o arquétipo da virgem. A Grande Sacerdotisa busca o conhecimento e o aprendizado, estando associada ao estudo e à iluminação espiritual, ao desenvolvimento psicológico e à sabedoria. Ela controla o poder do mundo oculto com propósitos positivos. Um sonho com a Grande Sacerdotisa ou com a Madona simboliza o poder que o aspecto feminino tem de manifestar mudanças na vida de uma pessoa.

IMAGENS ESPIRITUAIS

Anjos

OS ANJOS ATUAM COMO INTERMEDIÁRIOS; eles trazem mensagens divinas à terra. A palavra *anjo* vem do grego *angelos*, através do latim *angelu*, e tem o significado de "mensageiro".

Os anjos também são chamados "seres de Luz". Eles simbolizam ligações espirituais; um anjo da guarda, de acordo com a crença, oferece proteção.

No Islã, existe a crença de que para cada pessoa foram designados dois anjos, conhecidos como *kiramu*; estes acompanham a pessoa durante todos os minutos de sua vida. Um deles registra seus bons pensamentos e boas ações; o outro registra as más ações. O anjo Jibril ou Gabriel, revelou os ensinamentos de Alá a Maomé, que foram reunidos no Alcorão. O anjo muçulmano da morte é chamado Azrael e a morte é conhecida como "as asas de Azrael".

Um baixo-relevo de um anjo com seis asas, datando de 1.000 a.C., pode ser visto numa galeria de arte de Baltimore, Maryland, EUA; esta é uma indicação de que os anjos têm feito parte de nossa iconografia há muito tempo. Anjos são encontrados principalmente em religiões baseadas em revelações, como o judaísmo, o cristianismo e o islamismo.

Além dos anjos de Deus, existem também os "anjos caídos"; estes se rebelaram contra Deus, tornando-se demoníacos. O diabo é o anjo caído Lúcifer.

"Quanto mais materialista a Ciência se torna, mais anjos eu pintarei." O pintor pré-rafaelita, Sir Edward Burne-Jones, usou essa frase como subtítulo para sua exposição, *Victorian Artist-Dreamer*. Ele descreveu seu trabalho como "um sonho, um nobre sonho".

CORRELAÇÕES

- *Quando sonha com anjos, você se sente tocado por uma presença divina?*
- *O anjo está lhe trazendo uma mensagem inspiradora?*

IMAGENS ESPIRITUAIS

Guias e Gurus

GUIAS E GURUS têm a função de auxiliares na jornada da vida. Eles podem aparecer em sonhos, como ocorreu no sonho abaixo, de uma mulher que, naquela época, se dedicava a analisar e a estudar o caminho budista:

Estou num castelo e desço correndo uma escada de pedra em espiral. Tento escapar ao perigo que me persegue. Num campo, brilhantemente iluminado, encontro um velho homem. Ele está sentado e cercado de equipamentos científicos, dentro de um círculo de luz que se irradia de uma lâmpada de arco voltaico acima de sua cabeça. O homem está disponível para me dar conselhos sobre a direção a seguir; não pode vir comigo, mas pode me aconselhar.

O ancião arquetípico que aparece neste sonho assegurou-lhe que ela estava no caminho espiritual correto e poderia continuar sua investigação a respeito do budismo.

Guru significa "aquele que traz a iluminação, dissipa a escuridão e é um mestre espiritual".

O guru Nanak fundou o sikhismo no século XVI d.C. e formulou os cinco símbolos da fé. Estes podem aparecer em sonhos para que a pessoa se lembre de sua fé. Eles são: *kesh*, cabelo sem cortar; *kanga*, um pente; *kara*, uma pulseira de aço; *kirpan*, uma adaga e *kaccha*, calças curtas.

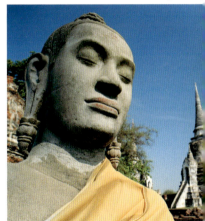

CORRELAÇÕES

- *Você precisa de orientação em sua vida?*
- *Seu guia onírico lhe ofereceu conselhos ou recomendações que você poderia usar efetivamente em sua vida quando acordado?*

DIVINDADES ANTIGAS

Deuses

DEUSES APARECEM EM SONHOS SOB AS MAIS DIFERENTES FORMAS E SUAS ORIGENS ESTÃO LIGADAS A TODAS AS TRADIÇÕES ESPIRITUAIS. Ao se dedicar à interpretação de seu sonho, considere as correlações aceitas, que encontrará abaixo, mas sempre reflita sobre seus pensamentos e sentimentos pessoais quando for elaborar o significado de seu sonho.

Thor, um deus nórdico, martelava o céu com seu martelo (Mjollnir), provocando o aparecimento de trovões, segundo a lenda. O martelo de Thor era tão importante para um viking pagão quanto uma cruz para um cristão.

Zeus era o pai dos deuses na mitologia grega; era conhecido entre os romanos como Júpiter.

Apolo era o deus do sol, da cura e da profecia para os antigos gregos e romanos.

Marte era o deus romano da guerra.

Mercúrio era o deus mensageiro dos romanos.

Cupido era o deus romano do amor.

Plutão era o deus romano do mundo subterrâneo e significava sexualidade, poder, morte, transformação e renascimento.

Dagda era uma figura paternal na mitologia celta; protegia seu povo e simbolizava a força e o apetite sexual.

Shiva e **Vishnu** são deuses hindus, envolvidos numa dança eterna de criação e destruição.

Osíris era o deus egípcio do mundo subterrâneo e marido de Ísis, a deusa mãe.

Somos todos influenciados por nossa cultura e tradição; por isso, os deuses com os quais estamos mais familiarizados são provavelmente os que irão aparecer nos nossos sonhos. Sempre que sonhar com um deus pense a respeito de suas características especiais e do que elas poderiam simbolizar em sua vida no presente.

DIVINDADES ANTIGAS

Deusas

AS DEUSAS REPRESENTAM MUITOS ASPECTOS DA HUMANIDADE, desde a bondade sustentadora da vida até a destruição devoradora. Quando a figura de uma deusa aparecer em seu sonho, reflita sobre as qualidades que ela representa em sua vida ou sobre o que lhe falta e ela pode lhe oferecer. A imagem de uma deusa também simboliza a figura da mãe, da qual toda a vida começou; por essa razão, muitas das religiões mais antigas constituíam cultos das deusas.

Sibila foi uma lendária vidente da época do paganismo. Ela representa a capacidade intuitiva das mulheres, que lhes permite ver além das aparências. Um sonho com essa vidente pode indicar que você reconhece haver mais do que aquilo que está na superfície; que sua "percepção interior" é bem desenvolvida.

Atena, como seu nome indica, era a deusa protetora de Atenas. Seu símbolo, a coruja, representava a sabedoria; o amarelo era a cor associada a ela. Na Odisseia de Homero, o autor se refere a um sonho no qual Atena aparece a Penélope para aliviar sua tristeza e lhe assegurar que Ulisses logo voltaria para ela. Esse tipo de sonho renova a nossa coragem quando atingimos as profundezas do desespero.

Mama, também conhecida como Makhir, era a deusa dos sonhos na Babilônia.

Nos hieróglifos egípcios, *ankh* significa tanto "vida" quanto "espelho de mão" e se originou das imagens da deusa mãe, Ísis. O ankh ficou conhecido como símbolo da união sexual e da imortalidade dos deuses. A argola superior do ankh, normalmente pintada de vermelho, representava o sangue vital feminino, enquanto a cruz branca abaixo da alça representava o falo. O ankh promete a dádiva da vida eterna.

DIVINDADES ANTIGAS

Mitra

A RELIGIÃO ZOROASTRISTA, fundada pelo profeta persa Zoroastro, no século VII a.C., é baseada na adoração do sol. Mitra era a divindade suprema dos antigos persas e o soberano do universo. A palavra *mitra* significa "amigo"; Mitra ajuda as pessoas nesta vida, como amigo, e as protege dos espíritos do mal depois da morte.

Em meu sonho, uma voz me dizia que eu deveria aprender sobre Mitra. Eu não conseguia compreender o que a palavra significava e, por isso, o sonho me mostrou como soletrá-la. Imediatamente ao acordar escrevi a palavra.

Essa pessoa não tinha nenhum conhecimento consciente da tradição espiritual à qual essa palavra correspondia, mas se sentiu compelida a iniciar uma pesquisa a respeito do que ela significava para sua vida, pelo fato de o sonho ter sido muito intenso.

Normalmente a palavra *abracadabra* formava um triângulo e era um dos nomes dados a Mitra. Esse encantamento mágico, originalmente derivado do hebraico *abreq ad habra*, se traduz como "envia teu raio até mesmo sobre a morte". Um grande número de palavras especiais é usado em rituais e possui propriedades de encantamento mágico. O festival romano *Aniversário do Sol Invicto* honrava o deus Mitra e outros deuses solares, sendo realizado na época em que hoje celebramos o Natal. O festival também estava ligado aos touros, reverenciados por sua força. O sacrifício ritual de touros, durante o qual os iniciados se banhavam no sangue do animal, proporcionava, segundo a crença, a vida eterna à pessoa batizada.

Rituais

UM RITUAL É UMA CERIMÔNIA que marca acontecimentos significativos na vida das pessoas, como nascimento, casamento e morte; embora eles variem de país para país, há muita superposição.

No Japão, os rituais xintoístas desempenham um papel significativo, particularmente em relação à entrada nos santuários. Os seguidores passam por um portal, o *torii*, uma arcada que separa o mundo exterior do local sagrado interior. A seguir, lavam as mãos e enxáguam a boca na água corrente. Esses rituais de purificação são encontrados em muitas outras religiões, e frequentemente aparecem em sonhos nos quais uma limpeza de algum tipo pela água ocorre.

Existem muitos rituais que são realizados quando uma pessoa morre. Na China, modelos em papel de objetos desejados ou pinturas em papel de coisas, como automóveis, dinheiro e alimentos são queimados para simbolizar que eles estão disponíveis para a pessoa que faleceu na outra vida.

Sonhei com vermes longos e pretos. Uma mulher mais velha queria que eu cuidasse deles e os respeitasse; do contrário, eles iriam me atacar. Quando eles morressem eu teria que comê-los; isto fazia parte de um ritual.

Esse sonho descreve um ritual desagradável, relacionado com o conceito de ciclo da vida. Depois da morte, um corpo enterrado é consumido por vermes; contudo, no sonho, é a sonhadora que deverá comer os vermes mortos. A inversão descrita no sonho pode nos ajudar a compreender que partilhamos a vida e a morte com todas as criaturas.

RITUAIS

Batismo

COMO SÍMBOLO DE PURIFICAÇÃO OU INICIAÇÃO, o batismo é uma cerimônia fundamental nas religiões cristãs. Derramar água simboliza lavar os pecados ou a impureza. A imersão na água representa uma volta ao estado original, anterior ao nascimento, seguida de um novo começo quando a pessoa retorna à superfície depois de mergulhar na água. Se você sonhar que está submerso na água ou sob uma queda d'água, o sonho talvez represente algum tipo de renascimento ou um novo começo.

Nos sonhos, o batismo pode ser simbolizado pela lavagem de sujeira ou pela tentativa de se limpar ou limpar outra pessoa.

"Batismo de fogo" ou sonhos nos quais se é apanhado pelas chamas podem indicar purificação, o consumo pelo fogo daquilo que não é mais necessário. Esses sonhos representam uma provação pela qual a pessoa deve passar antes de alcançar o próximo nível de seu desenvolvimento espiritual.

CORRELAÇÕES

- *Seu sonho com o batismo indica que você está prestes a assumir um novo projeto ou a fazer uma mudança significativa em sua vida?*
- *Seu sonho com o batismo pode estar ligado a um sentimento de culpa em relação a algum delito pelo qual você quer ser perdoado?*

Bênção

UMA BÊNÇÃO É DADA para atrair proteção ou ajuda divina. Uma bênção também pode representar aprovação, como na afirmação: "O pai abençoou seu casamento;" por isso, é muito favorável sonhar com uma bênção.

Anualmente, no Dia da Criança, no Japão, os pais levam seus filhos a santuários para que as crianças recebam uma bênção para seu futuro.

Os sonhos às vezes são percebidos como bênçãos porque trazem conforto e um profundo sentimento de ligação com a vida. Ella Freeman Sharpe, no livro *Dream Analysis*, relatou o último sonho de uma mulher de 81 anos. Ela faleceu três dias após ter sonhado, cheia de esperança e de um sentido de renovação.

Vi todas as minhas doenças reunidas; contudo, ao observá-las, elas não eram mais doenças e sim rosas, e eu soube que elas seriam plantadas e que iriam crescer.

Uma de minhas clientes me relatou um sonho que teve depois da morte de sua mãe. No sonho, ela olhava por uma janela do andar superior da casa, enquanto sua mãe era amavelmente convidada a entrar num automóvel:

Duas senhoras bem vestidas e bem penteadas desceram do carro. Ouvi comentários, como "Seja muito bem-vinda" e "Nós lhe damos as boas-vindas em nome dele".

A sonhadora sentiu que este sonho representava sua mãe sendo levada para o céu por membros da religião à qual pertencia.

Vela e Incenso

A CHAMA DA VELA corresponde ao fogo, que é um dos símbolos universais de purificação. Velas representam a luz da bondade e da espiritualidade. Durante a festa judaica do Hanucá, oito velas iluminam o menorá, um candelabro de oito braços. Na tradição cristã, as velas simbolizam a luz que Jesus trouxe ao mundo; antes de orar, os fiéis em geral acendem uma vela. Estas são usadas em muito rituais religiosos, incluindo o exorcismo, no qual a vela deve ser mantida acesa para combater as trevas do mal.

De acordo com uma superstição, "velas de defunto", também conhecidas como "luzes de defunto", aparecem perto da casa de uma pessoa cuja morte é eminente. Essas luzes tremeluzentes podem aparecer no caminho que o funeral vai percorrer até o cemitério. Evidentemente, vaga-lumes poderiam responder por esse fenômeno, mas o que um sonho com essas luzes significaria para você?

O incenso é queimado em numerosas cerimônias religiosas ou espirituais. Na tradição taoista chinesa, são usados queimadores especiais em camadas, geralmente no formato de montanhas, porque elas são locais sagrados. Queimar incenso demonstra devoção aos deuses.

CORRELAÇÃO
- *Você precisa acender simbolicamente uma vela para que sua vida tenha mais luz?*

LUZ DIVINA

Luz Divina

A LUZ DIVINA NOS ILUMINA ESPIRITUALMENTE, assim como o sol os nossos dias. A cor preta indica uma ausência de luz e tipifica os poderes da escuridão, que estão em conflito direto com a luz. Em *Canções da Inocência e da Experiência*, o poeta e visionário inglês, William Blake, descreve a cor negra como "privação da luz". Entretanto, sonhos nos quais uma luz brilhante ilumina uma cena escura implicam o oposto. Esse resplendor pode significar progresso para você, em termos de sua consciência, de uma nova compreensão de sua vida e de suas circunstâncias.

Um halo é um círculo luminoso, como uma coroa, e indica um grande desenvolvimento espiritual. Halos são vistos com frequência em pinturas cristãs ou em ícones de santos. Eles representam a força sobrenatural, a energia ou a ligação mística com o Criador. A aura eletromagnética que cerca o nosso corpo pode ser visível para algumas pessoas sob a forma de uma luz que se irradia do corpo.

Santa Lúcia ou Luzia é a santa padroeira da luz. Na Suécia, sua festa, no solstício de inverno, é celebrada por *lussibruden* ou "Noivas da Luz", que usam coroas de velas. Isto simboliza o retorno da luz após a escuridão.

CORRELAÇÃO

> *Um sonho no qual você encontra algum tipo de luz divina pode indicar uma necessidade de ter sua confiança renovada, com o objetivo de reduzir seus receios.*

DEVOÇÃO

Altar

OS ALTARES ERAM ORIGINALMENTE LOCAIS ONDE SE REALIZAVAM SACRIFÍCIOS DE SANGUE. Observamos ecos dos sacrifícios iniciais em casamentos, nos quais a futura esposa é "conduzida" pela nave da igreja até o altar e "entregue" pelo pai ou outro parente do sexo masculino.

Os altares primitivos podem ter sido sepulturas sobre as quais oferendas eram feitas para ancestrais com características divinas. Os cristãos adaptaram essa prática, colocando relíquias de santos em cavidades rasas, escavadas na superfície dos altares.

Do mesmo modo, os altares eram mesas onde a comunhão, a partilha do alimento e da bebida ocorria; isso é reproduzido na partilha do sacrifício eucarístico, ou "comunhão", durante cerimônias realizadas nas igrejas cristãs.

Em muitas igrejas e templos oferendas votivas são encontradas. Estas podem ser réplicas em prata de mãos, braços ou outras partes do corpo. Seu possuidor as coloca sobre um altar ou relicário, como uma representação da parte do corpo para a qual a cura é esperada. Partes desmembradas de um corpo em sonhos podem significar que a parte específica exige atenção especial ou que a pessoa, de algum modo, foi "separada".

CORRELAÇÃO

Seu sonho com um altar significa que você terá alívio inesperado de preocupações insistentes e boas-novas, vindas de fonte inesperada.

DEVOÇÃO

Templo

UM TEMPLO É UM LUGAR dedicado ao culto de um deus ou de deuses; seu nome se origina da palavra latina *Templum* que significa "local sagrado", no qual uma imagem ou símbolo da entidade reverenciada são mantidos.

No Antigo Egito, os primeiros templos foram capelas funerárias para reis. As grandes pirâmides eram túmulos, aos quais se anexaram capelas, para que oferendas ao rei morto pudessem ser feitas. O Templo de Jerusalém foi construído pelo rei Salomão em 950 a.C. e abrigava a Arca da Aliança, que continha os Dez Mandamentos ou Tábuas da Lei da religião judaica. Seu sonho com um templo pode indicar uma necessidade de encontrar um lugar seguro, no qual possa guardar aquilo que lhe é mais valioso.

Se você sonhar com um templo, seu sonho talvez possa ter relação com suas crenças religiosas, porém se isso não parecer relevante, analise o ambiente do templo. Este corresponde a algum lugar em particular que você tenha visitado? Muitos templos estão situados em locais de grande beleza, os quais, por si mesmos, nos inspiram e aumentam a nossa força.

DEVOÇÃO

Peregrinação

EXISTEM MUITAS MANEIRAS DE EXPRESSAR CRENÇAS ESPIRITUAIS, incluindo a construção ou a visita a santuários, ou a realização de peregrinações.

Uma peregrinação é uma jornada na direção da graça, uma jornada com o intuito de cumprir uma promessa, de pedir ajuda ou perdão. Santiago de Compostela, na Espanha, é um famoso local de peregrinação para os cristãos; quando se chega à catedral, é costume fazer orações e uma oferenda. Se você sonhar que está fazendo uma peregrinação, esse sonho pode indicar um desejo de desenvolvimento espiritual.

Afirma-se que o Ganges, o rio mais santificado da Índia, é a deusa Ganga, "aquela cujas águas alegremente fluem em ondas". Ela tem o poder de lavar os pecados de qualquer pessoa que se banhe nela; é por essa razão que muitos hindus fazem uma peregrinação, chamada *yatra*, à nascente do Ganges, no sopé do Himalaia.

A peregrinação desempenha um papel central no islamismo. Espera-se que todos os muçulmanos adultos, com saúde e recursos financeiros suficientes, realizem a peregrinação mais importante a Meca (conhecida como *hajj*) pelo menos uma vez durante a vida.

O Templo de Ouro em Amritsar é um local de peregrinação para os sikhs. O apóstolo São Tiago é o santo protetor dos peregrinos na tradição cristã, sendo representado com uma concha de vieira, um cajado e uma cabaça. Seguidores do budismo Tendai, do Japão, raspam a cabeça como sinal de que renunciaram às vaidades mundanas ao empreender uma peregrinação.

CORRELAÇÃO
Seu sonho com uma peregrinação indica a necessidade de uma pausa para que você possa descobrir seu caminho espiritual?

XAMÃS

Xamã

O XAMANISMO É A MAIS ANTIGA PRÁTICA DE CURA ESPIRITUAL. Os xamãs são normalmente "agentes de cura feridos". Eles tiveram ferimentos físicos ou emocionais, mas transformaram essas lesões por meio de ritos de passagem, de uma iniciação e de encontros com guias espirituais e animais totens. Sonhar com um xamã é se ligar com uma poderosa fonte primeva de energia e de espiritualidade. Os xamãs são encontrados em muitas culturas, desde os desertos gelados da Sibéria até as planícies quentes da América do Norte. Tente descobrir a tradição à qual pertence seu xamã onírico. Que tipo de orientação ele oferece?

A tradição espiritual dos nativos norte-americanos é baseada nos conceitos de unidade e de harmonia com o meio ambiente e com o eu. Essas tradições, em que a ideia central é a unidade por trás de tudo, são conhecidas como "Grande Mistério" e origem de todas as coisas. Sonhos com xamãs são vistos como uma maneira de você se conectar consigo mesmo, tanto em sonhos comuns quanto em experiências fora do corpo. O sonho, assim como muitas outras técnicas do xamanismo, permite uma forma de conhecimento que, efetivamente, processa todos os outros conhecimentos.

Se você sonhar que um corpo humano foi amalgamado com o de outra criatura, reflita sobre as qualidades que correspondem a esse outro ser. Uma cabeça de leão pode significar poder e força, enquanto uma cabeça de jumento pode estar ligada à ideia de teimosia.

Quando você sonhar que é, ao mesmo tempo, homem e mulher, ou que mudou de um sexo para outro, seu sonho pode indicar a necessidade de integrar ambos os lados de seu caráter e de encontrar equilíbrio. No folclore, vestir-se como uma pessoa do sexo oposto se relaciona com rituais de fertilidade e simboliza a integração dos aspectos masculino e feminino de nossa natureza.

ORÁCULO

Oráculo UM ORÁCULO PODE SER UMA PESSOA OU UM LUGAR onde profecias são feitas ou verdades são reveladas. A palavra vem do latim *orare* e significa "rogar". No passado, havia santuários para os quais as pessoas se dirigiam com a intenção de pedir ajuda ou de receber orientação. O mais famoso era o Oráculo de Apolo em Delfos, na Grécia, que, originalmente, foi dedicado à deusa da terra, Gaia. Respostas proféticas eram sempre fornecidas por mulheres, devido à ligação perceptível que elas tinham com o mundo oculto.

Hoje, podemos ver os oráculos, simbolicamente, como uma combinação de um centro de aconselhamento, um local de terapia e a tenda de uma pessoa que lê a sorte. Sonhos com oráculos podem indicar que a pessoa sente necessidade de orientação.

Outras formas de oráculos podem surgir em sonhos. Estes, potencialmente, incluem o *I Ching*, runas ou o *tarô*, um sistema de adivinhação que se originou no Egito e cujo nome deriva do deus Thoth. As imagens gravadas nas cartas do tarô são altamente simbólicas; quando elas aparecerem em seu sonho, seria de grande valia analisar seu significado. A estrela representa esperança radiante e novas direções; invertida, ela simboliza perda e abandono. A carta da justiça representa a verdade e a lealdade. Invertida, significa um sério desapontamento.

CORRELAÇÃO

- *Você tem um pedido ou uma pergunta que o preocupam atualmente? Se este for o caso, use a técnica de incubação de sonhos para ajudá-lo a encontrar uma solução ou a tomar uma decisão (ver p. 25).*

VIDA APÓS A MORTE

Reencarnação

A morte é o ponto intermediário de uma longa vida.
PROVÉRBIO CELTA

OS DRUIDAS E OS CELTAS acreditavam que a alma sobrevivia à morte e passava para outro corpo. Essa crença na imortalidade tornava-os guerreiros poderosos porque eles não temiam a morte.

No Antigo Egito, trigo ou cevada eram colocados nas mãos das pessoas falecidas e, em seguida, regados, para que brotassem no momento da ressurreição. A deusa mãe, a morte e o renascimento, além da fertilidade da terra, são simbolizados pelo trigo. Os antigos egípcios usavam esse cereal para representar o deus Osíris enquanto este se erguia dos mortos; assim, o trigo simbolizava a reencarnação. Se você nunca teve um sonho com o tema da reencarnação, compartilhar da vivência onírica de Lizzie poderá ajudá-lo. Lizzie sonhou diversas vezes que havia morrido e saía de seu corpo. Ao relatar um desses sonhos, afirmou:

Flutuo facilmente através da parede e me defronto com um incrível pôr do sol sobre o mar, tão bonito que desafia qualquer descrição; estou chorando... Mais do que qualquer outra coisa, meus sonhos me levam a acreditar em reencarnação. Aos 8 ou 9 anos de idade tive uma série de sonhos nos quais cresci, como menino, num lar vitoriano. Num outro sonho, eu estava sendo caçada numa floresta da Alemanha do século XV, como uma jovem bruxa. Quando os habitantes da vila me alcançaram, eles fizerem cortes com facas em meu corpo em formato de cruz. Mais tarde, li que essa era uma maneira de privar uma bruxa de seu poder.

Correlações Espirituais

Céu

Do mal o mútuo perdão,
do paraíso é portão.
   WILLIAM BLAKE: PARA OS SEXOS: OS PORTÕES DO PARAÍSO

EXISTEM MUITAS VERSÕES DO CÉU; em seus sonhos ele pode assumir qualquer forma. Você sabe que sonhou com o paraíso devido a uma sensação de paz e de encantamento que permeia o sonho. O céu tem muitos nomes:

Tir-nan-Og era a terra da perpétua juventude na mitologia irlandesa; constituía o tradicional paraíso irlandês.

Asgard, lar dos deuses nas lendas nórdicas, continha seu palácio mais importante, Valhalla. Este fora construído por Odin, o principal deus nórdico. Para alcançar Asgard, a pessoa teria que atravessar um arco-íris, a ponte entre a terra e o céu.

Jardim do Éden era o paraíso antes da Queda, quando Adão e Eva foram expulsos e lançados no mundo.

Nirvana, a meta suprema dos budistas, é o estado do perfeito conhecimento e da perfeita paz. Buda atingiu a iluminação quando meditava sob a árvore Bodhi.

O Outro Mundo era onde os celtas acreditavam que os deuses viviam num estado paradisíaco, e o lugar para o qual os homens iam para demonstrar seu heroísmo.

CORRELAÇÕES

- *Seu sonho com o céu ocorreu para compensar um período de infelicidade?*
- *Se você sonhar com o paraíso, poderá relacioná-lo com um lugar que conhece e que o faz se sentir muito bem? Você consegue tempo para visitá-lo?*

VIDA APÓS A MORTE

Inferno

INFERNO DERIVA da palavra latina *infernu* que significa "as profundezas" ou "o mundo inferior". Em muitas religiões, o inferno é considerado como um lugar sob a terra, onde o fogo consome aqueles que pecaram. Na tradição judaica ele é chamado *sheol*, o mundo subterrâneo onde os mortos se recolhem. Para os antigos gregos, o inferno ou *gehenna* era um local de punição para aqueles que foram maus durante a vida. O conceito cristão de inferno, como um lugar de tormento, deriva do conceito dos gregos.

O inferno é um lugar de grande sofrimento e, em termos psicológicos, um estado mental no qual nos sentimos torturados e abandonados. Se você sonhar que está no inferno, seu sonho talvez revele um sentido de culpa ou de ansiedade quanto a ser punido. Talvez você sinta que "pecou" ou transgrediu algum código, decepcionou um amigo, magoou alguém que confiava em você, ou até mesmo cometeu um crime. Seu inferno onírico pode indicar uma consciência culpada.

CORRELAÇÃO

Se, em seu sonho, outra pessoa está no inferno, isto significa que você gostaria de dizer a essa pessoa "Vá para o inferno" no estado de vigília?

Fontes de Referências

Ackroyd, Peter. *The House of Doctor Dee*. Penguin, 1994.

Artemidorus. *The Interpretation of Dreams*. Traduzido por Robert J. White. Banton Press, 1991.

Auden, W. H. "Thanksgiving For a Habitat". In *The Oxford Book of Dreams*, org. por Stephen Brook. Oxford Paperbacks, 2002.

Bhattacharyya, Pandit Ramesh Chandra, org. *Interpretation of Dreams According to the Brahmavaivarta Purana*. P. B. Roy. Prabaratk Printing and Halftone, Calcutá, Índia, 1970.

Blake, William, *For the Sexes: The Gates of Paradise* (prólogo, 1793).

Brody, Hugh. *The Other Side of Eden*. Faber and Faber, 2000.

Bullen, J. B. "Burne-Jones's Dream Work". In *Modern Painters* (inverno de 1998): 92-4.

Bosma, Harry. "Sleep and Sleep Disorders". http://www.xs4all.nl/~hbosma/healing_dreams/sleep.html

Bosma, Harry. "Vivid Dreams and Nightmares". http://www.xs4all.nl/~hbosma/healing_dreams/nightmare.html

Boss, Medard. *The Analysis of Dreams*. Rider Et Co., 1957.

Brook, Stephen, org. *The Oxford Book of Dreams*. Oxford Paperbacks, 2002.

Bulkeley, Kelly. *Spiritual Dreaming: A Cross-cultural and Historical Journey*. Paulist Press, 1962.

Bulkeley, Kelly. *Transforming Dreams*. John Wiley Et Sons, 2000.

Carrington, Leonora. *The Stone Door*. St. Martin's Press, 1977.

Campbell, Joseph. *The Hero With a Thousand Faces*. Fontana, 1993. [*O Herói de Mil Faces*, publicado pela Editora Pensamento, São Paulo, 1989.]

Circot, J. E. *A Dictionary of Symbols*. Traduzido por Jack Sage. Routledge & Kegan Paul, 1962.

Clarke, Peter B., org.. *The World's Religions: Understanding the Living Faiths*. Reader's Digest Association Ltd, 1993.

Dante, Alighieri. *The Divine Comedy*. [*A Divina Comédia*, publicado pela Editora Cultrix, São Paulo, 1966.]

Duff, Kat. *Alchemy of Illness*. Virago, 1994.

Estes, Clarissa Pinkola. *Women Who Run With The Wolves: Myths and Stories of the Wild Woman Archetype*. Rider, 1992.

Faraday, Ann. *The Dream Game*. HarperPaperbacks, 1990.

Fletcher, Alan. *The Art of Looking Sideways*. Phaidon Press, 2001.

Freud, Sigmund. *The Interpretation of Dreams*. Organizado por James Strachey. Barnes & Noble, 1976.

Gardner, John e John Maier, trads. *Gilgamesh*. Vintage Books, 1984.

Garfield, Patricia. *The Healing Power of Dreams*. Simon & Schuster, 1992.

Gifford, Jane. *The Celtic Wisdom of Trees*. Godsfield Press, 2000.

Goodenough, Simon. *Celtic Mythology*. Tiger Books International, 1997.

Guiley, Rosemary Ellen. *The Encyclopedia of Dreams*. Berkley Books, 1995.

Heller, Joseph. *Something Happened*. Random House, 1974.

Iyer, Pico. *The Global Soul: Jet Lag, Shopping Malls and the Search for Home*. Vintage Press, 2000.

Jung, C. G.. *Man and His Symbols*. Aldus Books, 1964.

Krippner, Stanley. Material para a *Association for the Study of Dreams (ASD)* conferência anual, Santa Cruz, Califórnia, 1999 (Citação, p. 6).

Lambton, Lucinda. *Woman's Hour*, BBC Radio 4, 23 de setembro de 2000.

Lewis, James R. *The Dream Encyclopedia*. Visible Ink Press, 1995.

Macrobius. *Commentary on "The Dream of Scipio"*. Traduzido por William Harris Stahl. Columbia University Press, 1952.

Mallon, Brenda. *Dreams, Counseling and Healing*. Gill & MacMillan, 2000.

_____. *Venus Dreaming: A Guide to Women's Dreams & Nightmares*. Gill & MacMillan, 2001.

_____. *The Illustrated Guide to Dreams*. Godsfield Press, 2000.

_____. *Children Dreaming*. Penguin, 1989.

_____. *Creative Visualization With Color*. Element, 1999.

_____. *Women Dreaming*. Fontana, 1987.

McGahern, John. *That They May Face The Rising Sun*. Faber and Faber, 2002.

Morgan, Lucien. *Dreams & Symbols*. Tiger Books International, 1996.

Nordenskjold, Otto e Gunnar Andersonn. "Antartica". In *Conflict and Dream*, W. H. Rivers. *op. cit.*, 1905.

O'Flaherty, Wendy Doniger. *Dreams, Illusion and Other Realities*. University of Chicago Press, 1986.

Opie, Iona e Moira Tatem. *A Dictionary of Superstitions*. Oxford University Press, 1989.

Rivers, Capt. W. H. R. *Conflict and Dream*. Kegan Paul, 1923.

Rose, Suzanna. "Psychological Trauma: a Historical Perspective". In *Counseling* (maio de 1999): 139-42.

Siegel, Bernie S. *Love, Medicine and Miracles*. Arrow Books, 1988.

Sharpe, Ella Freeman. *Dream Analysis*. Hogarth Press, 1937.

Stewart, William. *Dictionary of Images and Symbols in Counseling*. Jessica Kingsley Publishers. 1998.

Van de Castle, Robert. *Our Dreaming Mind*. Ballantine Books, 1994.

von Franz, Marie-Louise. *Creation Myths*. Shambhala Publications, 1995.

Walker, Barbara G. *A Woman's Dictionary of Symbols and Sacred Objects*. HarperSanFrancisco, 1988.

Whitman, Walt. "Old War Dream 1985-86". In *The Oxford Book of Dreams*, org. por Stephen Brook. Oxford Paperbacks, 2002.

Winget, C. e E. Kapp. "The Relationship of the Manifest Contents of Dreams to the Duration of Childbirth in Prima Gravidae". In *Psychosomatic Medicine* 34, nº 2 (1972): 313-20.

Wood, Juliet. *The Celtic Book of Living and Dying*. Duncan Baird Publishers, 2000.

Woodman, Marion. *Bone: Dying Into Life*. Penguin, 2000.

Índice Remissivo

abacaxis 164-65
abandono 109
abelhas 278
abutres 291
acidentes 119
acrobatas 114
adivinhos 12
adultério 107
aeroportos 121
afogamento 145
agentes de cura espirituais 33
água 173, 192
águias 33, 191, 290, 383
álcool 335
alianças de casamento 51
alimentos 54, 334
allegorikon 20
alma 366
altares 380
amarelo 211
âmbar 166
ametista 168
amigos 64, 80, 104, 139
amor 106
ampulhetas 115
amuletos 349
ancião sábio 100
âncora 350
anima 17

animais 27, 34, 102-03, 246-49
  disfarces 154
  mágicos 153
animus 17
anjos 370
Ankou 63
antropologia 19
Apolo 372
ar 170, 192
aranhas 105, 210, 281
arco-íris 196
areia movediça 102
Aristóteles 20
armas 336
arquétipos 9, 17, 68, 101
The Art of Looking Sideways 14
Artemidoro 20, 214
árvores 214, 217
árvores frutíferas 227
asma 8
aspiradores de pó 113
ataque 104
Atena 373
automóvel 148, 342
avalanches 206
aves marinhas 293
aviões 341
avôs 74
avós 75

azeviche 168
azul 211

bagagem 322
baleias 299
Banks, Russell 149
barracas ou tendas 321
base de dados 20, 27
batedeira elétrica 113
batismo 376
Bawden, Nina 150
bebês 159
bênçãos 377
bétula 219
bile 55
  amarela 55
  negra 55
Blake, William 7
boca 30, 36, 41
bois 254
bolsa 135, 324
bolsa amniótica 58
borboleta 279
Bosma, Harry 48, 104
branco 211
bretões 63
brida amniótica 58

brigas 71

brinquedos 333

bronquite 57

Buda 35, 217

budistas 36, 63, 356, 362

cabeça 34, 66
   raspada 35

cabelo 35
   cortar 13

cabras 263

caçada 102

cachoeiras 188

cadernos 22, 27

cães 251

caixões 353

calcanhares 53

calcanhar de aquiles 53

calendários 338

Calpúrnia 19, 95

Campbell, Joseph 30

camundongos 265

canais 340

canela, parte frontal da perna 52

carteiras 135

Casa Branca 94

casamento 78-9

casas
   cômodos 304
   ficar trancado do lado de
      fora 146

fogo 144

novos ambientes 124

reforma 126

roubo 127

castelos 310

catarse 15

catástrofes
   causadas pelo homem 150-1
   naturais 152

católicos 56

cavalos 256

cavernas 179

cedro do Líbano 225

cegonhas 294

cegueira 130

centrífugas 113

cérebro 30, 36, 37

céu 191

chapéus 346

chaves 135, 319

chefes 84

Children Dreaming 100

Ching Ming 36

chumbo 169

chuva 197

cicatrizes 58

ciclo menstrual 60

cisnes 292

Cleópatra 41

cobras ou serpentes 58, 274

cobre 169

coceira na mão 51

colegas 64, 83

*Commentary on the Dream of
   Scipio* 365

companheiros 81, 107

computadores 331

comunicação 140
   com os mortos 139

conchas 209

conexões, perda 121

confinamento 147

conflito 104

consciência 29

constelações 192

cor 211

cor laranja 124

coração 30, 37, 51, 56

coragem 111

Cormac 146

corpo 30-63

Corpo Médico da Armada
   Real 101

corrupção 95

corujas 33, 289, 383

cosméticos 348

coxas 52

crânio 36

*Creative Visualization with
   Color* 211

criança interior 76

criaturas mágicas 153

criminalidade nas ruas 103

cristal 167

cristãos 32, 49, 61,130, 217,
   358, 376

Cristo *ver* Jesus
crocodilos 273
crostas de ferida 58
cucos 288
culpa 108, 156
culto aos antepassados 36, 74
Cupido 372
cura 18, 136
cura pela palavra 101

Dagda 372
Dali, Salvador 7
dançarinas de dança do ventre 54
danos a edifícios 125
danos à propriedade 125
dedaleira 232
dédalos 316
dedo obsceno 51
deficiência física 78
delegar 84
Delfos 59
demônios de corpos 13
dentes do siso 42
dentes 42, 98
  que caem 133
dentistas 42
desastre de Aberfan 125, 152
a descoberta de novos lugares
  123
desertos 174
desordens gástricas 54

despenhadeiros 178
Deus 364
deuses/deusas 372-73
diabo 365
diagnóstico 8, 43
diálogo 24
diamante 168
Diana, Princesa 94, 129
diários 22, 27, 89
Dickens, Charles 97
dinheiro 88, 337
dirigir automóveis 120
divórcio 64, 82, 115
doença 138
dragões 153
The Dream Game 26
*Dreams, Counseling and
  Healing* 30

eclipses 213
edifícios 125
Edward, Príncipe 96
Edwards, Jeff 152
egípcios 13, 366,
  372-73
Einstein, Albert 7
ejaculação 61
elefantes 148, 258
elementos 170-3, 192
Elizabeth II, Rainha 96
enchentes 152, 202

encontro com pessoas
  famosas 129
encontros eróticos 156
encruzilhadas 98
enfermeiras 85, 154
enxaquecas 8, 34
Epidauro 25
Epopeia de Gilgamesh 7
ervas 243
ervas daninhas 216-7
escadas 312
escadas de mão 320
escavadeiras 113
Escócia 101
escolas 305
escorpiões 280
Esculápio 25, 274
esmeralda 168
espelhos 325
esperma 61
espinheiro 220
espiritualidade 13, 354-57
esposas 79
esquecimento 141
esqueleto 63
estações do ano 201
estações ferroviárias 121
estar preso numa armadilha 147
Estes, Clarissa Pinkola 136
estômago 54
estradas 343
estrelas 192
estresse 83-4, 147

estresse de combate 101
estudantes 89, 93
estupro 110, 127
eucalipto 230
Exu 165

fadas 153
faia 219
falo 51, 52, 61
família 64, 104
Faraday, Ann 26
fendas na terra 175
fenômenos naturais 162–213
ferro 169
fígado 55
figuras históricas 94
filhas 76
filho pródigo 77
filhos 77, 108
Fletcher, Alan 14
flores 214, 217
flores silvestres 242
florestas 177
fogo 192
   bombeiros 87
   numa casa 144
foices 352
fósseis 208
fotografias 327
freixo 218
Freud, Sigmund 32, 101

Freya 166
fumantes 57
furacões 152, 204

galanto 238
galo 61
galos 285
garganta 46
gárgulas 34
gatos 250
gelo 185
genocídio 36
Gestalt-terapia 24
gladiadores 62
glicogênio 55
The Global Soul 122
gnósticos 61
golfinhos 298
Gólgota 36
grandes sonhos 29, 354
gravar em fita magnética 24
gravidez 30, 42, 59, 75, 157–59
Greenaway, Kate 69
Greene, Graham 150
guardas 91
guardas de segurança 91
guarda-costas 91
guerra 151
guia interior 89
guias espirituais 153, 371, 383

guindaste 113
gurus 371

harpistas 115
Haskell, Robert 137
Hell's Angels 36
hindus 35, 43, 116, 188, 191, 359, 366
Hipócrates 8, 18
hipopótamos 259
histerectomia 59
Hitler, Adolf 94
Holocausto 36
homônimos 26, 53
Hong Kong 12
hormônios 60
Hospital Psiquiátrico Craiglockhart 101
hospitais 309
hotéis 306

icterícia 55
Idade Média 216
ideias preconcebidas 23
igrejas 307
ilhas 186
iluminação 326
incenso 378
inconsciente coletivo 9

incubação de sonhos 12, 25, 86, 89
íncubos 153
indigo 211
individuação 30
Inferno 387
instrumentos musicais 329
interpretação 24-5, 27
intimidação 71
invisibilidade 160
iris 234
irlandeses 130, 146, 172
irmãs 70
irmãos 71
iroqueses 15
Ísis 13, 25, 96, 373
Iyer, Pico 122

janelas 125, 314
jesuítas 15
Jesus 36, 41, 49, 56, 77, 130, 167, 169, 211
joelhos 52
jogo de palavras 26, 81
joias 347
Jones, Eryl Mai 125
jornadas heroicas 30
Judas 41
judeus 52, 192, 357, 361
julgamento 143
Júlio César 19, 95

jumentos 257
Jung, Carl 17, 29, 30, 98, 169, 180, 354
Júpiter 193

Kent, Clark 116

labirintos 316
lagartos 58
lagos 189
lama 181
lápis-lazúli 168
larvas de inseto 78
lebres 266
leões 270
ligação corpo-mente 8
Lincoln, Abraham 94
língua 43
linguagem, idioma 6, 8, 20, 26, 38
lírio 235
livros 328
lobos 261
locais de trabalho 83-4
lótus 241
Love, Medicine and Miracles 8
Lua 194
lúcidos, sonhos 16, 111
luvas 345

luz divina 379
Luzes do Norte 212
Luzes do Sul 212

maçã do rosto 39
macacos 269
Macróbio 365
Mãe Terra 68, 162, 171
mães 68
Mama 373
mão direita 51
esquerda 51
mãos 51
máquina fotográfica 135
de lavar roupas 113
máquinas 113
mares 184
maridos 78
marketing 32
Marte 193, 372
Marten, Maria 115
máscaras 154, 165
mastectomia 47
matas 177
mau-olhado 44, 130
médicos 85
dedo 51
medo 110
menstruações 62
Mercúrio 140, 169, 193, 372
metabolismo 55

metáforas 26, 36
metais 169
metamorfo 161
método da cadeira vazia 24
ministros da religião 368
miosótis 231
Mitra 374
monstros 34, 67, 161
montanhas 183
morcegos 271
Morfeu 16
morte 36, 63-4, 67-8, 75
  comunicação 139
  experiência 115-16, 121, 149
Moss, Kate 129
móveis 318
muçulmanos 151, 217, 338, 360

nádegas 39
namorado 64, 81
narciso 233
nariz 40
nascimento 158, 159
nativos norte-americanos 15,
  154, 165, 197, 383
naufrágios 150
náusea 54
navios 339
nazistas 90
Netuno 193
neve 199

Nigéria 165
nomes 26
nórdicos 36, 218, 372
Nossa Senhora 369
novos ambientes 124
novos lugares 123
nudez 155
números 332
nutrição 54
nuvens 191

olhos 30, 36, 44
  perda da visão 130
oliveiras 229
oncologia 8
Oneirocritica 20
opala 168
de oposição, sonhos 12
oráculos 59, 384
orgasmo 61
Oriente Médio 62, 130,
  192
orquídea 240
Osíris 372
ossuários 63
ossos 63
ouro 169
ouvidos 45
ovelhas 262
ovos 32, 165
ovulação 60

pagãos 32, 363, 373
país 69
Palácio de Kensington 94
palmeiras 228
pântanos 182
panturrilha 52
papéis 17, 28
papoula 236
paraíso 386
paralisia 137
paredes 315
Páscoa 32, 165
pássaros 246
  coloridos 282
  pretos 283
  migratórios 284
pavões 287
Pearson, Cynthia 47
pedras 180
  de bruxa 180
  preciosas 168
peito 56-7
peixes 157, 170, 296
pele 55, 58
pelicanos 295
pênis 32, 40, 43, 61
Pepys, Samuel 144
perda
  da audição 131
  do eu 146
  por morte 18, 64, 203
  de objetos 134-35
  da visão 130

Índice Remissivo   **395**

da voz 132

perdido, estar 146

peregrinações 382

perguntas 23

perícia ou habilidade
técnica 114

Perls, Fritz 24

pernas 52

perseguição 103

persona 17

pertences, perdidos 134

pés 52, 53

pesadelos 13, 28, 100-01, 104,
137, 152

pessoas 64-97

pessoas desconhecidas 97

pessoas famosas 129

pessoas fisicamente aptas
78, 137

pinheiro 224

piratas 36

planetas 193

plantas 214-45
espinhosas 245

Platão 55

Plutão 193, 372

pneumonia 57

podiatria 53

polícia 86, 154

políticos 95

Polo Sul 187

pombas 286

pontes 317

porcos 267

portas 125, 311

prata 169

predição 19

preto 211

prisioneiros 92

prisões 91, 92

prodrômico, sonho 8, 138

problemas cardíacos 56

proezas na direção 120

professores 89

prognóstico 30

proprietários ou gerentes
de loja 88

provas 142

psicoterapia 20

Ptolomeu 192

pulmões 57

queda 117

rainhas 96

raios X 30

raposas 102, 260

rãs 272

raspar a cabeça 35

ratos 264

realeza 96

recordação dos sonhos 22

recuperação de objetos
perdidos 135

reencarnação 116, 385

reféns 92, 105

reflexologia 53

registro dos sonhos 22-3, 60,
83-4, 89

reis 96

relacionamentos 64-97,
105

relâmpago 198

remédios 30

renascimento 116

reprodução 60

residências 124, 126-27
ficar trancado do lado
de fora 146

respiração 57

ritos de iniciação 13

rituais 375

rivalidade entre irmãos
70-1, 77

Rivers, W. H. 101

rodas 323

rolo compressor 113

rosa 237

rosto 36, 38

roubo 127

roupas 135, 344
especiais 154
secadoras de 113

rubi 168

Rush, Ian 93

safira 168
salas de audiências 143
salgueiro-chorão 221
sangue 62
santal 58
santos 367
sapatos 135
Sassoon, Siegfried 101
Saturno 193
seca 203
segredos 45, 134
segunda visão 44
Seigel, Bernie 8
seios 47
sempre-vivas 223
sequestro 92, 149
sequoia gigante 226
sexualidade 32, 41, 43
   corpo 47, 60-1
   experiências 120, 156
   pessoas 83
Shi Ching 12
Shiva 372
Sibila 373
sikhs 35, 371
símbolos 10, 12, 14
   arquétipos 17
   corpo 30
   interpretação 24
   linguagem 26
   pessoais 66
   sexuais 32
sinais 10

síndrome da fadiga crônica
   (SFC) 48, 104
sinos 351
Skywalker, Luke 116
sobrevivência 149
Sol 195
soldados 67, 90, 154
sombra 17
sonhos
   de cura 18
   dissipação 15
   em que se escapa a um
     perigo 148
   que envolvem pensamentos
     12
   incubação 25, 86, 89
   lúcidos 16, 111
   mediúnicos 19
   molhados 61
   numinosos 17, 29, 354
   prodrômicos 138
   propósitos 6
   recordação 22
   registros 22-3, 60, 83-4, 89
   relacionados com medicina 12
   temas universais 98-161
   tipos 12
sonhos, *ver também* sonhos
   recorrentes
sonhos diretos 12
sonhos recorrentes 27, 69, 75
   bebês 159
   catástrofes naturais 152

cura 136
experiências 109, 124
perigo 144, 147
pessoas 92
sorveira-brava 218
status 52
Stevenson, Robert Louis 7
súcubos 153
surdez 45, 131
symbola 14

taoistas 13, 164
tartarugas 276
tartarugas terrestres, jabutis 275
técnica de enfrentar e
   conquistar 28
técnicas de reencenação 15
teias 210
telefones celulares 135
televisões 330
telhados 313
temas de sonho universais
   98-161
tempestades 200
templos 381
tendas 321
terceiro olho 44
terminais 308
terra 171, 192
terremotos 152, 165, 204,
   205

Tesouro dos Estados Unidos 14

Thor 372

tias 73

tibetanos 115

tios 72

topázio 168

tordos 288

touros 253

trabalho em turnos 83

traição 107

transtorno do estresse pós-traumático (TEPT) 28, 101, 110, 144

travesso 165

trepadeiras 244

trepanação 37

triunfo 112

trovão 198

tsunamis 152, 207

tubarões 297

tulipa 239

úlceras 54

umbigo 54

unhas 49

uniformes 154

Urano 193

urso 268

útero 59

vacas 252

vagina 41, 60

vales 176

Van de Castle, Robert 157

vasos sanitários 128

veados 255

veículos 119, 148, 342

velas 378

ventre 59, 62

Vênus 193

verde 211

vermelho 211

viagens 122

viajar 121

vidro 109

vikings 166, 180, 191

violação 110

Virgem Maria 143, 211, 216, 369

Vishnu 372

vizinhos 82

voar nos sonhos 118

vocabulário 9

vulcões 190

vulnerabilidade 109

vulva 41

workshops 18

World Trade Center 87

xamãs 13, 154, 167, 383

Zoroastro 374

Zeus 372

zoroastristas 172, 374

Agradecimentos

A autora gostaria de agradecer aos editores dos livros e trabalhos mencionados nas Fontes de Referência, pp. 388-389; agradecimentos especiais aos editores, de cujos trabalhos foram reproduzidas citações.

Créditos das Fotografias

Bridgewater Books deseja agradecer às seguintes pessoas e empresas pela permissão para reproduzir material com direitos autorais: Corbis pp. 9 (Kevin Fleming), 25 (Hans Georg Roth), 28 (Françoise de Mulder), 33 (Philip Harvey), 43 (Mimmo Jodice), 46 (José Luis Pelaez), 57 (Howard Sochurek), 59 (Anna Palma), 60 (Christie's Images), 65 (Steve Thornton), 74 (Peter Turnley), 86 (Robert Essel), 91 (The Purcell Team), 104/05 (Lawrence Manning), 116 (Craig Lovell), 120 (Jon Feingersch), 130 (Rick Gayle Studio Inc.), 144 (Michael S. Yamashita), 150/51 (Françoise de Mulder), 179 (Raymond Gehman), 220 (Robert Maass), 224 (LWA-JDC), 225 (fotografia principal: Martin B. Withers/Frank Lane Picture Agency), 225 (detalhe: Roger Tidman), 228 (Archivo Iconografico S.A.), 250 (Koopman), 255 (Niall Benuie), 269 (Arvind Garg), 286 (John Heseltine), 301 Et 330/31 (Henry Blackham), 305 (Stephanie Maze), 321 (Christie's Images), 322 (JFPI Studios, Inc.), 323 (Gunther Marx), 353 (Sean Sexton Collection), 359 (Ric Ergenbright), 368 (Gail Mooney), 374 (Archivo Iconografico S.A.), 382 (Danny Lehman); Getty pp. 21 (Joseph Van Os), 176 (David Woodfall), 184 (Alex Williams), 387 (Claire Hayden); Sarah Howerd pp. 44, 61, 71, 158, 262; The Hutchison Picture Library p. 13; Johnstons-Press pp. 202 (Sussex Express). A carta de tarô na p. 365 foi reproduzida com a permissão da U.S. Games Systems Inc., Stamford, CT 06902, E.U.A.

*Os sonhos são a linguagem
da alma*

MARION WOODMAN